Gewalt- und Sabotageakte gegen die internationale Zivilluftfahrt

SCHRIFTEN ZUM INTERNATIONALEN UND ZUM ÖFFENTLICHEN RECHT

Herausgegeben von Gilbert Gornig

Band 122

Zu Qualitätssicherung und Peer Review der vorliegenden Publikation

Die Qualität der in dieser Reihe erscheinenden Arbeiten wird vor der Publikation durch den Herausgeber der Reihe geprüft.

Notes on the quality assurance and peer review of this publication

Prior to publication, the quality of the work published in this series is reviewed by the editor of the series.

Caroline Elisabeth Heil

Gewalt- und Sabotageakte gegen die internationale Zivilluftfahrt

Eine völkerrechtliche Betrachtung des Umgangs der Staatengemeinschaft (ICAO) mit Bedrohungen des Zivilluftverkehrs

PETER LANG

Bibliografische Information der Deutschen Nationalbibliothek
Die Deutsche Nationalbibliothek verzeichnet diese Publikation in der DeutschenNationalbibliografie; detaillierte bibliografische Daten sind im Internet über http://dnb.d-nb.de abrufbar.

Zugl.: Marburg, Univ., Diss., 2021

Gedruckt auf alterungsbeständigem, säurefreiem Papier.

D 4
ISSN 0943-173X
ISBN 978-3-631-86245-2 (Print)
E-ISBN 978-3-631-87726-5 (E-PDF)
E-ISBN 978-3-631-87727-2 (EPUB)
DOI 10.3726/B19661

Peter Lang –Berlin · Bern · Bruxelles · New York ·
Oxford · Warszawa · Wien

Die Publikation wurde begutachtet.

www.peterlang.com

Für meinen Vater,
Dr. Hans-Gerhard Heil,
mein Vorbild, Unterstützer und Herausforderer,
in Liebe und Dankbarkeit

Vorwort

Das Flugzeug ist in unserer heutigen Zeit ein Verkehrsmittel, dem wir uns mit der größten Selbstverständlichkeit bedienen: Alltägliche Geschäftsflüge in einer knappen Stunde von München nach Hamburg oder in weniger als 10 Stunden von Frankfurt nach Los Angeles sind in Zeiten der Globalisierung nicht mehr wegzudenken. Das Flugzeug ist als das sicherste Verkehrsmittel der Welt bekannt, die Anschläge von 9/11 schon nicht mehr alltäglich präsent und es besteht heute eine höhere Wahrscheinlichkeit vom Blitz getroffen zu werden als einen Flugzeugabsturz mitzuerleben.[1] Wir wiegen uns in Sicherheit. Doch wie kommt es, dass dieser heute vorherrschende hohe Sicherheitsstandard so selbstverständlich für uns ist? Die vorliegende Arbeit soll den auf völkerrechtlicher Ebene beschrittenen Weg hin zur heutigen Sicherheitssituation aufzeigen. Dabei soll insbesondere ein Überblick über die Entwicklung des internationalen Luftsicherheitsrechts gegeben und der aktuelle Umgang der Staatengemeinschaft mit Bedrohungen der Sicherheit des Luftverkehrs analysiert werden. Denn auch, wenn sich allerorts in Sicherheit gewogen wird, ist die Zivilluftfahrt noch immer favorisiertes Ziel für (terroristische) Anschläge und es stellt sich die Frage: Ist die Zivilluftfahrt wirklich so sicher wie wir meinen oder lässt die gegenwärtige Ruhe nur den nächsten Sturm erwarten? Die Betrachtung in dieser Arbeit beschränkt sich bewusst auf eine völkerrechtliche Sicht. Denn das Luftrecht ist von Anbeginn, quasi mit dem Pioniers-Flug der Gebrüder Wright im Jahr 1903 und der darauffolgenden Verbreitung von planmäßigem Flugverkehr in rasanter Geschwindigkeit, wohl aufgrund des zwingenden grenzüberschreitenden Charakters, stets maßgeblich von der internationalen Zusammenarbeit und Rechtssetzung geprägt worden.

Die vorliegende Arbeit wurde im Dezember 2020 abgeschlossen und vom Fachbereich Rechtswissenschaften der Philipps-Universität Marburg als Dissertation am 21. Juli 2021 angenommen.

Mein primärer Dank gilt meinem Doktorvater Prof. Dr. Dr. hc. mult. Gilbert Gornig für die Unterstützung bei dieser Arbeit und im ganz besonderem Maße dafür, dass er meine Begeisterung und Liebe für die Materie des Völkerrechts im

---

1 Das Risiko, in den USA oder der EU bei einem Flugzeugabsturz umzukommen liegt bei 1:29 Millionen, während das Risiko an einem Blitzschlag zu sterben bei 1:10,5 Millionen liegt, so AGCS - Global Aviation Safety Study, 2014, S. 9.

Rahmen des universitären Schwerpunktstudiums mit zahlreichen spannenden Vorlesungen und Diskussionen geweckt hat. Mein Dank gilt ihm insbesondere für das im Jahr 2011 an der Philipps-Universität Marburg angebotene Seminar zum internationalen Luftrecht, in dem die Idee zu dieser Promotion entstanden ist. Zuletzt gilt meinem Doktorvater mein Dank dafür, dass ich seit Beginn dieser Arbeit nie mehr im Flugzeug in die Verlegenheit geraten bin, nicht zu wissen, worüber ich mit meinem Sitznachbar reden könnte.

Mein besonderer Dank gilt meinen Eltern, Dr. Hans-Gerhard und Christiane Heil, die trotz fehlender Affinität zu Flugreisen, diese Arbeit stets durch Interesse und durch stetiges Nachfragen zum Stand der Promotion vorangetrieben haben. Mein Dank gilt ihnen für all die Unterstützung und Bestärkung, die sie mir auf jedem Lebensweg geben und gegeben haben. Ihnen verdanke ich alles, was ich bin und bis heute erreichen konnte.

Mein Dank gilt auch meinen beiden älteren Geschwistern, Dr. Charlotte Heeg und Dr. Johannes Heil, die mir immer ein Vorbild waren und denen ich stets nacheifern konnte.

Auch gilt mein Dank Dr. Anne-Kathrin und Heiko Möwius sowie Moritz Hardieck, die es verstanden haben, die Freude an der Fertigung dieser Arbeit dadurch zu erhalten, mich stets zu schönen Unternehmungen und dazu anzuregen, diese Promotion auch mal Promotion sein zu lassen.

Nachdem ich zu Beginn des Jahres dieses Promotionsvorhaben bereits gedanklich ad acta gelegt hatte, gilt mein letzter Dank meinem lieben Freund Dr. Thomas Schäfer. Danke, dass du stets mit einem Lachen im Gesicht davon ausgegangen bist, dass diese Arbeit eines Tages schon fertig wird („Party!!!"). Ohne dich hätte ich diese Promotion nicht wieder hervorgeholt und beendet. Ich glaube, dass du dich über diese Art des Abschiedsnehmens gefreut hättest. Du wirst schmerzlich vermisst.

Berlin, im Juli 2021
Caroline E. Heil

Inhaltsverzeichnis

Abkürzungsverzeichnis

ACI	=	Airports Council International
AJIL	=	American Journal of International Law
AsMA	=	Aerospace Medical Association
ATA	=	Air Transport Association of America
AVR	=	Archiv des Völkerrechts
AVSEC	=	Aviation Security Panel
BEA	=	Bureau d'enquêtes et d'analyses pour la sécurité de l'aviation civile
bzw.	=	beziehungsweise
CA	=	Chicagoer Abkommen
CANSO	=	Civil Air Navigation Services Organization
DFS	=	Deutsche Flugsicherheit
EASA	=	Europäische Agentur für Luftsicherheit
EU	=	Europäische Union
EuR	=	Europarecht
FAA	=	Federal Aviation Administration
GIA	=	Groupe Islamique Armé
IATA	=	International Air Transport Association
ICAO	=	International Civil Aviation Organisation
ICCAIA	=	International Coordination Council of Aerospace Industries Association
ICT	=	Institute for Counter-Terrorism
IGH	=	Internationaler Gerichtshof
insb.	=	insbesondere
IS	=	Islamischer Staat
JuS	=	Juristische Schulung
Km	=	Kilometer
MANPADS	=	Man-Portable Air Defence Systems
NVwZ	=	Neue Zeitschrift für Verwaltungsrecht
NZV	=	Neue Zeitschrift für Verkehrsrecht
P.	=	Page
ÖJZ	=	Österreichische Juristen-Zeitung
Res.	=	Resolution

Rn.	=	Randnummer
S.	=	Seite
sog.	=	sogenannte
SRÜ	=	UN-Seerechtsübereinkommen
TNT	=	Trinitrotoluol
u.a.	=	unter anderem
UAS	=	Unmanned Aircraft System
UdSSR	=	Union der Sozialistischen Sowjetrepubliken
UN	=	United Nations
v.	=	vom
vgl.	=	vergleiche
ZaöRV	=	Zeitschrift für ausländisches öffentliches Recht und Völkerrecht
zit.	=	zitiert
ZLW	=	Zeitschrift für Luft- und Weltraumrecht

Alle übrigen hier nicht gesondert erwähnten Abkürzungen stammen aus *Kirchner, Hildebert*, Abkürzungsverzeichnis der Rechtssprache, 8. Auflage 2015.

A. Einführung

I. Einleitung

Seit Anbeginn der Zivilluftfahrt sind Bedrohungen in Form von Sprengstoffanschlägen und Flugzeugentführungen auf Luftfahrzeuge sowie Abschüsse von Luftfahrzeugen weltweit ein stetiger Begleiter. Insbesondere für Terroristen und Kriminelle scheint die Zivilluftfahrt eine besondere Anziehung auszuüben, denn obwohl es zahlreiche und weniger durch Sicherheitskontrollen geschützte Ziele gibt, wenden diese ihr Augenmerk immer wieder aufs Neue auf die Luftfahrt.[2] Irgendwie geartete Anschläge auf Flugzeuge, sei es in Form von Flugzeugentführungen oder Bombenanschlägen, bedeuten eine große Zahl an Opfern in der Luft und/oder am Boden, bieten die einfache Möglichkeit nationale Grenzen zu überqueren und ermöglichen unmittelbares Betroffensein verschiedener Staaten zugleich.[3] So kann ein französisches Flugzeug in Zeiten der Globalisierung leicht Passagiere zahlreicher verschiedener Nationen – zum Beispiel Deutsche, US-Amerikaner, Brasilianer etc. – an Bord haben und Ziel eines Anschlags werden, während es sich im Luftraum eines weiteren Staates befindet oder dort zur Landung gezwungen wird. Dieses Involvieren verschiedener Nationen ist das klassische Szenario bei Anschlägen auf die Zivilluftfahrt.[4] Weltweites persönliches Betroffensein und eine Abdeckung durch umfassende mediale Berichterstattung sind damit garantiert.[5] Auch zeichnet sich die Luftfahrt als Angriffsobjekt mit hohem symbolischen Wert aus, welches sie insbesondere für politisch motivierte

---

2 *Halle*, The Role of International Law in the Fight Against Aerial Terrorism, S. 19; *Price/Forrest*, Practical Aviation Security, S. 45; IATA Annual Review, S. 24.

3 Dazu *Price/Forrest*, Practical Aviation Security, S. 45; auch dazu *Richter*, Luftsicherheit, S. 18; *Bentzien* hat dazu passend festgestellt, dass die *„Luftfahrt vor allem in politischer, wirtschaftlicher und nicht zuletzt in militärischer Hinsicht als ein Instrument nationaler Machtinteressen und nationalen Prestiges betrachtet wird.“*, so *Bentzien*, Der unerlaubte Einflug in fremdes Staatsgebiet, S. 1.

4 *Halle*, The Role of International Law in the Fight Against Aerial Terrorism, S. 19 f.; *Richter* führt in seinem Buch „Luftsicherheit“ aus, dass Anschläge auf den Luftverkehr für Terroristen insbesondere so attraktiv seien, da diese eine *„ungewöhnlich günstige Ursachen-Wirkung-Relation“* hätten. Bereits mit geringen Eingriffen könne aus der Sicht von Terroristen eine massive Effektivität erreicht und ein Anschlag als Erfolg gewertet werden. So *Richter*, Luftsicherheit, S. 18.

5 *Price/Forrest*, Practical Aviation Security, S. 46.

Taten und Terrorismus attraktiv macht: Luftfahrzeuge tragen Flagge und Staatszugehörigkeit eines bestimmten Staates und verkörpern damit diesen Staat international nach Außen.[6] Gerade der in der heutigen Zeit erstarkte islamistische Terrorismus als sog. „Home-Grown-Terrorism" mit kleinteiligen und anonymen Organisationsstrukturen konzentriert sich auf Ziele mit hohem symbolischen Wert, die eine möglichst große Opferzahl bringen, und versucht die Allgemeinheit an infrastrukturell bedeutenden Plätzen wie Flughäfen zu treffen.[7] Zeitgleich ist die Luftfahrt weltweit einer der wichtigsten Wirtschaftszweige mit einem Netto-Gewinn der Fluggesellschaften von ca. 30 Milliarden US-Dollar sowie ca. 4,3 Milliarden Fluggästen im Jahr 2018.[8] Dies steigert die Attraktivität der Luftfahrt als Anschlagsziel für Terroristen wohl noch einmal weiter.

Aber nicht nur mit Anschlägen durch Terroristen und Kriminelle sieht und sah sich die Zivilluftfahrt seit Anbeginn konfrontiert. Eine Bedrohung der Zivilluftfahrt waren für viele Jahrzehnte auch die von Staaten durchgeführten Abschüsse von Zivilluftfahrzeugen, die Luftraumverletzungen begangen haben.[9] Zwar käme es heute wohl kaum noch einem Staat in den Sinn, den Abschuss eines Zivilluftfahrzeuges mit einer Luftraumverletzung rechtfertigen zu wollen, aber staatliche Abschüsse von Zivilluftfahrzeugen sind auch heute noch aktuell und bedürfen daher genauerer Betrachtung. Hierbei handelt es sich insbesondere um die weltweit auftretende Frage der Zulässigkeit des Abschusses von Zivilluftfahrzeugen zur Gefahrenabwehr, also einen Abschuss, um eine von einem Flugzeug ausgehende Gefahr abzuwehren und so Schlimmeres – man denke nur einmal an die Anschläge von 9/11[10] – zu verhindern. Die Frage der Zulässigkeit von staatlichen Abschüssen von Flugzeugen zur Gefahrenabwehr

---

6 *Halle*, The Role of International Law in the Fight Against Areial Terrorism,S. 19; *Richter*, Luftsicherheit, S. 18; *McWinney*, Aerial Piracy and International Terrorism, S. 18 f.; zur nationalen Bedeutung der Luftfahrt auch *Bentzien*, Der unerlaubte Einflug in fremdes Staatsgebiet, S. 1; *Price/Forrest*, Practical Aviation Security, S. 45; *Richter*, Luftsicherheit, S. 18.

7 *Van Schindel*, in: Giemulla/Rothe, Handbuch Luftsicherheit, S. 34.

8 Dazu IATA Annual Review 2019 Rn. 12 ff. Die International Air Transport Association (IATA), zu Deutsch die Internationale Luftverkehrsvereinigung, ist der weltweite Dachverband der Fluggesellschaften, der im Jahr 1945 gegründet wurde. Die IATA repräsentiert 281 Airlines und somit ca. 83 % des weltweiten Luftverkehrs. Dazu IATA – Factsheet.

9 Die vorliegende Arbeit beschränkt sich auf eine Betrachtung von Abschüssen in Friedenszeiten.

10 Dazu unten D. IV. 2.

wird und wurde in den letzten Jahren auf nationalen Ebenen[11] diskutiert und nationale Positionen dazu gefasst.[12]

Da die Zivilluftfahrt von Anbeginn grenzüberschreitend war – dies liegt in der Natur der Sache –, sind Instabilitäten, terroristische Aktivitäten sowie Abschüsse von Zivilluftfahrzeugen durch Staaten ein unmittelbar grenzüberschreitendes Problem verschiedener Nationen. Somit bieten sich insbesondere eine Betrachtung der Luftsicherheit aus völkerrechtlicher Sicht und der Blick über den nationalen Tellerrand hinaus an. Angesichts der Tatsache, dass ein nationaler Alleingang im Bereich der Luftsicherheit wenig effektiv und zielführend wäre, wurde die Sicherheit der Internationalen Zivilluftfahrt frühzeitig auf völkerrechtlicher Ebene zur Diskussion gestellt und gesetzlich reguliert. Federführend war die ICAO.[13] Da das Luftsicherheitsrecht stark auf der Ebene des Völkerrechts bestimmt wurde und wird – der frühere US-Präsident Obama hat die Arbeit der ICAO im Bereich der Luftsicherheit beispielsweise während seiner Präsidentschaftszeit als den „Sicherheitsrahmen des 21. Jahrhunderts" gewürdigt[14] – und von einer globalen Zusammenarbeit maßgeblich geprägt ist, ist eine völkerrechtliche Betrachtung äußerst interessant. Dies gilt auch deswegen, weil das Luftsicherheitsrecht wohl wie kaum ein anderes Rechtsgebiet auf völkerrechtlicher Ebene von Anbeginn an international abgestimmt wurde. Die folgende Betrachtung beschränkt sich somit ganz bewusst auf eine völkerrechtliche Betrachtung des Luftsicherheitsrechts. Ein Blick auf die Umsetzung der völkerrechtlichen Vorgaben durch einzelne Staaten oder auch ein Blick auf die USA, die das Luftsicherheitsrecht stets durch US-amerikanische Regeln und Beharren

---

11 So beispielsweise das bekannte Urteil des BVerfG (Urteil des ersten Senats vom 15. Februar 2006 – 1 BvR 357/05) aus dem Jahr 2006, in welchem die Regelung des § 14 Abs. 3 Luftsicherheitsgesetzes a.F. zur Einwirkung mit Waffengewalt zum Abschuss eines Luftfahrzeugs zwecks Gefahrenabwehr als verfassungswidrig eingestuft wurde, so BVerfG NJW 2006, 751.

12 Neu ist nunmehr noch eine Befassung mit der Frage der Sicherheit des Überflugs über Konfliktzonen und mögliche Abschüsse und Risiken, die aus dem Überflug von Luftfahrzeugen über diesen Zonen resultieren, dazu IATA Annual Review, S. 24.

13 Zum bedeutenden Einfluss der ICAO bei der Entwicklung und Regulierung der Luftsicherheit auch *Price/Forrest*, Practical Aviation Security, S. 143. Die International Civil Aviation Organization (ICAO) wird näher unter B. III betrachtet.

14 Obamas Aussage lautete: *"a truly 21st Century international security framework that will make air travel safer and more secure than ever before."*, so https://icao.usmission.gov/mission/icao/ (Stand: 20.12.2020).

auf internationale Einhaltung der eigenen Vorgaben mitgeprägt haben,[15] bleibt dabei natürlich teilweise nicht aus, soll aber nur am äußersten Rande erfolgen.

Um alle Gefahren und Handlungen zu beschreiben, die die Sicherheit der Zivilluftfahrt[16] bedrohen können, hat die ICAO auf internationaler Ebene den Begriff „Unlawful Interference" (zu Deutsch: Unrechtmäßiger Eingriff) etabliert.[17] Dieser Begriff ist insoweit passend, als er sowohl Flugzeugentführungen und Bombenanschläge durch Terroristen, mögliche Cyberangriffe als auch Abschüsse von Luftfahrzeugen durch Staaten erfasst. Bei einer völkerrechtlichen Betrachtung hat aber eine noch stärkere begriffliche Differenzierung zu erfolgen, da es für das klassische Völkerrecht und nach dem völkerrechtlichen Gewalt- und Interventionsverbot äußerst relevant ist, ob Handlungen von Staaten oder Privatpersonen ausgehen oder Handlungen von Privaten einem Staat irgendwie zugerechnet werden können. Zur besseren Abgrenzung von staatlichem Handeln zu nichtstaatlichem Handeln, wird der Begriff des „Unrechtmäßigen Eingriffs", wie es sich aus dem Titel dieser Arbeit ergibt, noch einmal unterteilt: Staatliche Eingriffe in die Zivilluftfahrt in der Form von staatlichen Abschüssen werden unter den Begriff des „Gewaltaktes" subsumiert, während alle von nichtstaatlichen Akteuren ausgehenden Anschläge auf die Zivilluftfahrt unter dem Begriff der „Sabotageakte" abgehandelt werden.[18]

II. Fragestellungen und Methodik

Die vorliegende Arbeit befasst sich umfassend mit den Bedrohungen und Gefahren des Zivilluftverkehrs, um in den Worten der ICAO zu sprechen, mit den „unlawful acts of interference", also den unrechtmäßigen Eingriffen in den

---

15 Gerade die USA haben stets versucht, sich einen großen Einfluss auf die Sicherheitspolitik der ICAO zu sichern. Aktuell stellen die USA beispielsweise 25 % des Gesamtbudgets der ICAO und finanziert auch gezielt weitere ausgesuchte Projekte mit finanziellen Mitteln, so die Aussage der USA zu ihrer „Mission" bei der ICAO, dazu https://icao.usmission.gov/mission/icao/ (Stand: 20.12.2020).

16 In der englischsprachigen Literatur wird Luftsicherheit mit zwei Begriffen übersetzt, zum einen mit dem Begriff „*Security*", der Bedrohungen und Gefahren durch Anschläge etc. meint und zum anderen durch den Begriff „*Safety*", der von der Technik ausgehende, also betriebsbedingte Bedrohungen, meint und wohl am besten mit dem Terminus „Flugsicherheit" übersetzt werden kann. Dazu *Ripper*, in: Lange/ Wendekamm/ Endreß, Dimension der Sicherheitskultur, S. 80. In dieser Arbeit wird der Begriff „Luftsicherheit" generell in der Bedeutung „Security" verwendet.

17 *Price/Forrest*, Practical Aviation Security, S. 46.

18 Dazu detailliert unten unter C. I.

Zivilluftverkehr aus völkerrechtlicher Sicht. Im Schwerpunkt wird dabei untersucht, mit welchen Bedrohungspotenzialen die Zivilluftfahrt konfrontiert war und ist, wie auf diese auf völkerrechtlicher Ebene reagiert wurde und welchen Bedrohungen die Zivilluftfahrt in Zukunft gegenübersteht.

Dabei soll diese Arbeit zum einen eine historische Betrachtung anstellen und die Geschichte und Veränderung verschiedener Bedrohungspotenziale durch Terroristen und Kriminelle seit Anbeginn der noch jungen Zivilluftfahrt[19] untersuchen sowie die völkerrechtlichen Reaktionen im präventiven und im repressiven Bereich aufzeigen. Dies hat im Kern zwei Hintergedanken und soll dazu dienen, die aktuelle Sicherheitssituation überhaupt verstehen zu können: Ein Verständnis für die historisch gewachsene Verdichtung der gesetzlichen Vorgaben im Luftsicherheitsrecht auf internationaler Ebene und der Weg bis hin zum aktuellen Stand des internationalen Luftsicherheitsrechts ist von grundlegender Bedeutung für eine Bewertung des Grads an objektiv erreichter Sicherheit, dem bestehenden Restrisiko und der Reaktionsfähigkeit der Staatengemeinschaft bei Bedrohungen. Außerdem ist gerade für eine Spekulation über die Zukunft der Luftsicherheit ein Blick auf die Vergangenheit der Luftsicherheit und der Kodifizierung des Luftsicherheitsrechts unumgänglich und erlaubt erst Prognosen.[20] Neben der historischen soll eine aktuelle Betrachtung der Bedrohungspotenziale und Reaktion auf diese vorgenommen werden und so aufgezeigt bzw. prognostiziert werden, wie die gegenwärtige und zukünftige Sicherheitssituation sich darstellt und darstellen wird.

Die vorliegende Arbeit ist dabei stets in zwei grundlegende Themenfelder untergliedert, nämlich in Fragestellungen um Gewaltakte als das eine und in Fragestellungen um Sabotageakte als das andere Themenfeld.

---

19 Als Beginn wird hier der erste bemannte Flug mit einer Motormaschine der Gebrüder Wright im Jahr 1903 gesehen, dazu *Bentzien*, Der unerlaubte Einflug in fremdes Staatsgebiet, S.1; *Schladebach*, Luftrecht, Rn. 42.

20 Hierzu haben sich Historiker und Philosophen im Laufe der Jahrhunderte zahlreiche Gedanken gemacht. Zur abstrakten philosophischen Frage eines Zusammenhangs von Vergangenheit, Gegenwart und Zukunft u.a. Hegels Dialektik in *Hegel*, Die Philosophie des Rechts. Vorlesung von 1821/22; oder dazu die Theorien von Aurelius Augustinus, *Aurelius Augustinus* „Was ist Zeit?" Confessiones XI. Zu der Bedeutung der Geschichte der Luftsicherheit für zukünftige Sicherheitspolitik siehe auch *Ball*, Why Aviation History is Relevant, in *Price/Forrest*, Practical Aviation Security, S. 97 f.

III. Aufbau und Gliederung der Arbeit

Zum besseren Verständnis von Gewalt- und Sabotageakten, die der Zivilluftfahrt heute und in der Vergangenheit begegnen bzw. begegnet sind, und zur Schaffung eines Grundverständnisses des internationalen Luftrechts, beginnt die Arbeit zunächst mit einem Überblick über die Entwicklung der Luftfahrt und dem Luftrecht seit Beginn des 20. Jahrhunderts und zeigt die Kodifizierung des Luftsicherheitsrechts als Internationales Recht auf (Gliederungspunkt B).

Es folgt eine detaillierte Abgrenzung der Gewaltakte einerseits und der Sabotageakte andererseits (Gliederungspunkt C).

Die Arbeit widmet sich sodann detailliert den Sabotageakten (Gliederungspunkt D) und stellt dar, welche Sabotageakte seit Beginn der Zivilluftfahrt bis heute aufgetreten sind und wie auf diese in Form von internationalen Abkommen und der Schaffung des Annexes 17 des Chicagoer Abkommens reagiert wurde. Es wird dabei auch auf neue Bedrohungspotenziale eingegangen, die bis dato zwar noch nicht zu Anschlägen selbst geführt haben, die aber bereits als Bedrohungen erkannt wurden.

Danach folgt eine nähere Betrachtung der Gewaltakte (Gliederungspunkt E) in Form von Abschüssen von Zivilluftfahrzeugen durch Staaten und die Bewertung der Gewaltakte aus internationaler Sicht.

Sowohl bei der Betrachtung der Sabotage- als auch der Gewaltakte wird ein Fokus auf den Anschlag von 9/11 gelegt, da dieser einen der gravierendsten Anschläge und somit einen Wendepunkt in der Geschichte der Zivilluftfahrt darstellt sowie zahlreiche Änderungen in der internationalen Zivilluftfahrt und Sicherheitsverschärfungen hervorgebracht hat. Insbesondere Diskussionen, die nach 9/11 aufgekommen sind, so der mögliche Abschuss von Zivilluftfahrzeugen zur Gefahrenabwehr oder die Einführung der verriegelten Cockpittüren, bewegen noch immer die öffentliche Diskussion.

Die Arbeit schließt mit einem Fazit und Ausblick in die Zukunft der Sicherheit der Internationalen Zivilluftfahrt ab (Gliederungspunkt F).

B. Historische Betrachtung

I. Die Entwicklung von Luftfahrt und Luftrecht

1. Die Eroberung der Lüfte durch die Menschen

Obwohl die Vorstellung vom Fliegen die Menschheit bereits seit Jahrtausenden fasziniert, wurde die lang ersehnte Eroberung der Lüfte erst in den letzten drei Jahrhunderten Wirklichkeit: So wurde bereits in den Ruinen von Ninive eine vermutlich bereits aus der Zeit von ca. 2300 v. Chr. stammende Zeichnung des auf einem Adler fliegenden König Etana gefunden.[21] Und auch in der griechischen Mythologie in den um circa 8 nChr entstanden Metamorphosen von Ovid lässt sich in der Sage von Daidalos und Ikarus eine Erfindung entdecken, die das Fliegen ermöglichen sollte.[22]

Über Jahrhunderte versuchten zahlreiche hochrangige Wissenschaftler erfolglos die Schwerkraft zu überwinden.[23] Wesentliche Schritte machte die Luftfahrt jedoch erst im Jahr 1783 mit der Erfindung des Heißluftballons durch die Brüder Joseph und Etienne Montgolfier.[24] Ihnen gelang es am 21. November 1783 in Versailles erstmals einen Heißluftballon mitsamt zwei Insassen für 25 Minuten erfolgreich in die Lüfte zu schicken.[25] Mit diesem ersten bemannten Flug waren

---

21 Nach dem Mythos des König Etana hat dieser 1500 Jahre Kirsch regiert. Da es ihm nicht möglich war einen Thronfolger zu zeugen, begab er sich auf Anweisung des Sonnengotts Sams auf dem Rücken eines Adlers ins Weltall auf die Suche nach dem „Kraut der Geburt". Dazu *Novotny*, Etana Epic, S. XI-XIII; *Fritzsche*, Das europäische Luftverkehrsrecht und die Liberalisierung des transatlantischen Luftverkehrsmarktes, S. 25.

22 Daidalos gelang es nach dem Vorbild von Vögeln, Flügel aus Wachs und Federn anzufertigen, mit deren Hilfe er gemeinsam mit Sohn Ikarus von der Insel Kreta über den Luftweg fliehen wollte, siehe dazu *Ovid*, Metamorphosen, 8, 183-235, in *Stoll*, Die Sagen der Antike S. 39 ff.

23 Unter anderem Galileo Galilei, siehe dazu *Behringer/ Ott-Koptschalijski*, Der Traum vom Fliegen, Kapitel „Ikarische Tatsachen": Die Turmspringer; *Grothe*, Leonardo Da Vinci, S. 39, 43 ff.

24 *Fritzsche*, Das europäische Luftverkehrsrecht und die Liberalisierung des transatlantischen Luftverkehrsmarktes, S. 25; *Milde*, International Air Law and ICAO, S. 6; *Schladebach*, Luftrecht, Rn. 34; *v. Lüneberg*, Geschichte der Luftfahrt, S. 1 f.

25 *Milde*, International Air Law and ICAO, S. 6; *Schladebach*, Luftrecht, Rn. 34; *v. Lüneberg*, Geschichte der Luftfahrt, S. 1 f. Der Flug funktionierte nach dem Prinzip „Leichter als Luft", während Flugzeuge auf dem Prinzip „schwerer als Luft" basieren, dazu

die Menschen ihrem Traum nicht nur ein gutes Stück näher gekommen, auch rechtliche Betrachtungen der Lüfte sollten nun erstmals von praktischer Relevanz sein.[26] So hatte noch im 17. Jahrhundert der Jurist Samuel Pufendorf die These vertreten, dass der Mensch, da ihm „*[...]die Fähigkeit versagt ist, sich derart in der Luft zu halten, dass er, von der Erde getrennt, aus eigener Kraft darin verbleiben kann, [...] nicht imstande [ist], Staatsgewalt im Luftraum auszuüben [...].*“[27] Doch mit der epochalen Erfindung der Brüder Montgolfier sollte es den Menschen nicht nur möglich sein, sich den Luftraum zu eigen zu machen.[28] Auch eine etwaige Ausübung von Staatsgewalt im Luftraum war, anders als noch von Pufendorf vermutet, nun denkbar.

2. Erste Rechtsetzung als Reaktion auf die Luftfahrt

Bereits im April 1784 wurde als Reaktion auf Flüge mit Heißluftballons erstmalig Recht mit luftrechtlichem Regelungsgehalt gesetzt. Da die Pariser Polizei in den mit Feuer betriebenen Heißluftballons eine erhebliche Brandgefahr erblickte, wurde in einer Verordnung der Überflug der Stadt Paris mit Heißluftballons verboten.[29] Das Interesse der Rechtswissenschaft am Luftrecht wurde endgültig in den 1890er Jahren rege.[30] Es folgten zahlreiche Abhandlungen[31] und im Jahr 1898 das erste bilaterale Luftverkehrsabkommen der Welt, das sich mit der Frage des grenzüberschreitenden Fliegens von Militärheißluftballons in dem

---

Fritzsche, Das europäische Luftverkehrsrecht und die Liberalisierung des transatlantischen Luftverkehrsmarktes, S. 25.

26 *Hobe*, in: *Ipsen,* Völkerrecht, S. 866 ff.; *Schladebach/Platek,* JuS 2010, S. 500.

27 Siehe dazu *Pufendorf,* De iure naturae et gentium libri octo. Siehe auch *Schladebach,* Lufthoheit, S. 11.

28 *Schladebach*, Luftrecht, Rn. 34; *Schladebach,* Lufthoheit, S. 13; *Wissmann*, Geschichte der Luftfahrt, S. 104 ff.

29 *Caplan*, Air & Space Law 2009, S. 368 f.; *Milde,* International Air Law and ICAO, S. 6; *Schladebach,* Luftrecht, Rn. 35; *Schladebach*, Lufthoheit, S. 14 f.; *Schladebach/Platek,* JuS 2010, S. 500.

30 *Volkmann*, Internationales Luftrecht, S. 12; *Hobe*, in: *Ipsen,* Völkerrecht, S. 868; *Schladebach/Platek,* JuS 2010, 499 (500). So wurden beispielsweise im US Civil War (1861 – 1865) und im Französisch-Preußischen-Krieg von 1870/1871 Heißluftballons zu Observationszwecken eingesetzt und es wurde die militärische Gefahr dieser Flugobjekte sichtbar. Auf der Friedenskonferenz von Den Haag (I. Haager Friedenkonferenz) im Jahr 1899 wurde eine Einigung für das Verbot erzielt, Projektile von Heißluftballons abzuschießen, dazu *Milde,* International Air Law and ICAO, S. 7.

31 So z.B. Die Abhandlung *Jurisch*, Luftrecht.

Staatsgebiet Deutschlands und Österreich-Ungarns beschäftigte.[32] Im Jahre 1903 sollte die bis dato noch in ihren Kinderschuhen steckende Luftfahrt einen weiteren großen Schritt machen. Den Gebrüdern Wright gelang am 17. Dezember der erste gesteuerte Flug einer Motormaschine in Kitty Hawk, North Carolina.[33] Obwohl dieser Flug nur wenige Sekunden dauerte, sollte er von großem Gewicht für die Zukunft sein. Denn recht bald zeichneten sich die zukünftige Bedeutung der Luftfahrt und die sich bietende Möglichkeit ab, Flugzeuge als schnelles Verkehrsmittel zur Beförderung von Fracht und Personen zu nutzen.[34]

Die rasche Verbreitung der neuen Technologie nach der Erfindung der Gebrüder Wright brachte zwar zahlreiche Erleichterungen für die Menschen mit sich, stellte die Staaten aber vor die schwere Aufgabe, eine einheitliche Klärung des öffentlich-rechtlichen Status der Lüfte vornehmen zu müssen.[35] Dies sollte besonders problematisch sein, da sich im Kern zwei stark divergierende Thesen gegenüber standen. Auf der einen Seite stand die Idee, dass der Luftraum, vergleichbar mit der Hohen See, durch Staaten nicht beherrschbar sei, mithin keiner Hoheitsgewalt unterwerfbar und rechtlich frei.[36] Auf der anderen Seite aber stand das Prinzip der Lufthoheit, nachdem jeder Staat die vollständige Hoheitsgewalt über den Luftraum haben sollte, der sich über dem eigenen Territorium befindet.[37] Die Lösung dieses Grundkonflikts versuchten zunächst

---

32 *Schladebach,* Luftrecht, Rn. 38. Am 29.7.1899 wurde auf der I. Haager Friedenskonferenz sodann die erste multilaterale Konvention über die Nutzung des Luftraums in Kriegszeiten beschlossen, dazu *Hobe,* in: *Ipsen,* Völkerrecht, S. 868.

33 *Bentzien,* Der unerlaubte Einflug in fremdes Staatsgebiet, *S. 1; Milde,* International Air Law and ICAO, S. 7; *Lilienthal,* Der Vogelflug als Grundlage der Fliegekunst, S. 84 ; *Schladebach,* Luftrecht, Rn. 42.

34 *Mensen,* Handbuch der Luftfahrt, S. 22; *Schladebach,* Luftrecht, Rn. 43.

35 *Schladebach/Platek* JuS 2010, S. 500. Noch als der französische Pilot Louis Bleriot im Juli 1909 den Ärmelkanal von Frankreich nach Großbritannien mit einem Flieger überquerte, wurden keine Bemühungen unternommen diesen Flug rechtlich zu autorisieren, da ein gesetzliches Rahmenwerk fehlte. Bleriot trug nicht einmal einen Pass oder Ausweis bei sich als er auf dem fremden Territorium landete. Dazu *Milde,* International Air Law and ICAO, S. 7.

36 *Fritzsche,* Das europäische Luftverkehrsrecht und die Liberalisierung des transatlantischen Luftverkehrsmarktes, S. 27 f.; *Hobe,* in: *Ipsen,* Völkerrecht, S. 868; *Schladebach,* Luftrecht, Rn. 45.

37 *Fritzsche,* Das europäische Luftverkehrsrecht und die Liberalisierung des transatlantischen Luftverkehrsmarktes, S. 27 f.; *Hobe,* in: *Ipsen,* Völkerrecht, S. 868; *Schladebach,* Luftrecht, Rn. 46; *Proelß,* in Vitzthum/ Proelß, Völkerrecht, 5. Abschnitt Rn. 28.

18 europäische Staaten[38] gemeinsam auf der internationalen Konferenz über den Luftverkehr im Jahre 1910 in Paris zu finden.[39] Trotz mehrwöchiger Verhandlungen konnte über die Frage der Hoheit der Lüfte keine Einigung erzielt werden.[40] Obwohl eine multilaterale Einigung zunächst nicht in Sicht war, entwickelte sich die nationale Gesetzgebung zum Luftrecht rege fort und zahlreiche nationale Gesetze traten in Kraft, so beispielsweise 1911 im Vereinigten Königreich von Großbritannien und Nordirland und 1914 in der Schweiz.[41]

Einen neuen Impuls gab der Entwicklung des internationalen Luftrechts dann der Erste Weltkrieg. Dort hatte sich gezeigt, welche enorme militärische Bedrohung von Flugzeugen ausgehen konnte, und eine Regulierung des Flugverkehrs schien zumindest im Hinblick auf staatliche Sicherheitserwägungen mehr als geboten.[42] So fanden sich als Reaktion auf das Ende der Kriegshandlungen Beschränkungen der militärischen Luftstreitkräfte beispielsweise in den Friedensverträgen der Siegermächte mit Bulgarien, Deutschland, Österreich, Türkei und Ungarn.[43] Und unter diesem Eindruck wurde auch im Jahr 1919 das für den europäischen Raum geltende multilaterale Pariser Luftverkehrsabkommen geschlossen, das das Prinzip der Lufthoheit in seinem ersten Artikel verankerte und somit den Luftraum zum Staatsgebiet erklärte.[44] Bis zum Zweiten

---

38 Vertreten waren Belgien, Bulgarien, Dänemark, Deutschland, Frankreich, Vereinigtes Königreich von Großbritannien und Nordirland, Italien, Monaco, Niederlande, Österreich-Ungarn, Portugal, Rumänien, Russland, Schweden Schweiz, Serbien, Spanien und die Türkei, vgl. dazu *Milde,* International Air Law and ICAO, S. 6; *Volkmann*, Internationales Luftrecht, S. 12.

39 *Milde,* International Air Law and ICAO, S. 8; *Schladebach,* Luftrecht, Rn. 58; *Proelß*, in Vitzthum/ Proelß, Völkerrecht, 5. Abschnitt Rn. 28; *Volkmann*, Internationales Luftrecht, S. 14.

40 Einige Staaten, so das Vereinigte Königreich von Großbritannien und Nordirland, Österreich-Ungarn und Russland, gingen sogar so weit, dass sie ihren Luftraum gänzlich vor auswärtigen Flugzeugen verschließen wollten. Vgl. dazu. *Milde,* International Air Law and ICAO, S. 9; *Volkmann*, Internationales Luftrecht, S. 14.

41 *Meyer,* Freiheit der Luft als Rechtsproblem, S. 91 ff.; *Schladebach/Platek,* JuS 2010, S. 501.

42 Der Erste Weltkrieg wurde in großen Teilen in der Luft ausgetragen und hat dadurch massive Zerstörungen hervorgerufen, dazu *Fritzsche,* Das europäische Luftverkehrsrecht und die Liberalisierung des transatlantischen Luftverkehrsmarktes, S. 26; *Streit/ Tayler/Munson,* Geschichte der Luftfahrt, S. 97 f.; *Schladebach,* Luftrecht, Rn. 56.

43 *Volkmann*, Internationales Luftrecht, S. 14.

44 *Bentzien*, Der unerlaubte Einflug in fremdes Staatsgebiet, S. 7; *Schladebach/Platek,* JuS 2010, S. 500; *Fritzsche,* Das europäische Luftverkehrsrecht und die Liberalisierung des transatlantischen Luftverkehrsmarktes, S. 30; *Milde,* International Air Law and ICAO,

Weltkrieg schließlich wurden die ersten Fluggesellschaften gegründet und ein weltweites Streckennetz des Fluglinienverkehrs bildete sich aus – selbst Transatlantikflüge lagen nun im Bereich des Möglichen.[45] Obwohl eine einheitliche Klärung und Einigung auf dem Gebiet des internationalen öffentlichen Luftrechts Ende der 1920er Jahre noch nicht gefunden waren, konnten doch zumindest auf zivilrechtlicher Ebene wesentliche Entwicklungen zu diesem Zeitpunkt verzeichnet werden. So wurde im Jahr 1929 das Warschauer Abkommen zur Vereinheitlichung von Regeln über die Beförderung im internationalen Luftverkehr verabschiedet, das sich mit den zivilrechtlichen Problemen der Luftbeförderung befasste und über 75 Jahre das zentrale Abkommen für internationale Beförderung von Personen, Gepäck und Fracht auf dem Luftweg bleiben sollte.[46]

Da mit der stetigen Zunahme des Luftverkehrs und der rapiden Entwicklung der Luftfahrt-Technologie während des Zweiten Weltkriegs die öffentlich-rechtlichen Möglichkeiten zur Regelung des Luftverkehrs nicht mehr genügten, war eine weitere Kodifizierung unumgänglich.[47] Folgerichtig trafen sich vom 1. November bis 7. Dezember 1944 auf Einladung der USA 56 Staaten zur Internationalen Zivilluftfahrt-Konferenz in Chicago mit dem Ziel, eine weltweite einheitliche Ordnung des grenzüberschreitenden Luftverkehrs zu finden und einen wirtschaftlich frei nutzbaren Luftraum für alle Luftfahrtunternehmen

---

S. 11; *Schladebach*, Luftrecht, Rn. 58 f. Dem Pariser Abkommen entsprechende Vereinbarungen mit einer Zugrundelegung des Prinzips der Lufthoheit fanden sich auch auf dem amerikanischem Kontinent, so das Pan-Amerikanische Abkommen von Havanna (20.2.1928) und das Ibero-Amerikanische Abkommen von Madrid (1.11.1926), vgl. dazu *Bentzien*, Der unerlaubte Einflug in fremdes Staatsgebiet, S. 7; *Fritzsche*, Das europäische Luftverkehrsrecht und die Liberalisierung des transatlantischen Luftverkehrsmarktes, S. 31; *Schladebach*, Luftrecht, Rn. 61.

45 *Fritzsche*, Das europäische Luftverkehrsrecht und die Liberalisierung des transatlantischen Luftverkehrsmarktes, S. 26 f.; *Schladebach*, Luftrecht, Rn. 60; *Mensen*, Handbuch der Luftfahrt, S. 22. Die erste Atlantiküberquerung gelang Charles Lindbergh im Mai 1927, der vom ersten Transatlantikflug der Deutschen Luft-Hansa nach Rio de Janeiro gefolgt wurde, dazu *Fritzsche*, Das europäische Luftverkehrsrecht und die Liberalisierung des transatlantischen Luftverkehrsmarktes, S. 26; *Lochner*, Weltgeschichte der Luftfahrt, S. 243 ff.

46 Umfassend dazu *Rau*, Grundsatzurteile des EuGH zu den Rechten von Fluggästen, S. 2; *Schladebach*, Luftrecht, Rn. 204; *Schladebach/Platek*, JuS 2010, S. 502.

47 *Mensen*, Handbuch der Luftfahrt, S. 22; *Milde*, International Air Law and ICAO, S. 13.

zu etablieren.[48] Das Eröffnungsgrußwort von Präsident Franklin D. Roosevelt, gehalten von Adolf A. Berle als Chairman der Konferenz, stellte eine eloquente Aufforderung dar, die Lüfte für weltweite Reisen zu öffnen und nicht Blöcke von geschlossenen Lufträumen zuzulassen. Roosevelt forderte in der Rede dazu auf, dass die Staaten zusammenarbeiten sollten, damit der Luftraum der Welt von allen Menschen erobert werden kann.[49] Das daraufhin geschlossene sog. Chicagoer Abkommen[50] stellt noch heute die Grundlage des öffentlichen Luftrechts dar und wird dem entsprechend als die „Magna Charta des internationalen Luftrechts" betitelt.[51]

II. Das Chicagoer Abkommen von 1944 und seine Bedeutung

Mit dem Abschluss des Chicagoer Abkommens im Jahre 1944 ist die Bedeutung des internationalen Zivilluftverkehrs stetig weiter gestiegen.[52] Nach gerade einmal etwas mehr als 150 Jahren, die seit dem ersten Heißluftballon-Flug der Montgolfiers vergangen waren, hatte sich ein neues, differenziertes und vielschichtiges Rechtsgebiet entwickelt. So finden sich im Jahre 1944 bereits auf internationaler, kontinentaler und nationaler Ebene luftrechtliche Regelungen, die sowohl dem öffentlichen als auch dem zivilen Recht zuzuordnen sind.[53] Unter den Begriff des

---

48 *Fritzsche*, Das europäische Luftverkehrsrecht und die Liberalisierung des transatlantischen Luftverkehrsmarktes, S. 33; *Milde*, International Air Law and ICAO, S. 13 f.; *Mensen*, Handbuch der Luftfahrt, S. 22.

49 *Sochor*, The Politics of International Aviation, S. 8. Roosevelts Worte waren: *"Let us rather work together in order that the skies of the world can be exploited by man for all mankind"*, so *Sochor*, The Politics of International Aviation, S. 8. Die USA wollten erreichen, dass der Luftraum möglichst liberal und unabhängig von staatlichen Genehmigungen ausgestaltet wurde, da sie aufgrund des Zweiten Weltkriegs über ein leicht umwandelbares weltweites Militär-Flugnetz verfügten, aber „nicht über Kolonien oder ähnlich verbundene Gebiete", dazu *Fritzsche*, Das europäische Luftverkehrsrecht und die Liberalisierung des transatlantischen Luftverkehrsmarktes, S. 34.

50 Die offizielle Bezeichnung lautet „Abkommen über die internationale Zivilluftfahrt v. 7.12.1944" (BGBl. II S. 441).

51 *Schladebach*, Luftrecht, Rn. 67; *Proelß*, in Vitzthum/ Proelß, 5. Abschnitt Rn. 29; 190; dazu auch *Hobe*, in: *Ipsen*, Völkerrecht, S. 869 f..;Vertragsstaaten haben das Chicagoer Abkommen bis heute ratifiziert, so http.//www.luftrecht-online.de/ipadMENU/index-abkommen.html (Stand: 20.12.2020).

52 *Milde*, International Air Law and ICAO, S.16; *Schladebach*, NZV 2006, S. 294.

53 *Meyer*, Luftrecht in fünf Jahrzehnten, S. 61 f.; *Schladebach/Platek*, JuS 2010, S. 500. Zu den früher vertretenen Theorien vergleiche auch *Wrangel*, Globalisierungstendenzen

„Luftrechts" sind bis heute all diese und die zahlreichen später folgenden und für die Nutzung von Luftfahrzeugen relevanten Rechtsnormen zu fassen.[54]

Aus dem Chicagoer Abkommen lassen sich eine Vielzahl an wesentlichen Differenzierungen und Grundsätzen im Bereich des öffentlichen Luftrechts ableiten. Es bedarf daher vorab einer genaueren Betrachtung.

1. Das Prinzip der Lufthoheit

Bereits in Art. 1 des Chicagoer Abkommens wird das Prinzip der Lufthoheit für das Luftrecht vertraglich fest und selbigem zugrunde gelegt.[55] Demnach hat jeder Staat auch im Luftraum über seinem Staatsgebiet die unbeschränkte und alleinige Hoheitsgewalt inne.[56] Unter Luftraum ist dabei die senkrechte Luftsäule über dem Staatsgebiet zu verstehen.[57] Der Luftraum richtet sich in horizontaler Richtung nach den Staatsgrenzen und betrifft somit sowohl die Landgebiete als auch die angrenzenden Hoheitsgewässer, während die daran anschließende ausschließliche Wirtschaftszone sowie die Hohe See zu keinem Staat gezählt werden und nichtstaatlichen Luftraum darstellen.[58] Eine vertikale Begrenzung des Staatsgebietes hin zum Weltraum ist bis dato vertraglich nicht festgelegt worden. Aus praktischen Erwägungen wird als Grenze aber häufig die sog. „Kármán Primary Jurisdictional Line" herangezogen, die auf einer Höhe von 83 km über der

---

im internationalen Luftverkehr, S. 15 ff., 18 ff., 20 ff. oder die Ausführungen in *Lübben*, Das Recht auf freie Benutzung des Luftraums, S. 20 ff.

54 *Meyer*, Luftrecht in fünf Jahrzehnten, S. 61 f.; *so Schladebach*, Luftrecht, Rn. 15; *Schladebach/Platke*, JuS 2010, S. 500.

55 *Bentzien*, Der unerlaubte Einflug in fremdes Staatsgebiet, S. 8; *Fritzsche*, Das europäische Luftverkehrsrecht und die Liberalisierung des transatlantischen Luftverkehrsmarktes, S. 35; *Schladebach*, Luftrecht, Rn. 62.

56 *Bentzien*, Der unerlaubte Einflug in fremdes Staatsgebiet, S. 7 f.; *Bentzien*, ZLW 2008, 508; *Schladebach/Platek*, JuS 2010, S. 501; *Schweisfurth*, Völkerrecht, Kap. 9 Rn. 34.

57 *Fritzsche*, Das europäische Luftverkehrsrecht und die Liberalisierung des transatlantischen Luftverkehrsmarktes, S. 27; *Schladebach*, Luftrecht, Rn. 102.

58 *Schladebach*, Luftrecht, *Rn. 102; Schladebach/Platek*, JuS 2010, S. 501; *Schweisfurth*, Völkerrecht, Kap. 9 Rn. 34. Die Festlegung der Hoheitsgewässer bestimmt sich nach den Normen des internationalen Seerechts. Nach Art. 2 Abs. 1 SRÜ sind Hoheitsgewässer die an die Landgebiet angrenzender Meeresstreifen (Küstenmeer), die von den Staaten bis zu zwölf Seemeilen Breite festgelegt werden, so *Schladebach/Platek*, JuS 2010, S. 501.

Erdoberfläche liegt und die Höhe ist, auf der Flugverkehr auf der Basis von Aerodynamik noch möglich ist.[59]

2. Anwendungsbereich: Zivilluftfahrt

In seinem Anwendungsbereich ist das Chicagoer Abkommen nach Art. 3 (a.) Chicagoer Abkommen[60] auf Privatluftfahrzeuge, mithin auf die Zivilluftfahrt, beschränkt und bezieht die Staatsluftfahrt nicht mit ein.[61] Dies lässt sich mit der engen Verbundenheit der Staatsluftfahrt mit dem Staat als solchen und den damit verbundenen hoheitlichen Befugnissen erklären, die im Kern nicht aus dem staatlichen Souveränitätsbereich losgelöst werden sollen.[62] Obwohl das Chicagoer Abkommen die Staatsluftfahrt nicht erfasst, lässt sich zumindest eine partielle Definition der Staatsluftfahrzeuge im Chicagoer Abkommen finden. Demnach sind zumindest Luftfahrzeuge aus Militär-, Zoll- und Polizeidienst zu den Staatsluftfahrzeugen zu zählen, so Art. 3 (b.) CA.[63] Näher konkretisiert ist von einem Staatsluftfahrtzeug nur zu sprechen, wenn es durch Hoheitszeichen äußerlich als Luftfahrzeug eines bestimmten Staates erkennbar ist, Hoheitsträger transportiert und einem Einsatz zu öffentlichen Zwecken dient.[64] Alle Flugzeuge, die diese Kriterien nicht erfüllen, sind unter den Begriff der Zivilluftfahrt zu subsumieren und fallen somit in den Anwendungsbereich des Chicagoer

59 *Meyer,* Staatshoheit im Luftraum und die Entwicklung im Weltraum, ZLW 1965, S. 297 ff.; Dazu ausführlich *Bentzien*, Der unerlaubte Einflug in fremdes Staatsgebiet, S.11 f.; *Schladebach/Platek*, JuS 2010, S. 501; *Schladebach*, Luftrecht, Rn. 146; *Proelß,* in Vitzthum/ Proelß, Völkerrecht, 5. Abschnitt Rn. 31. Andere sehen die Grenze zum hoheitlich freien Luftraum auf der Höhe, auf der die tiefste Sattellitenlaufbahn liegt, sprich ab einer Höhe von 100 km aufwärts, vgl. dazu *Schladebach/Platek*, JuS 2010, S. 501.

60 Im Weiteren auch kurz als „CA“ bezeichnet.

61 *Bentzien,* Der unerlaubte Einflug in fremdes Staatsgebiet, S. 30; *Schladebach*, Luftrecht, Rn. 86. Das Chicagoer Abkommen bezieht sowohl Zivilluftfahrzeuge von Mitgliedsstaaten des Abkommens als auch alle andere Zivilluftfahrzeuge mit ein, so *Cooper*, Zwanzig Jahre Abkommen von Chicago, ZLW 1965, S. 279.

62 *So Schladebach*, Luftrecht, Rn. 87; siehe zu den staatlichen Erwägungen hinter dem Abkommen auch *Fritzsche,* Das europäische Luftverkehrsrecht und die Liberalisierung des transatlantischen Luftverkehrsmarktes, S. 32.

63 Eine einheitliche anerkannte Definition des Staatsluftfahrzeugs gibt es jedoch im Völkerrecht nicht, dazu *Bentzien,* Der unerlaubte Einflug in fremdes Staatsgebiet, S. 31; *Schladebach*, Luftrecht, Rn. 87.

64 *Bentzien,* Der unerlaubte Einflug in fremdes Staatsgebiet, S. 31; *Schladebach*, Luftrecht, Rn. 90.

Abkommens.[65] Relevante Norm aus dem Abkommen ist in diesem Zusammenhang auch Art. 17 CA, der festlegt, welchem Staat ein Zivilluftfahrzeug zuzuordnen ist. Demnach besitzt ein Luftfahrzeug die Staatszugehörigkeit des Staates, in dem es eingetragen ist.[66]

3. Bilaterale Luftverkehrsabkommen

Als Folge der uneingeschränkten Anerkennung der staatlichen Lufthoheit wird in Art. 6 des Chicagoer Abkommens bestimmt, dass der planmäßige internationale Fluglinienverkehr einer Erlaubnis des fremden Staates bedarf.[67] Diese Erlaubnis wird in Form von bilateralen Luftverkehrsabkommen, mithin völkerrechtlichen Verträgen, zwischen den beteiligten Staaten erteilt und stellt die Grundlage des internationalen Luftverkehrs dar.[68] Die Verträge sind nach den Grundsätzen der Bilateralität, Reziprozität und Fairness abzuschließen.[69] Kerninhalt der zwischenstaatlichen Abkommen sind die gegenseitige Gewährung von Verkehrsrechten für Luftverkehrsunternehmen aus verschiedenen Staaten, so

65 Innerhalb der Privatluftfahrzeuge wird im CA außerdem zwischen planmäßigem und nicht planmäßigem Fluglinienverkehr, sprich Gelegenheitsverkehr, unterschieden, so Art. 5 und 6 CA. Fluglinienverkehr meint nach Art. 96a CA denjenigen Luftverkehr, der für die öffentliche Beförderung von Fluggästen, Post oder Fracht durchgeführt wird. Dieser ist planmäßig, wenn eine vorherige Festlegung von Abflugs- und Ankunftszeiten für sich periodisch erkennbar wiederholende Flüge über einen längeren Zeitraum als sechs Monate in einem veröffentlichen Flugplan erfolgt ist. Unter nichtplanmäßigem Fluglinienverkehr ist gelegentlicher Flugverkehr von Einzelflügen oder Flugketten bis zu vier Flügen gemeint. Vgl. dazu auch *Schladebach*, Luftrecht, Rn. 94 f, 97.

66 Dazu *Bentzien*, Der unerlaubte Einflug in fremdes Staatsgebiet, S. 25 ff.; *Schladebach*, Luftrecht, Rn. 84.

67 *Schladebach*, Luftrecht, Rn. 147. Nicht erfasst von Art. 6 CA ist der nicht-planmäßige Luftverkehr, welcher Art. 5 des Abkommens unterliegt und nach welchem betroffene Luftfahrzeuge grundsätzlich ohne Aufenthalt durchfliegen und technische Landungen vornehmen dürfen. Der für die Abgrenzung wesentliche Begriff „planmäßig" ist jedoch nicht definiert. Siehe *Bentzien*, Der unerlaubte Einflug in fremdes Staatsgebiet, S. 52.

68 Diese bilateralen Abkommen sind in Art. 83 CA ausdrücklich erwähnt. Zu bilateralen Verträgen *vgl. Bentzien*, Der unerlaubte Einflug in fremdes Staatsgebiet, S. 51; *Schladebach/Platek*, JuS 2010, S. 501; *Schladebach/Bärmann*, NZV 2006, S. 295.

69 *Schladebach*, EuR 2006, 0773; *Schladebach/Bärmann*, NZV 2006, S. 294 ff.

beispielsweise das Recht das Hoheitsgebiet eines anderen Staates ohne Landung zu überfliegen oder zu landen, um Fracht, Post oder Personen dort abzusetzen.[70]

III. Die ICAO - die Internationale Zivilluftfahrt Organisation

Mit dem Chicagoer Abkommen wurde auch die ICAO (Internationale Zivilluftfahrt Organisation) ins Leben gerufen, welche seitdem ganz wesentlich die Kodifizierung des internationalen Luftrechts bestimmt und beeinflusst.[71] Bei der ICAO handelt es sich um eine UN-Sonderrechts-Organisation mit Sitz in Montreal, die insbesondere die Rechtsfortbildung des Luftrechts und die Schaffung eines sicheren, regelmäßigen und effizienten Luftverkehrs sowie die Förderung der Flugsicherheit in der internationalen Zivilluftfahrt zur Aufgabe hat, so Art. 44 lit. h CA.[72] Kraft des Chicagoer Abkommens als Gründungsvertragswerk besitzt die ICAO umfassende Kompetenzen im Bereich der Internationalen Zivilluftfahrt.[73] Seit der Gründung im Jahr 1944 hat die ICAO es gemeinsam mit ihren aktuell 192 Mitgliedsstaaten zum Ziel, einen allgemeinen Standard für einen sicheren, effizienten, wirtschaftlich nachhaltigen und umweltverantwortlichen Zivilluftfahrt-Sektor weltweit zu etablieren.[74] Die von der ICAO vorgeschlagenen Richtlinien und Empfehlungen (Standards and Recommended Practises - SARPs)[75] werden von den Mitgliedsstaaten der ICAO genutzt, um sicherzustellen, dass deren nationale Zivilluftfahrtbehörden und Gesetze den internationalen und globalen Standards entsprechen.[76] Regeln, die als besonders

---

70 *Fritzsche,* Das europäische Luftverkehrsrecht und die Liberalisierung des transatlantischen Luftverkehrsmarktes, S. 36; *Hobe,* Einführung in das Völkerrecht, S. 476; *Schladebach,* EuR 2006, 0773; *Schwenk/Giemulla,* Handbuch des Luftverkehrsrechts, S. 630 ff.

71 Dazu https://www.icao.int/about-icao/Pages/default.aspx (Stand: 20.12.2020).

72 Zu den Aufgaben und Zielen der ICAO auch *Abeyratne,* Aviation Security, S. 78; *Fritzsche,* Das europäische Luftverkehrsrecht und die Liberalisierung des transatlantischen Luftverkehrsmarktes, S. 36 f.; *Schäffer,* Der Schutz des zivilen Luftverkehrs vor Terrorismus, S. 51.

73 *Fritzsche,* Das europäische Luftverkehrsrecht und die Liberalisierung des transatlantischen Luftverkehrsmarktes, S. 37; *Horn,* Die Anwendung militärischer Gewalt auf zivile Passagierflugzeuge, S.23; *Schwenk,* ICAO, S. 25.

74 https://www.icao.int/about-icao/Pages/default.aspx (Stand: 20.12.2020).

75 https://www.icao.int/about-icao/Pages/default.aspx (Stand: 20.12.2020). Dazu auch *Schäffer,* Der Schutz des zivilen Luftverkehrs vor Terrorismus, S. 88 ff.; *Buergenthal,* Law-Making ICAO, S. 78.

76 https://www.icao.int/about-icao/Pages/default.aspx (Stand: 20.12.2020).

wesentlich erachtet werden, um die Sicherheit und Regelmäßigkeit des zivilen Luftverkehrs zu gewähren, werden als Annexe zum Chicagoer Abkommen verabschiedet und treten in Kraft, wenn die Mehrheit der Vertragsstaaten durch Schweigen die Zustimmung zum Annex erklärt, d.h. nicht innerhalb von 90 Tagen die Nichtanwendung erklärt.[77] Durch die etablierten Sicherheitsstandards wird es nach eigenen Angaben der ICAO ermöglicht, dass weltweit über 100.000 Zivilflüge täglich sicher und zuverlässig operieren können.[78]

Die ICAO und ihre Funktionsweise ist in den Art. 43 ff. CA näher geregelt. Sie weist die für Internationale Organisationen typische Dreiteilung auf: Sie besteht aus einer Generalversammlung als Hauptorgan, einem Rat und einem Generalsekretariat.[79] Innerhalb der ICAO ist es nach Art. 54 lit. n CA verbindliche Aufgabe des Rates, alle das Chicagoer Abkommen betreffende Angelegenheiten zu beraten, die von den Mitgliedstaaten vorgelegt werden. Außerdem informiert er die Versammlung über jede Verletzung des Chicagoer Abkommens, so Art. 54 (k.). Die Versammlung besteht gemäß Art. 48 CA aus den Mitgliedsstaaten der ICAO und ist dazu berechtigt nach Art. 49 lit. k CA alle Fragen zu erörtern, die nicht ausdrücklich dem Rat zugewiesen sind.[80] Der Rat stellt innerhalb der ICAO das Hauptrechtsetzungs- und Administrativorgan dar.[81] Die Beschlüsse des Rats entfalten aber zumeist keine Rechtsverbindlichkeit, vielmehr gilt der Grundsatz der Unverbindlichkeit, um den Mitgliedsstaaten die Dispositionsbefugnis im Luftrecht nicht zu nehmen.[82] Lediglich sog. Determinations (Entscheidungen)

---

77 *Richter,* Luftsicherheit, S. 23.

78 https://www.icao.int/about-icao/Pages/default.aspx (Stand: 20.12.2020).

79 *Fritzsche,* Das europäische Luftverkehrsrecht und die Liberalisierung des transatlantischen Luftverkehrsmarktes, S. 36; *Horn*, Die Anwendung militärischer Gewalt auf zivile Passagierflugzeuge, S. 22; *Schäffer*, Der Schutz des zivilen Luftverkehrs vor Terrorismus, S.60.

80 Vgl. dazu *Erler*, Rechtsfragen der ICAO, S. 166 ff.; *Horn*, Die Anwendung militärischer Gewalt auf zivile Passagierflugzeuge, S. 23; ausführlich auch *Schäffer*, Der Schutz des zivilen Luftverkehrs vor Terrorismus, S. 60 ff.

81 *Buergenthal*, Law-Making in the ICAO, S.8; *Bin Cheng*, Air Transport, S. 48; *Horn*, Die Anwendung militärischer Gewalt auf zivile Passagierflugzeuge, S. 26; siehe auch die Erläuterungen zur Funktion des Rates in *Schäffer*, Der Schutz des zivilen Luftverkehrs vor Terrorismus, S.65 ff.

82 *Erler,* Rechtsfragen der ICAO, S. 169 f.; *Fitzgerald,* Civil Aviation, S. 159, 164; *Horn*, Die Anwendung militärischer Gewalt auf zivile Passagierflugzeuge, S. 26.

gelten als rechtsverbindlich, während Suggestions (Empfehlungen) rechtlich gänzlich unverbindlich sind.[83]

Eine praktische Mitwirkung sichert sich die ICAO insbesondere dadurch, dass sie unter Konsens mit den 192 Mitgliedsstaaten und betroffenen Industriegruppen internationale Standards und Empfehlungen (SARPs) entwickelt, die von den Mitwirkenden umgesetzt werden.[84] Zusätzlich zu denen SARPs unterstützt die ICAO u.a. auch ihre Mitgliedsstaaten bei der Weiterentwicklung von verschiedenen Luftfahrtzielen, entwickelt globale Pläne, um multilaterale Strategien zur Sicherheit und Navigation des Luftverkehrs zu etablieren, wertet durch Berichte (Reports) den zivilen Luftverkehr weltweit aus und führt Audits[85] über die Sicherheit der Zivilluftfahrt in den Mitgliedsstaaten durch.[86] Hervorzuheben ist insbesondere der vom Rat jährlich veröffentliche Bericht (Annual Report of the Council), der die Aktivitäten und Mission der ICAO umfassend widerspiegelt.[87]

Bedeutend im Bereich der Luftsicherheit sind auch die im Rahmen des 2002 beschlossenen Aktionsprogramms der ICAO für Luftsicherheit ins Leben gerufene Luftsicherheits-Audits. Im Rahmen des Aktionsprogramms wurde entschieden, dass sich die Mitgliedsstaaten der ICAO regelmäßigen und

---

83 *Fritzsche,* Das europäische Luftverkehrsrecht und die Liberalisierung des transatlantischen Luftverkehrsmarktes, S. 36 f.; *Horn*, Die Anwendung militärischer Gewalt auf zivile Passagierflugzeuge, S.26; *Erler*, Rechtsfragen der ICAO, S. 168 f.: Trotz der grundsätzlichen Unverbindlichkeit sind Resolutionen des Rates und der Versammlung für die Bildung von Völkergewohnheitsrecht bedeutsam und haben eine nicht zu unterschätzende moralische Appellfunktion.

84 *Buergenthal*, Law-Making in the ICAO, S. 78; *Schäffer*, Der Schutz des zivilen Luftverkehrs vor Terrorismus, S. 88 ff.; https://www.icao.int/about-icao/Pages/default.aspx (Stand: 20.12.2020).

85 Die ICAO überprüft regelmäßig ihre 192 Mitgliedsstaaten im Bereich „Security" und „Safety" im Rahmen besonderer Audit-Programme. Im Rahmen der Audits werden aber Fluglinien und Flughäfen gerade nicht überprüft, sondern es wird geprüft, ob die Staaten die gesetzlichen Rahmenbedingungen zur Umsetzung der SARPs und somit der Vorgaben der ICAO geschaffen haben. Dazu https://www.icao.int/about-icao/FAQ/Pages/icao-frequently-asked-questions-faq-5.aspx (Stand: 20.12.2020). Dazu auch *Schäffer*, Der Schutz des zivilen Luftverkehrs vor Terrorismus, S. 116 f.; *Zuzak*, ICAO Journal 2003 No.7, S. 4 ff.

86 https://www.icao.int/about-icao/Pages/default.aspx (Stand: 20.12.2020); *Schäffer*, Der Schutz des zivilen Luftverkehrs vor Terrorismus, S. 116 f.; *Zuzak*, ICAO Journal 2003 No.7, S. 4 ff.

87 https://www.icao.int/about-icao/Pages/annual-reports.aspx (Stand: 20.12.2020).

wiederkehrenden Luftsicherheits-Audits unterziehen müssen, die insbesondere die Anwendung des Annexes 17 des Chicagoer Abkommens sowie die Wahrnehmung der staatlichen Aufsicht über involvierte private Akteure wie z.B. Fluggesellschaften, Flughäfen und Anlagenbetreiber auditieren und sicherstellen sollen.[88]

88 Dazu *Weber*, in: Giemulla/Rothe Handbuch Luftsicherheit, S. 127 f.; *Schäffer*, Der Schutz des zivilen Luftverkehrs vor Terrorismus, S. 116 f.; *Zuzak*, ICAO Journal 2003 No.7, S. 4 ff.; *McWinney*, Aerial Piracy and International Terrorism, S. 20; siehe auch https://www.icao.int/about-icao/FAQ/Pages/icao-frequently-asked-questions-faq-5.aspx (Stand: 20.12.2020).

C. Gewalt und Sabotageakte als Gefahr für die Zivilluftfahrt

I. Begriffliche Differenzierung

Mit dem Wachstum und den Erfolgen der Luftfahrt seit Beginn des 20. Jahrhunderts sind zahlreiche Gefahren einhergegangen, mit denen sich die Zivilluftfahrt konfrontiert sah und sieht.[89] Diese sind sehr vielschichtig im Bedrohungspotenzial. Der von der ICAO auf der völkerrechtlichen Ebene geprägte Begriff des „Unlawful Interference" (Unrechtmäßiger Eingriff) deckt zwar diese Bedrohungen allesamt gleichermaßen ab, eignet sich für eine völkerrechtliche Analyse jedoch nicht ohne Weiteres.[90] Denn für eine völkerrechtliche Analyse ist die Kernfrage: Geht eine Bedrohung von einem Staat als Völkerrechtssubjekt oder einem nicht-staatlichem Akteur (Privatperson, Organisation des Privatrechts) aus? Eine solche Unterscheidbarkeit bietet die Bezeichnung „Unlawful Interference" jedoch nicht. Die Unterscheidbarkeit ist aber wesentlich, da Normen des Völkerrechts per se originäre (Staaten) und derivative Völkerrechtssubjekte unmittelbar binden, nicht aber Privatpersonen oder terroristische Vereinigungen.[91] Während Privatpersonen zwar traditionell völkerrechtlich im Bereich des diplomatischen Schutzes und verschiedener völkerrechtlicher Verträge partiellen Schutz genießen, haben sie keine bzw. verschwindend geringe völkerrechtliche Pflichten und sind keine Völkerrechtssubjekte.[92] Bedrohungen der Zivilluftfahrt können aber sowohl von Völkerrechtssubjekten als auch von Nicht-Völkerrechtssubjekten gleichermaßen ausgehen – je nach Urheberschaft greifen jedoch verschiedene nationale oder völkerrechtliche Normen. Von Staaten ausgehende denkbare Bedrohungen liegen insbesondere in Abschüssen von Zivilluftfahrzeugen im eigenen Hoheitsgebiet eines Staates. Staatliche Bedrohungen erfassen aber auch solche Handlungen von Privaten, also zum Beispiel Terroristen, deren Handeln

---

89 *Wilkesmann*, NVwZ, 2002, S. 1316.

90 So auch *Price/Forrest*, Practical Aviation Security, S. 46.

91 Dazu *Kau* in Vitzthum/ Proelß, Völkerrecht, 8. Abschnitt Rn. 7 ff.; 3. Abschnitt Rn. 1 ff.; *Verdross/ Simma*, Universelles Völkerrecht, S. 22: Völkerrechtssubjekt ist jeder, der Träger von völkerrechtlichen Rechten und Pflichten ist und dessen Verhalten durch das Völkerrecht unmittelbar geregelt wird.

92 *Kau* in Vitzthum/ Proelß, Völkerrecht, 3. Abschnitt Rn. 14 ff.; *Doehring*, Völkerrecht, Rn. 868 ff.

einem Staat – z.B. über eine Unterlassenskonstruktion – zugerechnet werden kann.[93] Schlussendlich käme als Bedrohung der Zivilluftfahrt wohl auch der in den letzten Jahren immer wieder im Raum stehende Vorwurf in Frage, dass Staaten durch Hackerangriffe andere Staaten attackieren und damit die Zivilluftfahrt bedrohen.[94] Die Unterscheidung, ob Völkerrechtssubjekte handeln oder nicht, ist insbesondere für das völkerrechtliche Gewalt- und Interventionsverbot äußerst relevant. Denn das Spektrum der Gefahren für Zivilluftfahrzeuge reicht vom Abschuss durch Staaten als Reaktion auf Luftraumverletzungen oder zur Terror/-Gefahrenabwehr bis hin zu von Privatpersonen ausgehenden Anschlägen, in Form von Flugzeugentführungen, Sprengstoffanschlägen oder Abschüssen vom Erdboden aus.[95] Neues Bedrohungspotenzial stellen auch Cyberangriffe dar, die jedoch bis heute noch nicht als Grund für Abstürze von Zivilluftfahrzeugen ausgemacht wurden.[96] Ebenfalls können Zwischenfälle mit Drohnen den Zivilluftverkehr gefährden.[97]

Zur besseren Abgrenzung von staatlichem Handeln zu nichtstaatlichem Handeln wird der Begriff der ICAO des „Unrechtmäßigen Eingriffs" einer weiteren begrifflichen Differenzierung unterzogen. Es wird unterschieden zwischen staatlichen Eingriffen in die Zivilluftfahrt als sog. „Gewaltakte" einerseits und nichtstaatlichen Eingriffen in die Zivilluftfahrt als sog. „Sabotageakte" andererseits.

II. Gewaltakte

Viele Jahrzehnte sah sich die internationale Zivilluftfahrt mit dem Problem konfrontiert, dass zahlreiche Zivilluftfahrzeuge von Staaten als Reaktion auf Luftraumverletzungen abgeschossen wurden und die Insassen dabei zu Tode kamen. Diese Abschüsse aufgrund von bloßer Luftraumverletzung sind heute kaum mehr nachvollziehbar und verständlich, waren aber bis Ende der 1980er Jahre

---

93 Zur Konstruktion eines Angriffs nach 9/11 und der Friendly-Relation-Declaration siehe Näheres unten E. VIII. 3. B.

94 So zum Beispiel die Vorwürfe des FBI und Heimatschutzministeriums der USA gegen den russischen Geheimdienst, die US-Wahlen über einen Cyberangriff „Grizzly Steppe" zu infiltrieren geplant zu haben. Handfeste Beweise konnten hier jedoch nicht geliefert werden. Dazu http://www.spiegel.de/netzwelt/netzpolitik/fbi-bericht-zu-russlands-hacker-angriff-auf-usa-operation-grizzly-steppe-a-1128045.html (Stand: 20.12.2020).

95 *Wilkesmann*, NVwZ, 2002, S. 1316; *McWinney*, Aerial Piracy and International Terrorism, S. 20.

96 IATA Annual Review, S. 25; GAO-Report, Aviation Cybersecurity 2020, S. 24.

97 IATA Annual Review, S. 20; AGCS - Global Aviation Safety Study, S. 55.

reale Bedrohung der Zivilluftfahrt. So wurde zum Beispiel im Jahr 1955 eine vom Kurs abgekommene israelische Passagiermaschine im bulgarischen Luftraum abgeschossen oder im Jahr 1983 ein südkoreanisches Zivilluftfahrzeug, das unerlaubt sowjetischen Luftraum überquerte, über der Halbinsel Sachalin von Militärflugzeugen durch militärische Gewalt zum Absturz gebracht. [98] In beiden Fällen kamen alle Insassen ums Leben.[99] Ein neueres und international viel diskutiertes Problem ist die Zulässigkeit und Möglichkeit des Abschusses einer zivilen Passagiermaschine zur Abwehr von Terroranschlägen. Diese Möglichkeit wurde in der jüngsten Vergangenheit und insbesondere nach den mit Flugzeugen verübten Terroranschlägen vom 11. September 2001 auf das World Trade Center in New York und das Pentagon in Washington D.C. diskutiert.[100] Im Falle von militärischen Abschüssen von Zivilflugzeugen geht die Bedrohung für die Zivilluftfahrt unmittelbar von staatlichen Akteuren und mithin von Völkerrechtssubjekten[101] als Träger von völkerrechtlichen Rechten und Pflichten aus.

Liegt die Bedrohung von Zivilluftfahrzeugen in einer solchen staatlichen Einwirkung, ist diese unter der am völkerrechtlichen Gewaltbegriff orientierten Überschrift „Gewaltakte“ zu fassen. Eine Subsumtion staatlicher Handlungen unter den Begriff der Gewaltakte ergibt sich aus dem völkerrechtlichen Verständnis des Gewaltbegriffs.[102] Das umgangssprachliche Verständnis von

98 Vgl dazu *Horn*, Die Anwendung militärischer Gewalt auf zivile Passagierflugzeuge, S. 10 f., 28; IGH, Aerial Incident of July 1955-Case, ICJ Pleadings 1959, S. 48 ff.; 169 f.; *Schladebach*, Luftrecht, Rn. 175.

99 Vgl dazu *Horn*, Die Anwendung militärischer Gewalt auf zivile Passagierflugzeuge, S. 10 f.; *Schladebach*, Luftrecht, Rn. 175.

100 Siehe zu den Terroranschlägen v. 11.9.2001: National Commission on Terrorist Attacks Upon the United States - The 9/11 Commission Report, S. 1 ff.; *Delpech*, Chaillot Papers No. 56 (2002), S. 54; *Schäffer*, Der Schutz des zivilen Luftverkehrs vor Terrorismus, S. 31 f.

101 Zur Einteilung der Völkerrechtssubjekte *Kau*, in Vietzhum/Proelß, 3. Abschnitt Rn. 1 ff.; 7 ff., S. 157 ff.; siehe dazu auch die Ausführungen von *Epping*, in Ipsen, Völkerrecht, S. 73 ff. Völkerrechtssubjekt ist, wer Träger von völkerrechtlichen Rechten und Pflichten ist und dessen Verhalten unmittelbar durch das Völkerrecht geregelt wird, so *Verdross/ Simma*, Universelles Völkerrecht, S. 22.

102 Der völkerrechtliche Gewaltbegriff ist Gegenstand unzähliger und einer kaum ermessbaren Anzahl von völkerrechtlicher Literatur. Exemplarisch für die Definition des völkerrechtlichen Gewaltbegriffs u.a. *Wengler*, Das völkerrechtliche Gewaltverbot, S. 18 f.; *Rucht*, in: Internationales Handbuch der Gewaltforschung, S. 461; *Epping*, in: *Ipsen*, Völkerrecht, S. 279 f.; *Bothe*, in Vitzthum/ Proelß, Völkerrecht, 8. Abschnitt Rn. 3 ff.; *Shaw*, International Law, S. 814 ff.; *Kreß*, Gewaltverbot und Selbstverteidigungsrecht

Gewalt in Form einer vorsätzlich herbeigeführten Zerstörung oder Beschädigung von Sachen oder Verletzung und Tötung von Personen, wurde bewusst nicht gewählt.[103] Auf völkerrechtlicher Ebene ist der Gewaltbegriff stärker begrenzt und meint militärische, also staatliche, Gewaltanwendungen in Form von Waffengewalt oder solche schädigende Handlungen, die in Tragweite und Wirkung einer militärischen Gewalt gleich kommen.[104] Eine stärkere Abgrenzung von staatlichem und nicht-staatlichem Handeln ist wesentlich, da nur Staaten unmittelbar in ihrem Handeln an die Normen des Völkerrechts gebunden sind – nicht jedoch Privatpersonen oder privatrechtliche Organisationen.[105] Das kodifizierte Völkerrecht und auch das Völkergewohnheitsrecht geben Verhaltensnormen vor, an welchen sich Staaten messen lassen müssen. So stellt sich bei staatlichen Abschüssen insbesondere die Frage nach der Rechtsmäßigkeit im Lichte des völkerrechtlichen Gewaltverbots gemäß Art. 2 Nr. 4 UN-Charta oder im Lichte des Selbstverteidigungsrechts nach Art. 51 UN-Charta. Auch das Handeln Privater kann einem Staat gegebenenfalls über einen Unterlassensvorwurf zugerechnet werden und so über die Hintertür im Rahmen des Gewalt- und Interventionsverbot Relevanz erhalten und unter das hier gewählte Verständnis der Gewaltakte fallen. [106]

---

nach der Satzung der Vereinten Nationen bei staatlicher Verwicklung in Gewaltakte Privater, S. 204 ff.

103 Zum allgemeingebräuchlichen Gewaltbegriff vgl. *Rucht*, in: Internationales Handbuch der Gewaltforschung, S. 461.

104 Vgl. IGH Nicaragua-Fall, ICJ Rep, 1986, 14 (§195); Die militärische Gewalt als Inhalt des völkerrechtlichen Gewaltverbots zu sehen ist heute ein gemeinsamer Nenner, auf den sich die völkerrechtliche Praxis und Lehre geeinigt haben. Dazu *Hobe*, Einführung in das Völkerrecht, S. 327.; *Shaw*, International Law, S. 815 f.; *Bothe*, in Vitzthum/ Proelß, Völkerrecht, 8. Abschnitt, Rn. 9 f. Trotzdem wirft der Gewaltbegriff immer wieder Diskussionen auf, in jüngster Vergangenheit insbesondere bei der Frage, ob Cyber-Angriffe unter den Gewaltbegriff fallen, dazu u.a. die Diskussion von *Stein/ Marauhn*, Völkerrechtliche Aspekte von Informationsoperationen, ZaöRV 60 (2000) 1 ff; *Plate*, Völkerrechtliche Fragen bei Gefahrenabwehrmaßnahmen gegen Cyber-Angriffe, ZRP 44, S. 200 ff.; *Tsagourias*, Cyber Attacks, Self-defence and the Problem of Attribution, JCSL 17 (2012), 229 ff. *Heintschel von Heinegg* lehnt die Subsumtion von Cyberangriffen unter das Gewaltverbot eindeutig ab, dazu *Heintschel von Heinegg*, in: *Ipsen*, Völkerreht, S. 1139.

105 *Kau*, in Vitzthum/ Proelß, Völkerrecht, 3. Abschnitt, Rn. 7 ff.; *Mosler*, Die Erweiterung des Kreises der Völkerrechtssubjekte, ZaöRV 22 S. 1 ff.; siehe dazu auch *Gornig*, Der völkerrechtliche Status Deutschlands zwischen 1945 und 1990, S. 19 ff.

106 Zur Zurechnung siehe auch *Hobe*, Einführung in das Völkerrecht, S. 328 f. *Heintschel von Heinegg*, in: *Ipsen*, Völkerrecht, S. 1156 ff.

III. Sabotageakte

Bei den anderen Gefahren für die Zivilluftfahrt stehen zumeist Zivilpersonen als Täter im Vordergrund. Solche von nichtstaatlichen Akteuren ausgehende Gefahren für die Zivilluftfahrt sind in der Praxis in ihrem Vorkommen noch wesentlich häufiger zu finden als Abschüsse von Luftfahrzeugen durch Staaten oder Gefährdungen der Zivilluftfahrt durch sonstige staatlich zurechenbare Anschläge. Es ist sinnvoll, die staatlichen Gewaltakte von den von Privaten ausgehenden Bedrohungen im Rahmen einer völkerrechtlichen Betrachtung sprachlich deutlich abzugrenzen. Zu diesem Zweck werden die von Privatpersonen ausgehenden Handlungen als Sabotageakte definiert. Unter „Sabotage" wird in diesem Zusammenhang jeder Eingriff in den ungestörten Ablauf der Zivilluftfahrt durch zielgerichtete Handlungen und durch böswillige Einwirkung, Zerstörung oder Beschädigung verstanden.[107] Sabotageakte lassen sich in verschiedenen Ausprägungen finden und haben sich stets in verschiedenen Epochen unterschiedlich stark ausgeprägt und dargestellt.

So stand die Zivilluftfahrt insbesondere bis in die 1970er Jahre einer Welle von Flugzeugentführungen gegenüber. Diese begannen zunächst mit Flugzeugentführungen mit dem Ziel einem politischen System zu entkommen – so insbesondere zur Flucht aus Kuba in die USA oder die Flucht aus anderen diktatorischen Systemen –[108] und wurden relativ bald von zahlreichen extremistisch-politisch motivierten Taten abgelöst, so u.a. mit dem Ziel möglichst große Zerstörung zu erreichen oder um Gesinnungsgenossen aus Gefängnissen freizupressen. Das Ausmaß der so motivierten Taten wird besonders an einer Entführung im Jahr 1970 deutlich: Arabische Guerillas entführten fünf Verkehrsflugzeuge mit insgesamt 710 Insassen innerhalb von drei Tagen und konnten so die Freilassung zahlreicher in der Schweiz und in der Bundesrepublik Deutschland Inhaftierter erpressen.[109]

Ein bis dahin noch nicht gekanntes von Flugzeugentführungen stammendes Zerstörungspotenzial zeigte insbesondere der am 11. September 2001 von Al Qaida verübte Terroranschlag, bei welchem Zivilluftfahrzeuge von Terroristen in ihre Gewalt gebracht, als Waffe zweckentfremdet und in das World Trade

---

107 *Lux/Peske*, Competitive Intelligence und Wirtschaftsspionage, S. 32.

108 *Faller*, Gewaltsame Flugzeugentführungen aus völkerrechtlicher Sicht, S. 38 ff.; *Hailbronner*, Luftpiraterie, S. 9 ff.

109 Vgl. dazu *Hailbronner*, Luftpiraterie, S. 7; zusammenfassend auch https://www.nzz.ch/schweiz/arabischer-terror-in-der-schweiz-4-1.18450914 (Stand: 20.12.2020).

Center und Pentagon geflogen wurden. Die Anschläge kosteten mehr als 3000 Todesopfer.[110]

Aber auch Anschläge auf Flugzeuge mit Sprengsätzen oder sonstigen Waffen sowie mit Flugzeugen begangene Suizide sind Sabotageakte, mit denen sich die Zivilluftfahrt stets konfrontiert sah und auch heute noch konfrontiert sieht. Traurige Berühmtheit erlangte der mit Plastiksprengstoff verübte terroristische Anschlag auf eine Passagiermaschine über Lockerbie, Schottland, und der damit verbundene Tod von 270 Personen.[111] All diese exemplarisch aufgezählten Bedrohungen im Laufe der Zeit fallen unter den Begriff der Sabotageakte – lediglich bei dem Anschlag von 9/11 befinden wir uns in einer Grauzone zwischen privatem und staatlichem Handeln, auf die beide Begriffe, also „Gewaltakt“ und „Sabotageakte“, Anwendung finden könnten.

IV. Das internationale Luftsicherheitsrecht

Da Gewalt- und Sabotageakte auf Zivilluftfahrzeuge stets eine Großzahl an Passagieren und Personen am Boden massiv gefährden und vom grenzüberschreitenden Luftverkehr zahlreiche Staaten betroffen sind, sah man schon früh, dass wirksame Handlungsmechanismen nur auf völkerrechtlicher Ebene und mit internationaler Zusammenarbeit zu erreichen sind.[112] So wurden von Anbeginn der Zivilluftfahrt die verschiedenen Bedrohungslagen auf internationaler Ebene

---

110 National Commission on Terrorist Attacks Upon the United States - The 9/11 Commission Report, S. 1 ff., S. 552. Im Report heißt es auf S. 552: *„According to the number of death certificates issued by the New York City Medical Examiner's Office, the WTC attacks killed 2,749 nonterrorists, including nonterrorist occupants of the hijacked aircraft. New York City Office of the Chief Medical Examiner report, "WTC Victim List," undated (as of July 9, 2004). The Pentagon attack killed 184 nonterrorists, including the occupants of the hijacked aircraft. FBI report, list of Pentagon victims, undated (as of July 9, 2004). Forty nonterrorists died in the crash of United Airlines Flight 93 in Pennsylvania. FBI report, list of Flight 93 victims, undated (as of July 9, 2004). Our conclusion that these first responder death totals were the largest in U.S. history is based on our inability to find contrary evidence.";* *Schäffer*, Der Schutz des zivilen Luftverkehrs vor Terrorismus, S. 32.

111 *Black*, AVR 1999, S. 215 f.; *Beveridge/ Loewe/ Warbrick*, The Lockerbie Affair, ICLQ 1992, S. 907 ff.; *Schäffer*, Der Schutz des zivilen Luftverkehrs vor Terrorismus, S.30; *Schladebach*, Lufthoheit, S. 289.

112 Dazu B. I. bis III. Lesenswert auch die Ausführung von *Schäffer*, Der Schutz des zivilen Luftverkehrs vor Terrorismus, S. 26 f. zu der Attraktivität des Luftverkehrs für terroristische Anschläge.

aufgegriffen, um ihnen entgegenzuwirken. Insbesondere die ICAO als zentrale Internationale Organisation im Bereich der Luftsicherheit konnte dabei die internationale Zusammenarbeit vorantreiben und einen großen Beitrag leisten.[113]

Zum Schutz der Luftsicherheit wurde auf verschiedenen Stufen im repressiven und präventiven Bereich angesetzt. Zunächst versuchte man repressiv durch internationale Abkommen weltweit die verschiedenen Taten, von denen sich die Luftfahrt bedroht sah, unter Strafe zu stellen und die gerichtlichen Zuständigkeiten zu regeln. Dafür wurden die Abkommen von Tokio[114], Den Haag[115] und Montreal[116] geschlossen und als wesentliche Erfolge verzeichnet.[117] Später wurde eine Verhinderung von Sabotageakten gegen die Zivilluftfahrt vermehrt durch Präventivmaßnahmen u.a. in Form von verstärkten Kontrollen von Passagieren, Gepäck und Fracht sowie durch die Schaffung internationaler Datenaustauschprogrammen angestrebt. Diese Maßnahmen wurden insbesondere im Annex 17 des Chicagoer Abkommens festgeschrieben und unterliegen dort einer stetigen Überarbeitung und Anpassung.[118]

---

113 *Erler*, Rechtsfragen der ICAO, S. 164 ff.; *Hobe*, in: *Ipsen*, Völkerrecht, S. 882 ff.; *Schäffer*, Der Schutz des zivilen Luftverkehrs vor Terrorismus, S. 48 ff.

114 Abkommen über strafbare und bestimmte andere an Bord von Luftfahrzeugen begangene Handlungen v. 14.9.1963, BGBl. 1969 II S. 121.

115 Übereinkommen zur Bekämpfung der widerrechtlichen Inbesitznahme von Luftfahrzeugen v. 16.1.2.1970, BGBl. 1972 II, S. 1505.

116 Übereinkommen zur Bekämpfung widerrechtlicher Handlungen gegen die Sicherheit der Zivilluftfahrt v. 23.9.1971, BGBl. 1993 II S. 1229, geändert durch das Protokoll v. 24.9.1988, BGBl. 1993 II S. 866, 1994 II S. 629.

117 *Schladebach*, Luftrecht, Rn. 192 ff.; dazu auch die Ausführungen in *Schäffer*, Der Schutz des zivilen Luftverkehrs vor Terrorismus, S. 212 f.

118 Annex 17 to Convention on International Civil Aviation, 10th, August 2017, Foreword P. (x).

D. Sabotageakte gegen die Zivilluftfahrt

Wie bereits dargestellt sind Sabotageakte vielschichtig und weisen ein breites Spektrum auf, welches sich in verschiedenen Epochen unterschiedlich in Motiv und Ziel manifestiert hat. Die Zivilluftfahrt sah sich in verschiedenen Epochen seit Beginn der kommerziellen Nutzung des Luftraumes stets mit wechselnden Bedrohungsszenarien konfrontiert. Allen Epochen gemeinsam war dabei stets das Auftreten von Flugzeugentführungen und Bombenanschlägen, die sich in den verschiedenen Zeitabschnitten jedoch deutlich in Motivation und Hintergrund der Tat und dem an oder mit dem Luftfahrzeug angerichteten Schaden unterschieden.[119]

Jeffrey Price und *Jeffrey Forrest* haben in ihrem Werk „*Practical Aviation Security*“[120] eine überwiegend überzeugende Einteilung vier verschiedener Perioden von Sabotageakten der Zivilluftfahrt vorgenommen, die sich gut eignet, um einen Überblick über das Auftreten von Sabotageakten in der Zivilluftfahrt zu erhalten:

> Die erste Periode sehen sie in dem Zeitraum von 1930 bis 1979,[121] beginnend mit der ersten Flugzeugentführung 1931 und dem ersten Bombenanschlag auf ein Luftfahrzeug im Jahr 1933. Dabei stellen *Price* und *Forrest* heraus, dass bis zu den 1960er Jahren Flugzeugentführungen ohne tödlichen Ausgang aus politischen Gründen oder um Geld zu erpressen der Regelfall waren und es nur sehr wenige Bombenanschläge auf Zivilluftfahrtzeuge gab.[122] Erst ab den 1960er Jahren traten vermehrt auch mit Todesopfern verbundene Flugzeugentführungen durch Täter aus dem Mittleren Osten auf, bei denen Passagiere als Geiseln gegen politische Gefangene getauscht werden sollten.[123] Darauf folgend wurden in den frühen 1970er Jahren Gepäckkontrollen als Standard-Sicherheitskontrolle an Flughäfen etabliert mit dem Erfolg, dass Flugzeugentführungen erheblich reduziert werden konnten.[124] Die gewählte erste Periode ist insbesondere deswegen passend festgelegt, da bis zum Jahr 1979 auch die ersten Schritte auf internationaler Ebene zur Bekämpfung von Sabotageakten erfolgreich auf den Weg gebracht

---

119 Dazu auch die von *Richter* vorgenommene Differenzierung: *Richter*, Luftsicherheit, S. 19; auch die Ausführungen von *Halle*, The Role of International Law in the Fight Against Aerial Terrorism, S. 77 ff.

120 *Price/Forrest,* Practical Aviation Security, S. 49.

121 *Price/Forrest,* Practical Aviation Security, S. 49.

122 *Price/Forrest,* Practical Aviation Security, S. 49.

123 *Price/Forrest,* Practical Aviation Security, S. 49.

124 *Price/Forrest,* Practical Aviation Security, S. 49.

wurden: Das Tokioter, Haager und Montrealer Abkommen waren bis 1979 bereits entstanden, ebenso der Annex 17 des Chicagoer Abkommens.[125] Auch gab es faktisch bis in die 1980er Jahre hinein bis auf Flugzeugentführungen und Bombenanschläge kaum wahrnehmbare Bedrohungen. Weitere Bedrohungsszenarien kamen erst später hinzu.

Die zweite Periode sehen *Forrest* und *Price* von 1980 bis 1990.[126] Dabei waren die 1980er insbesondere von zwei großen Bombenanschlägen geprägt: Zum einen vom Bombenanschlag auf den Air India Flug 182 im Jahr 1985 und zum anderen vom Bombenanschlag auf den Pan Am Flug 103 im Jahr 1988 (Lockerbie-Anschlag).[127]

Die dritte Periode wird von *Forrest* und *Price* in den Jahren 1991 bis 2001 gesehen. Bombenanschläge und Flugzeugentführungen gab es in jener Zeit relativ selten und wenn doch, mit geringem Zerstörungspotenzial.[128]

Schließlich sehen *Forrest* und *Price* den Terroranschlag vom 11. September 2001 als Wendepunkt in der Geschichte der Luftsicherheit an.[129] Damit wurde die letzte und bis heute noch andauernde Periode eingeleitet. Diese bezeichnen sie als sog. Post-9/11 Periode.[130] Der Anschlag 9/11 vom 11. September 2001 stellt ohne Frage einen Stichtag in der Geschichte der Luftsicherheit dar. Bei den Anschlägen von 9/11 wurde ein ungeahntes von Luftfahrzeugen ausgehendes Zerstörungspotenzial deutlich und über 3000 Menschenleben fielen den Anschlägen zum Opfer.[131]

Die von *Forrest* und *Price* pauschal als Post-9/11-Periode bezeichnete Bedrohungs-Epoche bedarf einer weiteren Untergliederung: Zwar war es seit den Ereignissen von 9/11 in der Zivilluftfahrt für fast 13 Jahre erstaunlich ruhig, jedoch ist die Zivilluftfahrt seit dem Jahr 2014 wieder vermehrt Angriffsobjekt, insbesondere von Terroristen, geworden.[132] Exemplarisch sind der vom Co-Pilot einer Germanwings Maschine verursachte Todesflug im März 2015 in Südfrankreich[133] oder das Attentat im Februar 2016 der somalischen Terrormiliz

125 Dazu unten D. III. 5.
126 *Price/Forrest,* Practical Aviation Security, S. 48.
127 *Price/Forrest,* Practical Aviation Security, S. 49.
128 *Price/Forrest,* Practical Aviation Security, S. 49.
129 *Price/Forrest,* Practical Aviation Security, S. 48.
130 *Price/Forrest,* Practical Aviation Security, S. 48.
131 National Commission on Terrorist Attacks Upon the United States - The 9/11 Commission Report, S. 552.; *Schäffer*, Der Schutz des zivilen Luftverkehrs vor Terrorismus, S. 32; *Schladebach*, Lufthoheit, S. 291.
132 Dazu unten die Ausführungen in D. IV bis XIII.
133 Dazu ausführlich unten D. VIII. 2.

Al-Shabaab in Somalia zu nennen, bei dem sich ein Attentäter aus dem Flugzeug sprengte.[134] Ebenfalls seien die beiden Anschläge im Flughafen von Brüssel[135] und Istanbul[136] im Jahr 2016 erwähnt.

Genauer untersucht werden unter dem Begriff „Sabotageakte" folgende Bedrohungspotenziale in ihren historischen und gegenwärtigen Ausprägungen:

- Flugzeugentführungen
- Sprengstoffanschläge
- „Insider-Threats" als von Flughafen- und Airlinepersonal ausgehende Bedrohungen
- landseitige Anschläge auf Flughäfen
- MANPADS und Abschüsse vom Flugzeugen vom Boden aus
- Cyberanschläge
- Anschläge von unbemannten Flugobjekten („Drohnen") ausgehend

Der Schwerpunkt der Untersuchung soll dabei auf gegenwärtige Bedrohungen oder solche der jüngeren Vergangenheit gelegt werden. Die näher zu untersuchenden Bedrohungs-Matrixen sind aktuell unterschiedlich stark ausgeprägt. So erfolgten bis 2001 die durchgehend größten Bedrohungen für die Zivilluftfahrt durch Flugzeugentführungen. Im Jahr 2006 wurden jedoch bereits offiziell Bombenanschläge als größte Bedrohung der Zivilluftfahrt beschrieben und lösten so die Entführungen ab.[137] Auch für die ICAO besteht zurzeit eine der größten Gefahren für die Sicherheit des Zivilluftverkehrs in Sprengstoffanschlägen, insbesondere durch in elektronischen Geräten versteckten und so an Bord gebrachten Sprengstoff.[138]

Die ICAO sieht aber auch aktuell eine große Gefahr in landseitigen Anschlägen auf Flughäfen sowie in sogenannten „Insider-Threats", also in von Mitarbeitern von Airlines oder Mitarbeitern im Flughafenbereich ausgehende Bedrohungen.[139] Anschläge wie Cyberattacken oder mit Drohnen begangene Terroranschläge, die bis heute noch nicht vorgekommen sind, werden zumindest von Seiten der ICAO nicht als wahrscheinliche Bedrohungen und eher als

134 Ausführlich D. VII.

135 Dazu D. X.

136 Dazu D. X.

137 So das Transportation Security Administration des US Departments of Homeland Security, dazu *Price/Forrest*, Practical Aviation Security, S. 473.

138 *LeFoyer/Berti*, Interview ICAO vom 7. November 2017.

139 *LeFoyer/Berti*, Interview ICAO vom 7. November 2017.

Problem der Flugsicherheit als der Luftsicherheit qualifiziert.[140] Cyberangriffe müssen aber als zukünftige Bedrohungen auch der Luftsicherheit ernsthaft in Erwägung gezogen werden, Drohnenangriffe werden von der ICAO jedoch mehr als Problem für die ungestörten technischen Abläufe des Luftverkehrs eingeordnet.[141]

Die von *Price* und *Forrest* vorgenommene Einteilung von Bedrohungsphasen[142] wird hier noch einmal in einer Betrachtung der Sabotageakte in der Zeit von 1930 bis 1979 und einer Betrachtung der Sabotageakte ab 1980, wobei der Fokus auf Bedrohungen ab 2001 gelegt wird, konkretisiert.

I. Flugzeugentführungen von 1930 bis 1979

Bis in die 1980er Jahre hinein waren die Kernbedrohungen, mit denen sich die Zivilluftfahrt und Luftsicherheit konfrontiert sah, Bombenanschläge und Flugzeugentführungen. Flugzeugentführungen begleiteten die Zivilluftfahrt ohne große öffentliche Aufmerksamkeit schon sehr früh in ihrer Geschichte. So geht die erste bekannt gewordene Flugzeugentführung bereits auf das Jahr 1931 zurück, als ein Flugzeug in Peru von Rebellen entführt und zum Abwurf von politischen Flugblättern genutzt wurde.[143] Flugzeugentführungen wurden seit der ersten Entführung 1931 aus verschiedenen Motiven begangen. Zunächst war Beweggrund einer Entführung häufig die Flucht aus Ländern mit totalitären Regimen, später wandelte sich das Motiv und Flugzeugentführungen wurden als Mittel für politisch-motivierte, erpresserische Zwecke eingesetzt. [144]

---

140 *LeFoyer/Berti*, Interview ICAO vom 7. November 2017.

141 *LeFoyer/Berti*, Interview ICAO vom 7. November 2017. Die Zwischenfälle mit Drohnen in der Vergangenheit seien nur von privaten Drohnen-Besitzern versehentlich und ohne Schädigungswillen hervorgerufen worden und es wird darin keine akute Gefahr gesehen, so *LeFoyer/Berti*, Interview ICAO vom 7. November 2017.

142 *Price/Forrest,* Practical Aviation Security, S. 48 f.

143 *Choi*, Aviation Terrorism, S. 6; *Karber*, Responses to the September 11 Attacks, Harvard Journal of Law and Public Policy, 2002, S. 781, 784 f.; *Schäffer*, Der Schutz des zivilen Luftverkehrs vor Terrorismus, S. 28.

144 Zu dieser Entwicklung u.a. *Choi*, Aviation Terrorism, S. 6; *Faller*, Gewaltsame Flugzeugentführungen aus völkerrechtlicher Sicht, S. 37 ff.; *Jung*, Ausgewählte rechtliche Probleme bei der Bekämpfung von Flugzeugentführungen, S. 4; *Schäffer*, Der Schutz des zivilen Luftverkehrs vor Terrorismus, S. 28 f.

1. Flugzeugentführungen zur Flucht

Besonders zu Beginn des Ost-West-Konflikts zwischen 1947 und 1953 spielten sich zahlreiche politisch motivierte Flugzeugentführungen ab. Es wurden beispielsweise allein in dieser Zeit 14 Flugzeuge aus dem Gebiet der UdSSR und der Volksrepublik Jugoslawien von politischen Flüchtlingen entführt und zur Landung in westlichen Staaten, vorwiegend in der Bundesrepublik Deutschland und in Österreich, gezwungen.[145]

Ähnliches spielte sich anlässlich der Machtergreifung von Fidel Castro in Kuba in den Jahren 1958 bis 1961 ab. Auch hier nutzten zahlreiche Flüchtlinge Flugzeugentführungen, um aus dem sozialistischen System in den demokratischen Westen, in diesem Fall in die USA, zu gelangen. Sowohl bei den Flugzeugentführungen in Kuba als auch bei denen in der UdSSR und Jugoslawien wurde den Flüchtlingen Asyl gewährt und eine rechtliche Belangung und etwaige Bestrafung der Entführer blieb aus.[146] Bald wandelte sich aber diese positive Einstellung und das Verständnis für zu Fluchtzwecken genutzte Flugzeugentführungen verschwand, denn es zeigte sich nun, welche Bedrohungen auch von diesen ausgehen konnten. So versuchte beispielsweise im Jahr 1966 ein kubanischer Bordmechaniker ein Flugzeug von Kuba nach Florida zu entführen. Er tötete dabei den Flugkapitän. Das Flugzeug stürzte ab und alle 90 Insassen, darunter 13 Familienangehörige des Flugzeugentführers, kamen ums Leben.[147] Der Wandel in der Einstellung zu Flugzeugentführungen zeigte sich zum Beispiel auch als am 1. Oktober 1969 zwei DDR-Bürger eine Passagiermaschine auf dem Weg von Warschau nach Brüssel entführten und zur Landung in Berlin Tegel zwangen. Den Flüchtlingen wurde zwar Asyl gewährt, zugleich kamen sie jedoch in Untersuchungshaft und wurden zu je zwei Jahren Gefängnisstrafe verurteilt.[148]

Bereits in den 1960er Jahren sollte das Bild der Flugzeugentführungen durch politisch Verfolgte, die darin den einzigen Weg sahen, in die Freiheit zu

145 *Hailbronner,* Luftpiraterie, S. 9; *Halle,* The Role of International Law in the Fight Against Areial Terrorism,S. 77.

146 *Faller,* Gewaltsame Flugzeugentführungen aus völkerrechtlicher Sicht, S. 28; *Hailbronner,* Luftpiraterie, S. 9 f.; *Price/Forrest,* Practical Aviation Security, S. 48 f.

147 *Faller,* Gewaltsame Flugzeugentführungen aus völkerrechtlicher Sicht, S. 38; *Juglart,* Les Infractions Commises à Bord des Aéronefs dans la Doctrine Internationale, RFDA, S. 138 f. Halle bezeichnet die kubanischen Flugzeugentführunger kurz nach der Machtergreifung Castros schlichtweg als „Luncatic fringe“, mithin als „Extremisten“, so *Halle,* The Role of International Law in the Fight Against Aerial Terrorism,S. 78 f.

148 *Faller,* Gewaltsame Flugzeugentführungen aus völkerrechtlicher Sicht, S. 29.

gelangen, von mannigfaltigen anderen Motiven in den Hintergrund gedrängt werden. Es fanden sowohl Entführungen zu politisch-erpresserischen Zwecken, Entführungen durch psychisch Kranke, Entführungen, um der Strafverfolgung zu entgehen, sowie Entführungen mit rein erpresserischem Charakter statt.[149] Zunächst begann eine große Welle von Flugzeugentführungen in den USA in den 1960er Jahren. Dabei wurden beinahe wöchentlich Passagiermaschinen entführt und zumeist nach Kuba verbracht.[150] Durch die Regelmäßigkeit der unfreiwilligen Verbringung von Flugzeugen nach Havanna bildete sich bald eine gewisse Routine heraus. Gefährdete Flugzeuge wurden mit Kartenmaterial für Anflug und Landung in Havanna sowie mit zweisprachigen Hinweistafeln ausgestattet, die der Verständigung mit den spanischsprachigen Entführern dienen sollten. Die mehrere tausend Dollar teuren Landegebühren zahlte zunächst, als Schutzmachtvertreter der USA, die schweizerische Botschaft, und das US-Außenministerium erstattete diese zurück. In Havanna wurden die Entführer zumeist festgenommen und inhaftiert sowie Flugzeug und Passagiere unmittelbar zurückgeschickt.[151]

Die Staatengemeinschaft und ICAO zeigte kein übermäßiges Interesse an diesen Zwischenfällen, denn Flugzeugentführungen schienen zum einen primär ein US-amerikanisches Problem zu sein und zum anderen verliefen diese meist undramatisch und ohne große Gefährdung für die Insassen und Flugzeuge ab.[152] Bald weiteten sich jedoch die Fälle von Entführungen international aus: Allein im Zeitraum von Januar 1969 bis Juni 1970 wurden weltweit 118 Flugzeuge entführt. Von den Flugzeugentführungen waren Fluggesellschaften aus 47 Ländern und mehr als 7000 Passagiere unmittelbar betroffen.[153]

---

149 *Faller*, Gewaltsame Flugzeugentführungen aus völkerrechtlicher Sicht, S. 28 ff.; *Hailbronner*, Luftpiraterie, S. 10; *Wurfel*, Aircraft Piracy – Crime or Fun?, S. 820 ff.

150 *Faller*, Gewaltsame Flugzeugentführungen aus völkerrechtlicher Sicht, S. 38 f.; dazu auch kurz *Halle*, The Role of International Law in the Fight Against Aerial Terrorism, S. 78; *Wurfel*, Aircraft Piracy – Crime or Fun?, S. 820 ff.

151 *Faller*, Gewaltsame Flugzeugentführungen aus völkerrechtlicher Sicht, S. 38 f.; *Hailbronner*, Luftpiraterie, S. 10.

152 *Faller*, Gewaltsame Flugzeugentführungen aus völkerrechtlicher Sicht, S. 38; *Hailbronner*, Luftpiraterie, S. 10; *Wurfel*, Aircraft Piracy – Crime or Fun?, S. 820 ff.

153 Dazu die Aufstellung in *Hailbronner*, Luftpiraterie, S. 10.

2. Flugzeugentführungen zu politisch-erpresserischen Zwecken

Flugzeugentführungen hatten sich weltweit zu einem realen Problem entwickelt und zeigten ihren vielschichtigen Charakter. Immer häufiger traten insbesondere ab den 1970er Jahren Flugzeugentführungen durch politische Erpressungstäter auf.[154] Dies geschah beispielsweise um Gesinnungsgenossen freizupressen.[155] Eine einschneidende Entführung dieser Art fand im Herbst 1970 statt. Eine arabische Guerilla-Organisation entführte fünf Verkehrsflugzeuge innerhalb von drei Tagen mit insgesamt 710 Insassen.[156] Drei der Maschinen wurden in die jordanische Wüste verbracht, wo die Passagiere sechs Tage unter menschenunwürdigen Bedingungen ausharren mussten, bis sie von den Guerillas nach Amman verbracht wurden. Dort blieben sie weitere drei Wochen, bis sie im Austausch mit in der Bundesrepublik Deutschland und in der Schweiz inhaftierten arabischen Häftlingen freigelassen wurden.[157] Die leeren Flugzeuge wurden von den Terroristen in die Luft gesprengt. Eine weitere entführte Maschine wurde in Kairo in die Luft gesprengt. In der letzten entführten Maschine gelang es den Passagieren, einen der Entführer zu töten und die Entführung aufzuhalten. Das Flugzeug konnte in London sicher gelandet werden.[158] Die syrische Regierung reagierte besonders makaber auf die Taten – sie gab den Guerillas zu Ehren eine Briefmarke heraus, die im Vordergrund zwei arabische Guerillas und im Hintergrund ein brennendes Flugzeugwrack zeigte.[159]

---

154 *Hailbronner*, Luftpiraterie, S. 13; dazu *Faller*, Gewaltsame Flugzeugentführungen aus völkerrechtlicher Sicht, S. 34 ff.; *Price/Forrest*, Practical Aviation Security, S. 53 ff. Vgl. zu verschiedenen Fällen der Flugzeugentführungen im Kontext politischer Erpressung Keesings Archiv der Gegenwart, 1969, S. 14430 f.; 14916 f; 1971, S. 16068 f.

155 So *Schneider*, Die Abwehr äußerer Gefahren im Luftverkehr, S. 2 ff.; *Schäffer*, Der Schutz des zivilen Luftverkehrs vor Terrorismus, S. 29; *Hailbronner*, Luftpiraterie, S. 13.

156 *Hailbronner*, Luftpiraterie, S. 7, 13; *Schneider*, Die Abwehr äußerer Gefahren im Luftverkehr, S. 3; *Schäffer*, Der Schutz des zivilen Luftverkehrs vor Terrorismus, S. 29; vgl. auch Keesings Archiv der Gegenwart, 1971, S. 16068 f.

157 *Faller*, Gewaltsame Flugzeugentführungen aus völkerrechtlicher Sicht, S. 34 f.; *Hailbronner*, Luftpiraterie, S. 13; zusammenfassend u.a. auch https://www.nzz.ch/schweiz/arabischer-terror-in-der-schweiz-4-1.18450914 (Stand: 20.12.2020).

158 *Faller*, Gewaltsame Flugzeugentführungen aus völkerrechtlicher Sicht, S. 34 f.; *Hailbronner*, Luftpiraterie, S. 13; zusammenfassend u.a. auch https://www.nzz.ch/schweiz/arabischer-terror-in-der-schweiz-4-1.18450914 (Stand: 20.12.2020).

159 So *Hailbronner*, Luftpiraterie, S. 13.

II. Sprengstoffanschläge auf die Zivilluftfahrt bis 1979

Bereits als das deutschen Luftschiff „Hindenburg" in New Jersey im Jahr 1937 in Flammen aufging und abstürzte, vermuteten viele das Vorliegen eines Sprengstoffanschlags.[160] Der erste tatsächlich belegte Bombenanschlag auf eine Passagiermaschine fand im Jahr 1949 statt. In einem Flugzeug der Philippine Airlines explodierte eine Zeitbombe und 13 Insassen kamen ums Leben.[161] In den 1950er Jahren konnten sodann einige Sprengstoffanschläge auf Flugzeuge verzeichnet werden, um einen Versicherungsbetrug zu begehen und sich die Lebensversicherungen auskehren zu lassen.[162] So platzierte beispielsweise im Jahr 1955 John Gilbert Grahman in der Handtasche seiner Mutter Sprengstoff. Diese bestieg daraufhin den United Airlines Hauptlinienflug 629, welcher kurz vor der Landung im Stapelton International Airport (Denver) explodierte und alle 44 Insassen in den Tod riss. Später stellte sich heraus, dass Graham die Bombe in der Handtasche seiner Mutter platzierte, um die Police der Lebensversicherung von 37.000 US Dollar zu erhalten.[163] Im Jahr 1972 schloss sich eine Serie von Bombendrohungen und Anschlägen auf amerikanische Luftverkehrsgesellschaften an.[164] Im Jahr 1979 wurde eine Bombe in den Frachtraum eines Flugzeugs (Cargo) von American Airlines verbracht und detonierte dort auf dem Flug von Chicago nach Washington.[165] Bis in die 1980er Jahre werden zumeist mit politisch-extremistischem oder erpresserischem Hintergrund über 90 Bombenanschläge auf Flugzeuge verübt, bei denen mehr als 2000 Menschen getötet wurden.[166]

---

160 Dazu *Rhee*, DePaul Law Review 2000, S. 849 ff.; *Schäffer*, Der Schutz des zivilen Luftverkehrs vor Terrorismus, S. 29 f.

161 *Rhee*, DePaul Law Review 2000, S. 1158; *Schäffer*, Der Schutz des zivilen Luftverkehrs vor Terrorismus, S. 30.

162 *Price/Forrest*, Practical Aviation Security, S. 52.

163 *Price/Forrest*, Practical Aviation Security, S. 53.

164 Siehe dazu die Ausführungen in *Hailbronner*, Luftpiraterie, S. 15 f.: Hailbronner berichtet, dass nach der Explosion einer Bombe an Bord einer leeren TWA-Maschine allein an einem Tag 54 Erpresser bei amerikanischen Airlines anriefen und mit Anschlägen drohten. Dazu auch ICAO Doc. A-17-WP/25 „Summary of Civil Aircraft Damaged or Destroyed by Deliberate Detonation of Explosives".

165 *Price/Forrest*, Practical Aviation Security, S. 59.

166 *Choi*, Aviation Terrorism, S. 8; *Schäffer*, Der Schutz des zivilen Luftverkehrs vor Terrorismus, S. 30.

III. Die Reaktion der Staatengemeinschaft und die Entwicklung internationaler Abkommen zum Schutz der Sicherheit des Zivilluftverkehrs

1. Einleitung

Die häufig aufgetretenen Flugzeugentführungen veranlassten die Staatengemeinschaft ein wirksames System zu schaffen, um gegen die Zivilluftfahrt gerichtete Sabotageakte zu verhindern.[167] Es kristallisierte sich dabei schnell heraus, dass dies nur durch internationale Zusammenarbeit möglich sei.[168] Ein internationales System der Luftsicherheit versuchte man auf mehreren Ebenen zu irealisieren: Zum einen versuchte man durch „Abschreckung" Flugzeugentführungen zu verhindern, zum anderen versuchte man vermehrt die Sicherheit des Luftverkehrs mechanisch durch ausführliche Kontrollen der Fluggäste und des Gepäcks am Bodenbereich zu steigern.[169] Eine Abschreckungswirkung wollte man

---

167 So insbesondere die früh von Flugzeugentführungen betroffene USA, *Hailbronner*, Luftpiraterie, S. 20 f.; *Halle*, The Role of International Law in the Fight against Aerial Terrorism,S. 73 ff.

168 *Faller*, Gewaltsame Flugzeugentführungen aus völkerrechtlicher Sicht, S.56 f; *Hailbronner*, Luftpiraterie, S. 20 f.

169 Für ein besseres Verständnis der ersten Maßnahmen und Bestrebungen zur Etablierung eines Sicherheitssystems Ende der 1960er Jahre eigenen sich insbesondere die Ausführungen *Hailbronners* aus dem Jahr 1972 zu Entführer-Profiling und Magnetometer, in *Hailbronner*, Luftpiraterie, S. 16. Hier heißt es: *„Im Februar 1969 forderte der amerikanische Kongreß die amerikanische Bundesluftfahrtbehörde (FAA) auf, eine Studie über die Bekämpfung der Luftpiraterie zu machen und Lösungsvorschläge zu unterbreiten. Die Psychologen der FAA fanden heraus, daß die meisten Entführer ungeachtet ihrer verschiedenen Motivationen gewisse typische Merkmale und Verhaltensweisen aufweisen. Eine Liste von Merkmalen wurde entwickelt, anhand derer geschultes Personal der Luftfahrtgesellschaften schon am Check-In-Schalter einen potentiellen Entführer erkennen soll. Diese Liste wird aus Geheimhaltungsgründen nur mündlich weitergegeben. Nur 0,5 % aller Passagiere sollen das typische „Entführerprofil" aufweisen. Wenn eine Person als verdächtig auffällt, wird sie unauffällig bewacht. Der Agent am Schalter kann die Person auffordern, sich zu identifizieren, wird dies jedoch in einigen weiteren Fällen ebenfalls tun, um die Geheimhaltung des „Verhaltensmusters" zu sichern. Zusätzlich werden die Passagiere an den meisten internationalen Flughäfen aufgefordert, durch eine Vorrichtung zu gehen, die verborgene Waffen aufspüren soll. Der sogenannte Magnetometer besteht aus Alarmpolen, die ein Lichtsignal auslösen, wenn eine Person genügend Metall bei sich trägt, das eine Waffe darstellen könnte. Die Apparaturen sind so konstruiert, daß sie einen Revolver z.B. von einer Kamera unterscheiden können. Dennoch verändern bisher zu viele metallische Gegenstände in den Taschen oder im*

insbesondere durch die Schaffung einheitlicher Straftatbestände sowie geregelter gerichtlicher Zuständigkeiten erreichen, sodass Straftäter im Bereich der Lüfte und in Flugzeugen weltweit für ihre Delikte belangt werden konnten.[170]

2. Exkurs: Internationales Strafrecht, Völkerstrafrecht und das Prinzip der „Universellen Jurisdiktion“

In den 1960er Jahren erlangte im Bereich der Luftfahrt der Gedanke internationale Straftatbeständen zu schaffen und die Jurisdiktion eindeutig zu regeln, zunehmend an Bedeutung. Die Staatengemeinschaft zeigte sich in der Umsetzung dieser Idee jedoch zunächst skeptisch und zurückhaltend. Woher eine solche Zurückhaltung rührt und die Frage nach der grundsätzlichen Vereinbarkeit internationaler Straftatbestände mit völkerrechtlichen Prinzipen soll im Folgenden beleuchtet werden, insbesondere im Kontext der besonderen Stellung des Strafrechts im Völkerrechtssystem.

Bei strafrechtlichen Fragen mit internationalem Bezug ist eine grundlegende begriffliche Differenzierung zwischen „Völkerstrafrecht“ und „Internationalem Strafrecht“ vorzunehmen.[171] Während der Begriff „Internationales Strafrechts“ einen weiten Oberbegriff darstellt, der alle strafrechtlichen Sachverhalte und Normen einbezieht, die nicht ausschließlich nationalen Bezug haben,[172] ist der

Gepäck der Passagiere das Magnetfeld und lösen Alarm aus. Häufig wird das Magnetometer daher nur als zusätzliches Hilfsmittel zum Verhaltensmuster benutzt. Die Kontrolleure schalten den Strom nur ein, wenn ein Verdächtiger den Apparat passiert. Wird ein Alarmsignal dabei nicht ausgelöst, so kann er passieren. Andernfalls wird er angehalten und aufgefordert, den metallischen Gegenstand zu identifizieren. Geschieht das zur Zufriedenheit der Angestellten, so wird ihm der Zutritt zum Flugzeug erlaubt. Verweigert er jedoch seine Mitarbeit, so wird er in einigen Ländern wie z.B. den USA unmittelbar einem Polizeibeamten gegenübergestellt, der ihn durchsuchen kann. Wird eine Waffe gefunden, wird er unter Arrest genommen. Zusätzlich zur Durchsuchung der Passagiere und ihres Handgepäcks wir Fracht und Luftpost auf Sprengsätze durchsucht.“ Hailbronner führt auf S. 20 weiter aus, dass in den USA im Jahr 1971 auf diese Weise 8000 Waffen entdeckt wurden und 1500 Passagieren daraufhin die Reise untersagt wurde. 936 Personen davon wurden verhaftet und wiederum 59 wegen Verstoßes gegen das Gesetz zum Schutz der Flugsicherheit verurteilt. *Hailbronner*, Luftpiraterie, S. 20; *Fenello*, Technical Prevention, S. 30 f.

170 *Hailbronner*, Luftpiraterie, S. 20 ff.; *Schladebach*, Lufthoheit, S. 301 ff.

171 *Safferling*, Internationales Strafrecht, § 1 Rn. 1; *Werle*, Völkerstrafrecht, S. 34.

172 *Safferling*, Internationales Strafrecht, § 1 Rn. 1. Safferling weist darauf hin, dass der Begriff des „Internationalen Strafrechts“ oftmals zur Bezeichnung des Strafanwendungsrechts genutzt werde und dies eigentlich irreführend sei, da es sich beim

Begriff „Völkerstrafrecht" deutlich spezifischer und meint eine eigenständige auf der Ebene des Völkerrechts etablierte Strafrechtsordnung mit bislang lediglich vier festgeschriebenen Tatbeständen.[173] Für die in dieser Arbeit zu untersuchende Kodifizierung von Straftatbeständen im Bereich der zivilen Luftfahrt bewegen wir uns im Feld des „Internationalen Strafrechts", nicht jedoch im Völkerstrafrecht.

Dem Strafrecht kommt im System des Völkerrechts eine besondere Stellung zu. Denn zum einen wird staatliche Strafgewalt seit jeher als Ausdruck der Personalhoheit des Nationalstaates über seine Bevölkerung als einer der wesentlichen Ausdrücke der Souveränität eines Staates angesehen und zum anderen ist die dem klassischen Strafrecht zugrunde liegende Idee der Haftung des Individuums dem klassischen Völkerrecht qua fehlender Völkerrechtssubjektivität des Einzelnen eigentlich fremd, da das Strafrecht auf der Zuweisung von Verantwortung an das Individuum anknüpft und das Verhalten eines Einzelnen unter Strafe stellt.[174] Das Völkerrecht beruht auf dem freiwilligen Zusammenschluss verschiedener Staaten und ist stark normativ auf staatliche Akteure geprägt, während Strafrecht stark repressiv geprägt ist und unmittelbar das Individuum

---

Strafanwendungsrecht um die Anwendung von nationalen Strafrechtsnormen und nicht um solche mit supranationalem Charakter handelt. Eine Anwendung von ausländischem Strafrecht sei beispielsweise in Deutschland ausgeschlossen und könne höchstens mittelbar Anwendung finden, so *Safferling*, Völkerstrafrecht, § 2 Rn. 1 ff.

173 *Safferling*, Internationales Strafrecht, § 1 Rn. 1, 3, 5; *Werle*, Völkerstrafrecht, S. 3, 34; *Hobe*, Völkerrecht., S. 510 ff.; anders *Erler*, Völkerrechtliche Forschung, S. 75.

174 *Safferling*, Internationales Strafrecht, § 4 Rn. 1 ff.; *Werle*, Völkerstrafrecht, S. 3, 34; *Hobe*, Völkerrecht., S. 510 ff. *Safferling* umschreibt hier treffend die *„Strafgewalt als Hort der staatlichen Gewalt"*, *Safferling*, Internationales Strafrecht, § 1 Rn. 1. Zur Völkerrechtssubjektivität u.a. *Schröder*, in Vitzthum/ Proelß, Völkerrecht, 7. Abschnitt Rn. 49. Das Völkerrecht basiert auf dem Grundsatz der Gleichheit der Staaten („par in parem"), der in Art. 2 Abs. 1 der UN-Charta schriftlich fixiert wurde sowie auf dem Prinzip der staatlichen Souveränität und Territorialität. Gerade dem Territorialitätsprinzip kommt strafrechtlich eine besondere Bedeutung zur Festlegung der Strafverantwortlichkeit zu, da unstreitig und originär jeder Staat umfassende Strafgewalt für Ereignisse in seinem Staatsgebiet (Territorium) hat. Die jeweilige Souveränität der Staaten beschränkt dabei unmittelbar die Kompetenz der Staaten bei Sachverhalten mit internationalem Bezug. Eine Ausweitung strafrechtlicher Kompetenzen eines Staates über die Grenzen hinweg, ist daher aus völkerrechtlicher Sicht nicht beliebig möglich, dazu *Safferling*, Internationales Strafrecht, § 3 Rn. 13 f., 15 f. Kritisch zur Unschärfe des völkerrechtlichen Souveränitätsbegriffs, *Schladebach*, Lufthoheit, S. 97 ff.

einbezieht und in den Fokus stellt.[175] Wenig verwunderlich ist im Anbetracht dieser Divergenzen zwischen Völkerrecht und Strafrecht daher die Zurückhaltung, die die Staatengemeinschaft lange Zeit bei der Regelung des Strafrechts, nicht nur im Bereich der Luftfahrt, auf internationaler Ebene an den Tag legte. So findet sich beispielsweise überhaupt erstmalig nach Ende des Ersten Weltkriegs in einem völkerrechtlichen Vertrag, nämlich im Versailler Friedensvertrag[176], der Gedanke einer völkerrechtlichen individuellen Strafbarkeit und Verantwortlichkeit.[177] Die Etablierung eines Völkerstrafrechts, welches das Individuum zur strafrechtlichen Verantwortung zieht, erfolgte erst nach dem Zweiten Weltkrieg, nämlich am 8. August 1948, als die Siegermächte das Statut des Internationalen Militärgerichtshofs von Nürnberg (IMG-Statut) als Annex zum sog. Londoner Abkommen verabschiedeten.[178] Dem Statut folgte im Dezember desselben Jahres die Verabschiedung der UN-Völkermordkonvention.[179]

---

175 *Safferling*, Internationales Strafrecht, § 4 Rn. 2 ff.; *Werle*, Völkerstrafrecht, S. 3 ff.

176 RGBl. 1919 II, 687.

177 *Werle*, Völkerstrafrecht, S. 14; *Albrecht*, Geschichte der völkerrechtlichen Strafgerichtsbarkeit im 20. Jahrhundert, S. 32 ff., S. 44. Der Versailler Vertrag sah dazu in Art. 228 Abs. 1 und Art. 229 Abs. 2 die Errichtung eines internationalen Militärgerichts vor, die über vier festgelegte Tatbestandsgruppen (u.a. Verbrechen gegen die Heiligkeit der Verträge und gegen die internationale Moral) und die Verurteilung einzelner Personen als Kriegsverbrecher urteilen sollte. Verbunden waren damit Auslieferungspflichten (Art. 228 Abs. 2 Versailler Vertrag) und die Pflicht zur Leistung von Rechtshilfe (Art. 230 Versailler Vertrag), dazu *Werle*, Völkerstrafrecht, S. 7 ff.; *Albrecht*, Geschichte der völkerrechtlichen Strafgerichtsbarkeit im 20. Jahrhundert, S. 32 ff.

178 *Werle*, Völkerstrafrecht, S. 14; *Albrecht*, Geschichte der völkerrechtlichen Strafgerichtsbarkeit im 20. Jahrhundert, S. 65 ff.

179 Konvention über die Verhütung und Bestrafung des Völkermordes (Convention on the Prevention and Punishment of the Crime of Genocide, CPPCG) – Res. 260 A (III) der Generalversammlung der Vereinten Nationen vom 9. Dezember 1948, UN Doc. A/RES/3/260 (1948), BGBl. 1954 II S. 729. Wenig beeindruckt von diesen Entwicklungen postulierte Schwarzenberger im Jahr 1950 als Reaktion auf die kurz zuvor beschlossene UN-Völkermordkonvention, dass es so etwas wie ein Völkerstrafrecht nicht gebe, dazu *Schwarzenberger*, The Problem of an International Criminal Law, S. 263 ff., 292 f. *Schwarzenberger* war der Ansicht, dass eine Aburteilung von Straftätern im Kern stets auf nationalem Recht und darin implementierten internationalen Vereinbarungen beruhe und es somit per se kein Bedürfnis nach einem Völkerstrafrecht gebe, so *Schwarzenberger*, The Problem of an International Criminal Law, S. 263 ff., 292 f. Eine zunehmende Internationalisierung und Globalisierung des Strafrechts und eine Entwicklung eines Völkerstrafrechts bzw. internationalem Strafrechts nach dem Ende des Zweiten Weltkriegs bis zum heutigen Stand ist jedoch nicht

a.) *Das Prinzip der „Universellen Jurisdiktion"*

Ende der 1960er Jahre ging es der Staatengemeinschaft im Hinblick auf die Bekämpfung von Straftaten im Kontext des grenzüberschreitenden Luftverkehrs primär darum einheitliche Straftatbestände und geregelte gerichtliche Zuständigkeiten zu etablieren, damit Straftäter im Bereich der Lüfte und in Flugzeugen weltweit für ihre Vergehen effektiv belangt werden konnten. Insbesondere eine Klärung der Frage der Jurisdiktion, mithin welcher Staat seine nationale Gerichtsbarkeit im Bereich des grenzüberschreitenden Luftverkehrs ausüben darf, wurde als notwendig erachtet.[180] In der Rechtstheorie wird die strafrechtliche Zuständigkeit eines Staates (Forum-Staat) regelmäßig an das Vorhandensein bestimmter Verbindungen (genuine link) zum nationalem Recht über die Umstände des vorliegenden Lebenssachverhalts geknüpft.[181] Ein solcher genuine link kann beispielsweise der Ort an dem ein Delikt begangen wurde, die Staatsbürgerschaft des Täters oder Opfers oder die Berührung fundamentaler staatlicher Interessen des Forum-Staates sein.[182] Eine andere Anknüpfung, nämlich insbesondere nicht an den Ort einer Tat, sondern vielmehr an das Interesse aller Staaten der Staatengemeinschaft an der Strafverfolgung, verfolgt das Prinzip der universellen Jurisdiktion. Diesem Prinzip liegt der Gedanke zu Grunde, dass bestimmte Kernstraftaten bereits aufgrund ihrer Natur weltweit strafbare Delikte erga omnes darstellen, die theoretisch von jedem Staat im Rahmen universeller Jurisdiktion verfolgbar sind, unabhängig davon, wo und von wem das Delikt begangen wurde.[183] Die Strafgewalt wird bereits allein aufgrund der

---

mehr zu leugnen und allgemein anerkannt. Vgl. *Safferling*, Internationales Strafrecht, § 1 Rn. 1, 4; zur Entwicklung des Völkerstrafrechts nach Ende des Zweiten Weltkriegs *Werle*, Völkerstrafrecht, S. 24 ff.

180 *Hailbronner*, Luftpiraterie, S. 20 ff. „Jurisdiktion" meint in einem internationalem Kontext die Regeln und Begrenzungen eines Staates das eigene Strafrecht und Prozessrecht in einer bestimmten Situation über ein Individuum anwenden zu dürfen, indem der Staat oder die Staaten identifiziert werden, die einen solchen Bezug zur Sachlage aufweisen, dass die Rechtsausübung fair und vernünftig ist. Dazu *Mann*, The Doctrine of Jurisdiction in International Law, Recueil des Cours, 111, S. 1, 44; *Chadwick*, Piracy and the Origins of Universal Jurisdiction, S. 6.

181 *Chadwick*, Piracy and the Origins of Universal Jurisdiction, S. 6; *Safferling*, Internationales Strafrecht, § 3 Rn. 46; *Rengier*, Strafrecht AT, § 6 Rn. 26.

182 *Chadwick*, Piracy and the Origins of Universal Jurisdiction, S. 4, 6; *Rynagaer*, Jurisdiction in International Law, S. 38 f.; *Chehtman*, The Philosopical Foundations of Extraterritorial Punishment, Kapitel 3; *Safferling*, Internationales Strafrecht, § 3 Rn. 46 ff.

183 *Chadwick*, Piracy and the Origins of Universal Jurisdiction, S. 200; *Safferling*, Internationales Strafrecht, § 3 Rn. 46, 48; *Gornig*, Kampf gegen Piraten, S. 775 ff. Das Prinzip

Natur des Verbrechens an sich begründet.[184] Die eigentliche Befugnis zur Verfolgung der Straftat ergibt sich im internationalen Kontext aus internationalen Verträgen und Abkommen.[185] Ein universelles Strafverfolgungsinteresse kann sich dabei beispielsweise aus der Verletzung universell anerkannter Rechtsgüter (u.a. unterliegen Völkermord, Verbrechen gegen die Menschlichkeit, Aggression und Folter der universellen Jurisdiktion) oder aus einer realpolitischen Bedrohung der Sicherheit der Staatengemeinschaft ergeben.[186]

Eine solche realpolitisch angenommene Bedrohung der Sicherheit der Staatengemeinschaft und somit eine universelle Jurisdiktion wurde im Völkerrecht erstmalig im Recht der Piraterie angenommen.[187] Piraten wurden über Jahrhunderte von den Staaten der Welt als „hostes humani generis", d.h. als Feind der Menschheit, gesehen, woraus die Staatengemeinschaft ein universelles und kollektives Recht eines jeden Staates über Piraterie zu urteilen, unabhängig vom Ort der Tat oder sonstigen Verbindungen des Forum-Staates zu den Piraten, ableitete.[188] Dies bestätigte der IGH im Lotus-Fall im Jahr 1927 ausdrücklich und stellte fest, dass die Bekämpfung der Piraterie auf Hoher See nicht nur einzelne

---

der universellen Jurisdiktion wird durch die von Hugo Grotius stammende Idee des „aut dedere aut judicare", mithin die einem Staat zugestandene Wahlmöglichkeit und Verpflichtung, einen Straftäter an einen Drittstaat auszuliefern oder alternativ die Strafverfolgung selbst aufzunehmen, ergänzt; dazu *Grotius*, De Jure Belli ac Pacis, S. 527 ff. *Grotius* nannte das Prinzip noch abweichlich vom heutigen Gebrauch „aut dedere aut punire".Sowohl universelle Jurisdiktion als auch „aut dedere aut judicare" stehen im Konflikt mit dem völkerrechtlichen Grundsatz der Souveränität und Gleichheit der Staaten, Art. 2 Abs. 1 UN-Charta, da nationale Strafgewalt und Gerichtszuständigkeit über die Staatsgrenzen ausgedehnt wird, dazu *Safferling*, Internationales Strafrecht, § 3 Rn. 6 f. *Safferling* weist eindrücklich darauf hin, dass das Territorialitätsprinzip insbesondere wegen der Gefahr der Doppelbestrafung (ne bis in idem) bei konkurrierender Zuständigkeit verschiedener Nationalstaaten das bevorzugte Prinzip zur Ermittlung der Zuständigkeit sein muss und nur im Ausnahmefall ausgeweitet werden darf, so *Safferling*, Internationales Strafrecht, § 3 Rn. 6 ff.

184 *Chadwick*, Piracy and the Origins of Universal Jurisdiction, S. 7; *Gornig*, Kampf gegen Piraten, S. 775 ff.; *O'Keefe*, Universal Jurisdiction: S. 745.

185 *Safferling*, Internationales Strafrecht, § 3 Rn. 49.

186 *Chadwick*, Piracy and the Origins of Universal Jurisdiction, S. 4; *Safferling*, Internationales Strafrecht, § 3 Rn. 47 ff.

187 *Chadwick*, Piracy and the Origins of Universal Jurisdiction, S. 10; *Gornig*, Kampf gegen Piraten, S. 775 ff.; *Safferling*, Internationales Strafrecht, § 3 Rn. 49 f.

188 *Chadwick*, Piracy and the Origins of Universal Jurisdiction, S. 2 f; *Gornig*, Kampf gegen Piraten, S. 775 ff.

Staaten verpflichtet und berechtigt, sondern alle Staaten ein Interesse an der Gefangennahme und Bestrafung des Piraten als Feind der Menschheit hätten.[189] Gerade für grenzüberschreitende Straftaten oder wie bei der Piraterie auch solche, die sich nicht zwingend in festen Hoheitsgebieten (Hohe See) abspielen, kann über die Bejahung einer universellen Jurisdiktion eine Verurteilung auch ohne genuine link ermöglicht werden – daher verwundert es nicht, dass auch im internationalem Luftrecht Diskussionen über die Erreichung einer universellen Jurisdiktion in Analogie zu den bei der Piraterie geübten Grundsätzen zu finden sind.

b.) Die „Piraten-Analogie" und die Qualifizierung von Flugzeugentführungen als Akt der Piraterie

Eine analoge Anwendung der in der Piraterie geübten universellen Jurisdiktion auf einen anderen Lebenssachverhalt wurde von der Staatengemeinschaft in den 1960er Jahren im Fall Eichmann eindringlich diskutiert: Der Fall Adolf Eichmann[190] wurde vor dem israelischen Obersten Gerichtshof im Jahr 1961 verhandelt.[191] Eichmann wurde u.a. für Kriegsverbrechen und Verbrechen gegen die Menschlichkeit verurteilt.[192] In dem Urteilsspruch bezeichnete das Gericht Eichmann als *„Pirat"* und *„Feind der gesamten Menschheit"* unter Bezugnahme auf die Lotus-Rechtsprechung des IGH.[193] In dem Fall Eichmann hat das Gericht eine Analogie zum Recht der Piraterie gebildet und ein Verbrechen angenommen, das wie Piraterie, die Stabilität der internationalen Gemeinschaft in ihren Grundlagen erschüttere, weshalb universelle Jurisdiktion bejaht wurde.[194] Das Oberste Gericht führte aus: *„[T]he substantive basis underlying the exercise of*

---

189 Vgl. StIGH, Lotus Case (France vs. Turkey), 1927, PCIJ , Ser. A, No. 10.

190 Eichmann war als SS-Obersturmbannführer während des Nationalsozialismus leitend für die Deportation und Ermordung des jüdischen Volkes zuständig und verantwortlich für die Ermordung von ca. 6 Millionen Juden während des Holocaust. Er wurde im Juni 1962 nach Urteilsspruch des Obersten Gerichtshofs Israels hingerichtet, siehe dazu, *Arendt*, Eichmann in Jerusalem: Ein Bericht von der Banalität des Bösen.

191 Eichmann v. A-G Israel, 36 International Law Reports (1968) 227, para. 12; *Chadwick*, Piracy and the Origins of Universal Jurisdiction, S. 1.

192 Eichmann v. A-G Israel, 36 International Law Reports (1968) 227, para. 243.

193 Eichmann v. A-G Israel, 36 International Law Reports (1968) 227, para. 11; *Chadwick*, Piracy and the Origins of Universal Jurisdiction, S. 1.

194 *Chadwick*, Piracy and the Origins of Universal Jurisdiction, S. 3. Die Idee der "Piracy Analogy" stammt von Eugene Kontorovich, dazu *Kontorovich*, The Piracy Analogy, Harvard Interational Law Journal,S.183 ff.

universal jurisdiction in respect of the crime of piracy also justifies its exercise in regard to the crimes which we are dealing with in this case."[195] Der Gerichtshof hat die Zuständigkeit zur Verurteilung Eichmanns mit dem Prinzip der universellen Jurisdiktion begründet und damit eine Kontroverse losgetreten, da universelle Jurisdiktion bis dahin in der Regel über völkerrechtliche Verträge oder Gewohnheitsrecht etabliert wurde und nicht über die Bildung einer Analogie, wie vom Obersten Gericht konstruiert.[196]

Nachdem die rasante Verbreitung des Luftverkehrs ab den frühen 1960er Jahren mit Wellen der Flugzeugentführungen einherging und diese weltweit als Problem erkannt wurden, ohne dass hinreichende strafrechtliche Regelungen auf internationaler Ebene zur Hand waren, [197] kam auch in diesem Feld früh – und vermutlich nicht ganz unbeeinflusst von der Rechtsprechung im Fall Eichmann – von verschiedenen Seiten die Forderung auf, auch Flugzeugentführungen als Akt der völkerrechtlichen Piraterie zu qualifizieren.[198] Dies wurde im Hinblick darauf gefordert, dass man so ein bereits austariertes, kodifiziertes und rückgrifffähiges System zur Hand gehabt hätte. Denn gerade bei Piraten auf Hoher See war das Prinzip der universellen Jurisdiktion anerkannt.[199] Im Bereich des Strafrechtes ist in diesem Kontext darauf hinzuweisen, dass Analogien grundsätzlich in Anbetracht der formalen Garantie des nullum crimen-Satzes und der Geltung der Wortlautgrenze äußerst kritisch beleuchtet werden müssen und stets gefragt werden muss, ob eine zulässige Auslegung oder ein unzulässiger Verstoß gegen das Analogieverbot gegeben ist.[200] Ohne die Frage eines etwaigen einschlägigen strafrechtlichen Analogieverbotes näher zu beleuchten, wurde im Kontext der Luftfahrt zeitnah erkannt, dass aufgrund

---

195 Supreme Court of Israel, Eichmann v. A-G Israel, 36. Inernational Law Reports (1968) 227, para 12.

196 *Chadwick*, Piracy and the Origins of Universal Jurisdiction, S. 200.

197 Dazu oben D III 2 a.

198 Vgl. dazu *Faller*, Gewaltsame Flugzeugentführungen aus völkerrechtlicher Sicht, S. 88 ff.; *Jacobson*, From Piracy on the High Seas to Piracy in the High Skies, in: Cornell International Law Journal, Vol. 5, 1972, S. 161; siehe auch die umfassende Diskussion in *Hailbronner*, Luftpiraterie, S. 64 ff.

199 *Frowein,* ZaöRV Vol. 62, 2002, 879 (893); *Rubin*, The Law of Piracy, S. 395; StIGH, Lotus Case (France vs. Turkey), 1927, PCIJ , Ser. A, No. 10. S. V.; *Jacobson*, From Piracy on the High Seas to Piracy in the High Skies, in: Cornell International Law Journal, Vol. 5, 1972, S. 161; *Hailbronner*, Luftpiraterie, S. 64 f.

200 Dazu *Freund/Rostalski*, Strafrecht AT, S. 27; *Freund*, Erfolgsdelikt und Unterlassen, S. 112; *Krey*, Keine Strafe ohne Gesetz, 1983; *Schmitz*, in MüKo StGB, § 1 Rn. 70 ff.

der praktischen Relevanz und der Vielzahl an aufgetretenen unterschiedlichen Gefährdungspotenzialen des Luftverkehrs eine selbstständige einheitliche internationale Klärung und Bewältigung der rechtlichen Sicherung des Flugverkehrs unumgänglich war. Der Weg über eine analoge Anwendung der Grundsätze der Piraterie oder Erweiterung des Tatbestandes der Piraterie auf Flugzeugentführungen wurde daher nicht weiter verfolgt.[201] Vielmehr entschied sich die Staatengemeinschaft zum Abschluss verschiedener internationaler Abkommen, um einen möglichst effektiven Schutz der Zivilluftfahrt zu gewähren. Im Abkommen von Den Haag[202] zur Bekämpfung von Flugzeugentführungen wurde das Prinzip der universellen Jurisdiktion für Flugzeugentführungen in Artikel 4 kodifiziert und es wurde sogar noch, weiter gehend als dies bei der Piraterie auf Hoher See der Fall ist, eine Verpflichtung zur Auslieferung geschaffen, wenn eine Aburteilung in dem Staat, in dem sich der Entführer aufhielt, nicht erfolgte[203]. Eine Kodifizierung universeller Jurisdiktion für weitere Delikte im Kontext des Luftrechts ist jedoch bis heute ausgeblieben.

3. Internationale Zusammenarbeit und völkervertragliche Kodifizierung

Die ersten Impulse zur Regelung von Flugzeugentführungen auf internationaler Ebene erfolgten in den 1960er Jahren auf Bestrebungen von Seiten der USA: Die USA wirkten maßgeblich darauf hin in das sog. Tokioter Abkommen[204], eine internationale Konvention, die sich mit Vergehen an Bord von Flugzeugen befasst, auch Bestimmungen zu Entführung von Luftfahrzeugen aufzunehmen.[205] Eine Aufnahme in das Tokioter Abkommen erfolge, obwohl die Staatengemeinschaft

---

201 Eine Definition der Piraterie findet sich in Art. 15 der Genfer Konvention über die Hohe See vom 29. April 1958. *Faller*, Gewaltsame Flugzeugentführungen aus völkerrechtlicher Sicht, S. 56 f; *Hailbronner*, Luftpiraterie, S. 20 f., 64 ff.; *Jacobson*, From Piracy on the High Seas to Piracy in the High Skies, in: Cornell International Law Journal, Vol. 5, 1972, S. 175.

202 Convention for the Supression of Unlawful Seizure of Aircraft, unterzeichnet in Den Haag am 16. Dezember 1970, ICAO-Doc. 8920; BGBl. 1972 II 1505.

203 *Jacobson*, From Piracy on the High Seas to Piracy in the High Skies, in: Cornell International Law Journal, Vol. 5, 1972, S. 180, 185.

204 Convention on Offences and Certain Other Acts Committed on Board Aircraft, unterzeichnet in Tokio am 14. September 1963, ICAO-Doc. 8364, BGBl. 1969 II 121.

205 *Faller*, Gewaltsame Flugzeugentführungen aus völkerrechtlicher Sicht, S. 56 f.; *Hailbronner*, Luftpiraterie, S. 20 f.; *McWinney*, Aerial Piracy and International Terrorism, S. 36 f.

zunächst auf ein solches Begehren zurückhaltend reagierte, da sich Flugzeugentführungen zunächst überwiegend auf dem amerikanischen Kontinent zugetragen hatten und als US-amerikanisches Problem gesehen wurden.[206] Da die Ratifikation des Tokioter Abkommens nur sehr zögerlich ablief, ließ die Zunahme von Flugzeugentführungen in den Jahren 1968 und 1969 das Interesse privater Verbände und Internationaler Organisationen an einheitlicher gesetzlicher Regelung auch außerhalb der USA erstarken.[207] So verabschiedete die ICAO 1968 mit Erfolg eine Resolution[208], die alle Vertragsstaaten dazu aufrief, das Abkommen von Tokio zügig zu ratifizieren.[209] Schnell zeigte sich jedoch, dass das Tokioter Abkommen nicht ausreichte, um der wachsenden Gefahren der Sicherheit im Luftverkehr Herr zu werden.[210]

Im Jahr 1969 wurde daher durch den Rat der ICAO zunächst ein Ausschuss[211] geschaffen, der sich speziell mit der Lösung von Sicherheitsfragen beschäftigen sollte. Ein Jahr später, 1970, wurde ein weiterer Konventionsentwurf, der sich mit der Bekämpfung widerrechtlicher Inbesitznahme von Luftfahrzeugen beschäftigte, auf der internationalen Konferenz in Den Haag von 50 Staaten unterzeichnet.[212] Die Haager Konvention[213] trat bereits 1971 nach der Ratifikation durch

---

206 *Hailbronner*, Luftpiraterie, S. 20 f.; *Herzog*, S. 202 f. Der eigentliche Zweck im Rahmen der 1958 begonnenen Verhandlungen des Abkommens war es u.a. den rechtlichen Status von Flugzeugen, die Jurisdiktion und die Befugnisse des Luftfahrt-Kommandanten zu klären, dazu *McWinney*, Aerial Piracy and International Terrorism, S. 36 f.

207 Dazu *Herzog*, S. 218 ff.; dazu auch die Ausführungen *Faller*, Gewaltsame Flugzeugentführungen aus völkerrechtlicher Sicht, S. 56 ff.

208 ICAO Rea. A 16-37 (Unlawful Seizure of Civil Aircraft).

209 ICAO Rea. A 16-37 (Unlawful Seizure of Civil Aircraft); *Schäffer*, Der Schutz des zivilen Luftverkehrs vor Terrorismus, S. 147.

210 ICAO Doc. 8838-LC/15, 1969, 1 (33); *Reser*, JALC 1998, S. 826; *Schäffer*, Der Schutz des zivilen Luftverkehrs vor Terrorismus, S. 145 f.; *Sheppard/ Sochor*, Setting international Aviation Security Standards, S.3, 5; *Jacobson*, From Piracy on the High Seas to Piracy in the High Skies, in: Cornell International Law Journal, Vol. 5, 1972, S. 177.

211 Es handelte sich dabei um das „Committee on Unlawful Interference", vgl. dazu *Schäffer*, Der Schutz des zivilen Luftverkehrs vor Terrorismus, S. 147.

212 Convention for the Supression of Unlawful Seizure of Aircraft, unterzeichnet in Den Haag am 16. Dezember 1970, ICAO-Doc. 8920; BGBl. 1972 II 1505. Zur Haager Konvention siehe auch *Cheng*, Das Haager Übereinkommen über die Entführung von Luftfahrzeugen von 1970, ZLW 1973, S. 228;

213 The Convention for the Supression of Unlawful Seizure of Aircraft, unterzeichnet in Den Haag am 16. Dezember 1970, ICAO-Doc. 8920, BGBl. 1972 II 1505.

zehn Staaten in Kraft.[214] Auch die UN befasste sich mit dem Themengebiet und die Generalversammlung der Vereinten Nationen verabschiedete so 1970 eine Resolution[215], in der alle Formen von Luftpiraterie verurteilt und in der die Staaten aufgerufen wurden, durch entsprechende Maßnahmen Akte von Luftpiraterie zu unterbinden und die Entführer zu bestrafen.[216] Dem sollten noch weitere Maßnahmen von Seiten der ICAO folgen. Bereits kurz nach der Verabschiedung der Haager Konvention entwickelte die ICAO einen weiteren Konventionsentwurf, der nun auch alle widerrechtlichen Handlungen erfassen sollte, die von der Haager Konvention nicht abgedeckt wurden. Dieser Entwurf wurde auf einer diplomatischen Konferenz im September 1971 in Montreal als Montrealer Übereinkommens zur Bekämpfung von widerrechtlichen Akten gegen die Sicherheit der Zivilluftfahrt beschlossen.[217]

Mit der oben beschriebenen Ratifikation der Verträge von Tokio, Den Haag und Montreal waren zumindest die wesentlichen Grundlagen im Kampf gegen Flugzeugentführungen geschaffen. Man spricht daher auch von der Troika völkerrechtlicher Verträge in der Sicherheit des Zivilluftverkehrs.[218]

Im Hinblick auf die zahlreichen über Flugzeugentführungen hinausgehenden Angriffe auf Zivilflugzeuge wurde neben dieser Troika im März 1974 gemäß Art. 37 CA dem Chicagoer Abkommen der Annex 17 hinzugefügt.[219] Dieser behandelt insbesondere die präventiven Maßnahmen im Bereich der Luftsicherheit, so zum Beispiel Sicherheitskontrollen oder zwischenstaatlichen Datenaustausch. Der so geschaffene Annex 17 wurde regelmäßig verändert und den neuen Gegebenheiten und Gefahrenlagen angepasst, zuletzt im November 2019.[220]

---

214 *Hailbronner*, Luftpiraterie, S. 21.

215 Res. 2645 [XXV] vom 25. November 1970 (Aerial Hijacking or Interference with Civil Air Travel).

216 Dazu insbesondere Ziffer 2 der Res. 2645 [XXV] vom 25. November 1970 (Aerial Hijacking or Interference with Civil Air Travel); dazu auch die Ausführungen in *Hailbronner*, Luftpiraterie, S. 22, sowie *Faller*, Gewaltsame Flugzeugentführungen aus völkerrechtlicher Sicht, S. 56.

217 So u.a. *Hailbronner*, Luftpiraterie, S. 23; *McWinney*, Aerial Piracy and International Terrorism, S. 45.

218 *Schäffer*, Der Schutz des zivilen Luftverkehrs vor Terrorismus, S. 165; *Faller*, Aviation Security: the Role of ICAO, Annals of Air and Space Law 1992, 369 (372).

219 *Schäffer*, Der Schutz des zivilen Luftverkehrs vor Terrorismus, S.146 f.; *Sheppard/Sochor*, Setting international Aviation Security Standards, S. 3, 5 ff. .

220 Annex 17 to Convention on International Civil Aviation, 11th Edition, November 2019, Foreword P. (x).

Insbesondere die Abkommen von Tokio, Den Haag sowie Montreal und der Annex 17 des Chicagoer Abkommens bedürfen aufgrund ihrer Bedeutung im Recht der Luftsicherheit einer näheren Betrachtung.

4. Das Tokioter Abkommen von 1963

a.) Jurisdiktion

Das Tokioter Abkommen vom 14. September 1963 stellt den ersten von der ICAO vorangebrachten Vertrag dar, der explizit die Frage von Straftaten an Bord von zivilen Luftfahrzeugen und deren Jurisdiktion behandelt.[221] Zweck des Abkommen war es insbesondere, dass die gerichtliche Zuständigkeit von in Flugzeugen begangenen Straftaten geregelt ist.[222] Dahinter steht eine große praktische Relevanz, da es denkbar ist, dass sowohl Maschine als auch Passagiere und Täter aus verschiedenen Staaten stammen und sich das Flugzeug bei Begehung der Tat im Luftraum eines vierten Staates befinden könnte. Theoretisch könnten somit auch diese anderen betroffenen Staaten berechtigt sein, Jurisdiktion auszuüben. Ohne eine tatsächliche Festlegung der Zuständigkeiten sah man aber die Gefahr, dass eine gerichtliche Aburteilung der Täter völlig ausbleiben könnte, da sich keiner der Staaten als zuständig betrachte.[223]

Die ICAO wollte mit dem Tokioter Abkommen erreichen, dass zumindest immer ein zuständiger Staat klar ermittelt werden kann und somit Strafbarkeitslücken ausbleiben.[224] In Art. 3 Abs. 2 des Tokioter Abkommens wurde daher die Regel getroffen, dass der Registrierungsstaat des Flugzeuges seine nationalen Gerichte immer für zuständig zu erklären hat. Obwohl man damit zumindest immer den Registrierungsstaat für zuständig erklärt hatte, geht mit dem

---

221 *Hailbronner*, Luftpiraterie, S. 24; *Herzog*, S. 202 f.; *Mackenzie*, ICAO, S. 250 ff.; *Schäffer*, Der Schutz des zivilen Luftverkehrs vor Terrorismus, S.166.

222 Dazu Kapitel II des Tokioter Abkommens. Erklärtes Ziel des Abkommens war nicht die Terrorismusbekämpfung, dazu *Schäffer*, Der Schutz des zivilen Luftverkehrs vor Terrorismus, S. 166; siehe zum Tokioter Abkommen auch *Herzog*, S. 202; *Finke/Wandscher*, Terrorismusbekämpfung jenseits militärischer Gewalt, S. 168 f.; *Rothe*, in: Giemulla/Rothe, Handbuch Luftsicherheit, S. 131; *Price/Forrest*, Practical Aviation Security, S. 105.

223 *Hailbronner*, Luftpiraterie, S. 24; *Mackenzie*, ICAO, S. 250 f.; *Schäffer*, Der Schutz des zivilen Luftverkehrs vor Terrorismus, S. 166.

224 *Grützner/Pötz*, Internationaler Rechtshilfeverkehr in Strafsachen, S. 1; *Schäffer*, Der Schutz des zivilen Luftverkehrs vor Terrorismus, S. 166; *Schladebach*, Lufthoheit, S. 302.

Tokioter Abkommen nicht die Pflicht einher, Täter tatsächlich zu verfolgen und zu bestrafen.[225] Das Tokioter Abkommen stellt selbst keinen spezifischen Katalog von Straftatbeständen auf, sondern Art. 1 des Abkommens trifft lediglich die Feststellung, dass das Abkommen auf Zuwiderhandlungen gegen Strafgesetze Anwendung findet. Konkrete Strafbarkeiten ergeben sich nach dem Abkommen daher aus den nationalen Gesetzen.[226] Darüber hinaus legt die Tokioter Konvention keinerlei Auslieferungspflichten der Vertragsstaaten fest, so sieht es Art. 16 Abs. 2 des Abkommens vor. Man wollte darin der Zurückhaltung der Staaten bezüglich der Begründung von generellen Auslieferungsverpflichtungen mit allen Vertragsstaaten Genüge tun und diese in bilateralen Abkommen mit Blick auf die Verhältnisse der Staaten individuell regelbar lassen.[227]

b.) Regelungen bezüglich Flugzeugentführungen

Flugzeugentführung finden, wenn auch nicht als Straftatbestand, im Tokioter Abkommen besondere Erwähnung. In Art. 11 Abs. 1 des Abkommens werden solche zunächst – erstmals auf internationaler Ebene[228] – näher definiert. Demnach liegt eine widerrechtliche Inbesitznahme eines Luftfahrzeuges vor, wenn eine Person widerrechtlich durch Gewalt oder Drohung ein im Flug befindliches Luftfahrzeug behindert, in Besitz nimmt oder sonst zu Unrecht die Herrschaft über ein solches ausübt bzw. im Begriff ist dies zu tun.[229]

Bedeutung im Rahmen von Flugzeugentführungen hat das Tokioter Abkommen durch die nach einer Flugzeugentführung eintretenden Verpflichtungen der beteiligten Staaten: In Art. 11 Abs. 1 des Tokioter Abkommens wird zunächst die Verpflichtung der Vertragsstaaten statuiert, alle geeigneten Maßnahmen zu treffen, um die Herrschaft des rechtmäßigen Kommandanten über das Luftfahrzeug wiederherzustellen oder aufrecht zu erhalten. Dabei haben die Staaten

225 *Dempsey*, Law and Foreign Policy in International Aviation, S. 173; *Hailbronner*, Luftpiraterie, S. 25; *Mackenzie*, ICAO, S. 253; *Schäffer*, Der Schutz des zivilen Luftverkehrs vor Terrorismus, S. 173; *Schladebach*, Luftrecht, Rn. 193.

226 *Hailbronner*, Luftpiraterie, S. 24; *Meyer*, Luftpiraterie als Rechtsproblem, ZLW 1969, S. 77, 79; *Schäffer*, Der Schutz des zivilen Luftverkehrs vor Terrorismus, S. 173; *Schladebach*, Lufthoheit, S. 302.

227 *Hailbronner*, Luftpiraterie, S. 28.

228 *Schäffer*, Der Schutz des zivilen Luftverkehrs vor Terrorismus, S. 170; *McWinney*, Aerial Piracy and International Terrorism, S. 37; *Schladebach*, Lufthoheit, S. 303.

229 Vgl. dazu auch *Schäffer*, Der Schutz des zivilen Luftverkehrs vor Terrorismus, S.170; *McWinney*, Aerial Piracy and International Terrorism, S. 37.

einen weiten Handlungsspielraum, da der Begriff der „geeigneten Maßnahmen“ sehr weit gefasst ist.[230]

In Art. 11 Abs. 2 des Tokioter Abkommens wird die Rückgabe und Weiterreise von Passagieren und Flugzeug näher geregelt. Der Staat, in dem das entführte Flugzeug landet, ist demnach dem Registerstaat gegenüber dazu verpflichtet, das Flugzeug zurückzugeben und den an Bord befindlichen Personen die Weiterreise sobald wie möglich zu gestatten.[231]

c.) Kompetenzen des Luftfahrtkommandanten

Das Tokioter Abkommen befasst sich auch mit der Rechtsstellung und den Kompetenzen des Luftfahrtkommandanten, also des Piloten, und räumt selbigem eine umfassende Bordgewalt ein.[232] So ist der Luftfahrtkommandant nach Art. 6 des Abkommens während des Flugs allein dazu berechtigt, bei ausreichenden Anzeichen für eine Handlung, die die Sicherheit des Luftfahrzeuges, der Insassen oder Ordnung und Disziplin an Bord gefährdet, alle erforderlichen Maßnahmen zur Sicherung des Flugzeuges oder zur Überstellung des Täters an die zuständige Behörde zu ergreifen. Dabei darf er auch die betreffenden Personen (unruly oder disruptive passengers) festnehmen oder zwischenlanden und diese in einem anderen Staat absetzen.[233]

Hat der Pilot eine Person im Hoheitsgebiet eines Vertragsstaates des Abkommens abgesetzt, so muss dieser Staat die Person nicht aufnehmen, ist jedoch zur Ingewahrsamnahme und zu sonstigen Sicherheitsmaßnahmen verpflichtet, bis die Durchführung eines Straf- oder Auslieferungsverfahrens eingeleitet wird; so sieht es Art. 8 des Abkommens vor.

Bei Sicherheitsmaßnahmen kann sich der Pilot der Hilfe von Passagieren und Besatzungsmitgliedern bedienen. Alle Personen, die an den beschriebenen

---

230 *Giemulla*, ZLW 2005, S. 45; *Hailbronner*, Luftpiraterie, S. 25; *Schladebach*, Lufthoheit, S. 302 f.; *Jacobson*, From Piracy on the High Seas to Piracy in the High Skies, S. 175 f.; *Price/Forrest*, Practical Aviation Security, S. 105.

231 *Hailbronner*, Luftpiraterie, S. 25; *Schäffer*, Der Schutz des zivilen Luftverkehrs vor Terrorismus, S. 171. ; *Price/Forrest*, Practical Aviation Security, S. 105.

232 *Hailbronner*, Luftpiraterie, S. 25 f.; *Schladebach*, Luftrecht, Rn. 194; *Schladebach*, Lufthoheit, S. 303; *Schäffer*, Der Schutz des zivilen Luftverkehrs vor Terrorismus, S. 166; *Rothe*, in: Giemulla/Rothe, Handbuch Luftsicherheit, S. 131.

233 *Hailbronner*, Luftpiraterie, S. 25; *Rudolf*, ZLW 1972, S. 151 ff.; *Schäffer*, Der Schutz des zivilen Luftverkehrs vor Terrorismus, S. 166 f.; *Schäffer*, Der Schutz des zivilen Luftverkehrs vor Terrorismus, S. 169; *Price/Forrest*, Practical Aviation Security, S. 105.

Maßnahmen beteiligt sind, unterliegen sodann nach Art. 10 Tokioter Abkommen einem Haftungsausschluss. Somit können sie weder strafrechtlich noch zivilrechtlich wegen der zwangsweisen Behandlung einer Person in Anspruch genommen werden.[234] Diese Kompetenzen des Flugkapitäns wurden nur außerhalb von reinen Inlandsflügen festgeschrieben, da man solche als rein nationale Angelegenheiten im individuellen Regelungsgehalt des nationalen Rechts belassen wollte.[235]

d.) Effektivität des Abkommens

Das Tokioter Abkommen zeigte seine Schwächen im Rahmen der Bekämpfung von Sabotageakten, im Fehlen von tatsächlichen Verpflichtungen zur Ausübung der Jurisdiktion und fehlenden Auslieferungsverpflichtungen.[236] Dennoch legte die ICAO einen Grundstein in der Bekämpfung, indem sie grundlegend die Kompetenzen des Flugkapitäns und das Verhalten des Landestaates regelte.[237] Man kann sagen, dass das Tokioter Abkommen einen bedeutenden Schritt zur Strafverfolgung von Handlungen, die die Sicherheit der Zivilluftfahrt gefährden, darstellte[238] Dass man hier erstmalig überhaupt eine Strafbarkeit durch Klärung der Zuständigkeiten sichergestellt hatte und Straftäter in den Lüften an Bord von Flugzeugen nunmehr mit rechtlichen Konsequenzen zu rechnen hatten, war erste Voraussetzung dafür, Straftaten in den Lüften durch angedrohte Repressalien zu verhindern. [239]

---

234 *Hailbronner*, Luftpiraterie, S. 26; *Rudolf*, ZLW 1972, S. 151 ff.; *Schäffer*, Der Schutz des zivilen Luftverkehrs vor Terrorismus, S. 169.

235 *Hailbronner*, Luftpiraterie, S. 26. Von dieser nach dem Völkerrecht konsequenten Grundidee, also Inlandsfluge und somit innerstaatliche Angelegenheiten durch die betroffenen Staaten selbst regeln zu lassen, war das internationale Luftsicherheitsrecht lange geprägt und dieser Grundsatz zieht sich durch die meisten Abkommen. Erst nach 9/11 wurde der Anwendungsbereich des Annex 17 Chicagoer Abkommens erstmalig auch auf Inlandsflüge erweitert, dazu unten D. XIII. 2.

236 So u.a. *Hailbronner*, Luftpiraterie, S. 28; *McWinney*, Aerial Piracy and International Terrorism, S. 21; *Schäffer*, Der Schutz des zivilen Luftverkehrs vor Terrorismus, S. 172.; *Jacobson*, From Piracy on the High Seas to Piracy in the High Skies, S. 176 f.; *Abeyratne*, Unruly Passenger, Air and Space Law 199, S. 46 ff.; *Kane*, ZLW 1994, S. 194 ff.

237 *Hailbronner*, Luftpiraterie, S. 28 f; *Schäffer*, Der Schutz des zivilen Luftverkehrs vor Terrorismus, S. 172 f.

238 *Herzog*, Terrorismus, S. 217; *Schäffer*, Der Schutz des zivilen Luftverkehrs vor Terrorismus, S. 172; *Schladebach*, Lufthoheit, S. 302.

239 *Herzog*, Terrorismus, S. 217; *Hailbronner*, Luftpiraterie, S. 28 f.; *Schäffer*, Der Schutz des zivilen Luftverkehrs vor Terrorismus, S. 172. *McWhinney* bezeichnete die Konvention

5. Das Abkommen von Den Haag

Anders als das Tokioter Abkommen wurde das Haager Abkommen explizit zur Bekämpfung von Flugzeugentführungen konzipiert. Diese stellten zum Zeitpunkt der Schaffung des Abkommens, also im Jahr 1970/1971, das größte von außen kommende Sicherheitsproblem für die Zivilluftfahrt dar und Flugzeugentführungen hatten bereits einen stark politisch-motivierten und erpresserischen Charakter angenommen, weg von den vordergründig nachvollziehbaren Entführungen zu Fluchtzwecken.[240] Man versuchte mit dem Haager Abkommen die sich aus dem Tokioter Abkommen ergebenden Schwächen zu schließen, insbesondere weltweit einen Straftatbestand der Flugzeugentführung zu etablieren, um dadurch eine abschreckende Wirkung zu entfalten.[241] Anwendung findet das Abkommen jedoch nach seinem Art. 3 Abs. 3 nur, wenn Abflugort oder anvisierter Landungsort außerhalb des Registrierungsstaates liegen.

Zum Zwecke der internationalen Einführung eines Straftatbestandes der Flugzeugentführung legte das Haager Abkommen in Art. 2 die Verpflichtung der Vertragsstaaten fest, Entführungen von Luftfahrzeugen im nationalen Recht mit schweren Strafen zu sanktionieren. Dafür wurden mit dem Haager Abkommen der Begriff der Luftfahrzeugentführung und seine Tatbestandsmerkmale festgelegt.[242] Eine Luftfahrzeugentführung liegt demnach vor, wenn eine Person an Bord eines sich im Flug befindlichen Flugzeuges, widerrechtlich durch Gewalt oder Drohung mit Gewalt oder durch eine andere Form der Einschüchterung, das Luftfahrzeug in Besitz nimmt oder Herrschaft darüber ausübt.[243] Erfasst

---

als Konvention ohne Zähne, jedoch vor der Ratifizierungswelle selbiger, *McWhinney*, Aerial Piracy and International Law, S. 21.

240 *Hailbronner*, Luftpiraterie, S. 29; siehe dazu auch die statistische Aufarbeitung in. *Herzog*, Terrorismus, S. 28 ff.; *Schäffer*, Der Schutz des zivilen Luftverkehrs vor Terrorismus, S. 177 ff. Im Jahr 1970 gab es allein 118 Flugzeugentführungen sowie 14 andere Anschläge oder Zwischenfälle im Bereich der Luftfahrt, dazu *Price/Forrest*, Practical Aviation Security, S. 105.

241 *Cheng*, ZLW 1973, 223 (228); vgl. insb. zur Flugzeugentführung als internationales Strafdelikt *Meyer*, ZLW 1969, S. 79; *Giemulla*, ZLW 2005, S. 46; *Rothe*, in: Giemulla/Rothe, Handbuch Luftsicherheit, S. 131 f.; *Price/Forrest*, Practical Aviation Security, S. 105.

242 *Hailbronner*, Luftpiraterie, S. 30; *Schladebach*, Lufthoheit, S. 304; *Schäffer*, Der Schutz des zivilen Luftverkehrs vor Terrorismus, S. 177 f.; *Price/Forrest*, Practical Aviation Security, S. 105.

243 Art. 1 a.) und b.) des Haager Abkommens. Siehe dazu auch Hailbronner, Luftpiraterie, S. 30; *Schladebach*, Lufthoheit, S. 304; *Schäffer*, Der Schutz des zivilen Luftverkehrs vor Terrorismus, S. 177 f.

vom Abkommen werden dabei sowohl der Versuch als auch die Beihilfe. Bei der Beihilfe ist jedoch zu beachten, dass nur eine Beihilfe erfasst ist, die direkt an Bord verübt wird, nicht jedoch außerhalb des Flugzeugs.[244] Sich „im Flug befindlich" meint im Sinne der Haager Konvention keineswegs nur Flugzeuge, die sich tatsächlich in der Luft befinden, sondern es genügt, wenn alle Türen nach dem Einstieg bzw. noch vor dem Ausstieg geschlossen sind.[245] Der Entführer muss bei der Entführung gerade die Absicht haben, die Entschlussfreiheit des Piloten auszuschalten und das Flugzeug unter seine Kontrolle zu bringen.[246]

Die Vertragsstaaten sind nach dem Haager Abkommen verpflichtet, in ihrem nationalen Strafrecht einen besonderen Tatbestand der Entführung von Luftfahrzeugen zu schaffen, der zumindest alle in der Konvention geregelten Akte umfasst.[247] Mit der Haager Konvention geht somit die internationale Verpflichtung einher, Flugzeugentführer mit Strafe zu bedrohen.[248]

a.) Jurisdiktion

Nachdem sich die in der Tokioter Konvention festgelegte gerichtliche Zuständigkeit des Registrierungsstaats nicht als ausreichend erwiesen hatte – die Entführer befanden sich zumeist nicht im Registrierungsstaat und Auslieferungsverpflichtungen gab es nur bei geschlossenen zwischenstaatlichen Abkommen – erweiterte das Haager Abkommen die gerichtlichen Zuständigkeiten.[249] Es wurde in Art. 4 Abs. 1 des Abkommens festgelegt, dass auch der Staat strafrechtlich zuständig ist, in dem das entführte Flugzeug landet. Ist dieser Landestaat nicht Vertragsstaat des Abkommens oder gelangt der Entführer in das Hoheitsgebiet eines anderen Staates, so ist der Staat, in dem sich der Entführer befindet, zuständig,

---

244 *Hailbronner*, Luftpiraterie, S. 30.

245 *Hailbronner*, Luftpiraterie, S. 30; *Schäffer*, Der Schutz des zivilen Luftverkehrs vor Terrorismus, S. 178; vgl. dazu auch *Schmidt-Räntsch*, ZLW 1971, S. 63 ff.

246 *Hailbronner*, Luftpiraterie, S. 30; *Poulantzas*, The Hague Convention, S. 40.

247 *Hailbronner*, Luftpiraterie, S. 31; *Schäffer*, Der Schutz des zivilen Luftverkehrs vor Terrorismus, S. 178 f.; *Schladebach*, Lufthoheit, S. 304.

248 *Hailbronner*, Luftpiraterie, S. 34; *Schäffer*, Der Schutz des zivilen Luftverkehrs vor Terrorismus, S. 178; *Jacobson*, From Piracy on the High Seas to Piracy in the High Skies, S. 181 f. Zu der Kodifizierung des Grundsatzes „extradite or prosecute" in diesem Kontext auch *Price/Forrest*, Practical Aviation Security, S. 105 f.

249 *Hailbronner*, Luftpiraterie, S. 34; *Jacobson*, From Piracy on the High Seas to Piracy in the High Skies, S. 179.

soweit er nicht an einen anderen zuständigen Staat ausliefern will.[250] Wiederum meint das Haager Abkommen nicht die bloße Befugnis einer Aburteilung, sondern beinhaltet die Pflicht, dass jeder betroffene Vertragsstaat auch intern die Zuständigkeit der nationalen Gerichte regelt.[251] Mit dem Haager Abkommen wurde also, ähnlich wie im Recht der Piraten auf Hoher See,[252] bei der Luftfahrzeugentführung das Prinzip der universellen Jurisdiktion verwirklicht.[253]

b.) Verhaltenspflichten der Staaten

In den Artikeln 6 bis 8 der Haager Konvention werden die Verhaltensweisen näher erläutert, die ein Staat, in dem sich ein Flugzeugentführer aufhält, zu respektieren hat. So ist der Entführer zu inhaftieren oder seine Verfügbarkeit für weitere Strafverfahrensmaßnahmen sicherzustellen.[254] Die Staaten müssen darüber hinaus auch eine vorläufige Untersuchung und Feststellung des Sachverhalts durchführen, den Heimatstaat des Entführers informieren und dem Entführer den Kontakt zu seinem Heimatstaat ermöglichen, damit dieser diplomatischen Schutz ausüben kann.[255]

In Art. 8 des Abkommens werden außerdem nähere Ausführungen zur Auslieferung gemacht. Eine Pflicht zur Auslieferung besteht auch nach dem Haager Abkommen nicht.[256] Vielmehr ist die Auslieferung auch weiterhin im Rahmen von bilateralen Verträgen zu regeln, jedoch sichert die Haager Konvention die Einbeziehung in bestehende Auslieferungsverträge.[257] Neu ist im Abkommen jedoch, dass in zukünftige bilaterale Auslieferungsverträge die

---

250 *Hailbronner*, Luftpiraterie, S. 34; *Schäffer*, Der Schutz des zivilen Luftverkehrs vor Terrorismus, S.180 f.; *Jacobson*, From Piracy on the High Seas to Piracy in the High Skies, S. 180.

251 *Hailbronner*, Luftpiraterie, S. 35.

252 Siehe dazu ausführlich D III 2b. *Jacobson*, From Piracy on the High Seas to Piracy in the High Skies, S. 180.

253 *Hailbronner*, Luftpiraterie, S. 34; vgl. bereits zur Flugzeugentführung als Weltrechtsdelikt und dessen Aspekten *Meyer*, ZLW 1969, S. 79; *Jacobson*, From Piracy on the High Seas to Piracy in the High Skies, S. 180.

254 *Hailbronner*, Luftpiraterie, S. 36; *Schäffer*, Der Schutz des zivilen Luftverkehrs vor Terrorismus, S.180; *Herzog*, Terrorismus, S. 230

255 *Hailbronner*, Luftpiraterie, S. 36; *Herzog*, Terrorismus, S. 230.

256 *Hailbronner*, Luftpiraterie, S. 42; *Schäffer*, Der Schutz des zivilen Luftverkehrs vor Terrorismus, S.180

257 *Hailbronner*, Luftpiraterie, S. 42; *Schäffer*, Der Schutz des zivilen Luftverkehrs vor Terrorismus, S.180.

Flugzeugentführung als eine der Auslieferung unterliegende Handlung aufgenommen werden soll. Eine spezifische Aufnahme des Tatbestandes der Flugzeugentführung wurde verlangt, da die meisten Auslieferungsverträge sich nach dem Prinzip der Spezialität richten, nachdem nur für das Delikt bestraft werden darf, wegen dem ausgeliefert wurde.[258] Eine Aufnahme des Tatbestandes in die Auslieferungsverträge ist also wesentlich für die spätere Bestrafung.

Das Haager Abkommen legt auch fest, dass bei gänzlichem Fehlen eines Auslieferungsvertrags, die betreffenden Staaten das Haager-Übereinkommen als Rechtsgrundlage wählen können.[259] Findet die Auslieferung eines Entführers nicht statt, so ist der Staat, der die Auslieferung verweigert hat, nach Art. 7 verpflichtet, den Verdächtigen an die zuständigen nationalen Behörden zum Zwecke der Strafverfolgung zu überweisen.[260] So wie bereits das Tokioter Abkommen macht auch das Haager Abkommen in Art. 9 Abs. 1 nähere Ausführungen zur Rückgabepflicht von entführten Luftfahrzeugen. Darin wird der Landestaat zur Rückgabe des Flugzeuges und zur Ermöglichung der alsbaldigen Weiterreise der Passagiere verpflichtet. Als Neuerung beinhaltet das Haager Abkommen die Verpflichtung zum Informationsaustausch zwischen den Staaten bezüglich des Vorgehens gegen Entführer und eine umfangreiche Informationspflicht gegenüber der ICAO.[261]

c.) Effektivität des Abkommens

Mit dem Haager Abkommen wurde eine erhebliche Abschreckungswirkung erzielt und das Tokioter Abkommen in seinem Regelungsbereich sinnvoll ergänzt. Diese zeigte sich in dem signifikanten Rückgang von Flugzeugentführungen nach Inkrafttreten der Konvention.[262] Die weltweite Schaffung des Straftatbestands der Flugzeugentführung und die Vermeidung von straffreien Räumen durch das Prinzip der universellen Jurisdiktion stellt die größte Errungenschaft des Abkommens dar. Demgegenüber steht als Schwachpunkt die fehlende Verpflichtung zur tatsächlichen Anklageerhebung oder Bestrafung. So

258 *Hailbronner,* Luftpiraterie, S. 43.

259 *Schäffer*, Der Schutz des zivilen Luftverkehrs vor Terrorismus, S.180.

260 *Hailbronner,* Luftpiraterie, S. 36.

261 *Hailbronner,* Luftpiraterie, S. 51; *Schäffer*, Der Schutz des zivilen Luftverkehrs vor Terrorismus, S.181.

262 *Schäffer*, Der Schutz des zivilen Luftverkehrs vor Terrorismus, S. 163 ff; *Dempsey*, Columbia Journal of Transnational Law 2003, S. 668; kritisch zur Effektivität des Abkommens *Price/Forrest,* Practical Aviation Security, S. 106.

wurde das mögliche Einstellen von Verfahren oder ein Absehen von Strafe nach nationalem Recht durch das Abkommen nicht verhindert.[263]

6. Das Montrealer Abkommen von 1971

Nachdem durch das Haager Abkommen zumindest Flugzeugentführungen umfangreich geregelt wurden und tatsächlich ein Rückgang zu verzeichnen war, stieg die Anzahl anderer Sabotageakte, insbesondere Sprengstoffanschläge, massiv an.[264] Diesen neuen Gefahren sollte das Montrealer Abkommen[265] begegnen. Es weist insoweit Parallelen zum Haager Abkommen auf und sollte dieses durch geeignete Vorschriften bezüglich weiterer verschiedener strafbarer Handlungen ergänzen.[266] Auch in seinem Anwendungsbereich weist das Montrealer Abkommen Ähnlichkeiten zum Abkommen von Den Haag auf, ist aber weiter gefasst als dieses. Der Anwendungsbereich des Montrealer Übereinkommens ist eröffnet, wenn der tatsächliche Start- oder Landungsort des Flugzeuges außerhalb des Registerstaates liegt oder wenn das Delikt in einem anderen Staat als dem Registerstaat vorgenommen wird.[267] Handelt es sich um Delikte von denen Luftverkehrseinrichtungen betroffen sind, so ist das Abkommen nur anwendbar, wenn diese vom internationalen Luftverkehr genutzt werden – bloße innerstaatliche Einrichtungen werden mithin nicht erfasst.[268] Die Konvention findet jedoch immer Anwendung, wenn sich der Täter in einem anderen als dem

---

263 *Schäffer*, Der Schutz des zivilen Luftverkehrs vor Terrorismus, S. 181 f.; *Philipp*, Internationale Maßnahmen zur Bekämpfung von Handlungen gegen die Sicherheit der Zivilluftfahrt, S. 27; *Price/Forrest*, Practical Aviation Security, S. 105 f.

264 *Schäffer*, Der Schutz des zivilen Luftverkehrs vor Terrorismus, S. 186; *Schladebach*, Lufthoheit, S. 304; *Schwenk/ Giemulla*, Handbuch des Luftverkehrsrechts, S. 176; *Dempsey*, Columbia Journal of Transnational Law 2003, S. 669; *Price/Forrest*, Practical Aviation Security, S. 106.

265 Übereinkommen zur Bekämpfung widerrechtlicher Handlungen gegen die Sicherheit der Zivilluftfahrt v. 23.9.1971, BGBl. 1993 II S. 1229, geändert durch das Protokoll v. 24.9.1988, BGBl. 1993 II S. 866, 1994 II S. 629.

266 *Hailbronner*, Luftpiraterie, S. 54; *Schäffer*, Der Schutz des zivilen Luftverkehrs vor Terrorismus, S. 182; siehe auch zum Regelungsbereich des Abkommens *Abeyratne*, Aviation Security Law, S. 237; *Rothe*, in: Giemulla/Rothe, Handbuch Luftsicherheit, S. 132.

267 *Hailbronner*, Luftpiraterie, S. 57; *Abeyratne*, Aviation Security Law, S. 241 f.

268 *Hailbronner*, Luftpiraterie, S. 57.

Registrierstaat befindet. Somit sind auch rein innerstaatliche Flüge[269] quasi durch die Hintertür erfasst, wenn der Täter beispielsweise in ein anderes Land flüchtet.[270]

Zu Beginn des Montrealer Abkommens werden in Art. 1 zunächst die nach dem Übereinkommen strafbaren Handlungen näher definiert. Die Vertragsstaaten sind nach Art. 3 des Übereinkommens dazu verpflichtet, die aufgezählten Delikte im nationalen Recht mit schweren Strafen zu belegen.[271] Unter das Abkommen fallende Delikte sind gemäß Art. 2 Gewalttaten, die gegen eine Person an Bord eines Flugzeugs während des Flugs verübt werden. Außerdem stehen unter Strafe die Zerstörungen bzw. die Beschädigungen eines in Betrieb genommenen Flugzeuges, das Platzieren von Sprengkörpern oder andere Vorrichtungen, die geeignet sind ein in Betrieb genommenes Flugzeug zu zerstören, und die Vermittlung von wesentlich falschen Informationen.[272] Darüber hinaus werden auch das Einwirken auf Flugnavigationseinrichtungen und auf den Funkverkehr sowie die Zerstörung oder Beschädigungen von Luftverkehrseinrichtungen von dem Abkommen erfasst.[273]

Konkretisierend wird im Abkommen ausgeführt, dass zur Erfüllung der aufgezählten Tatbestände der Täter vorsätzlich und rechtswidrig handeln und eine abstrakte Gefahr für die Luftsicherheit bestehen muss.[274] Auch Versuch und Beihilfe werden gemäß Art. 1 Abs. 2 von der Konvention erfasst. Eine Neuerung stellt das Abkommen aber insoweit dar, als Gewaltanwendungen sich nicht zwingend an Bord eines Flugzeuges abspielen müssen, sondern auch Einwirkungen von außen erfasst sind.[275] Darunter fallen beispielsweise das vorherige

---

269 Dies ist ein beeindruckender Schritt für die Staatengemeinschaft bei der Kodifizierung des Luftrechts auf völkerrechtlicher Ebene, da grundsätzlich im Völkerrecht die Souveränität eines Staates im Inneren nicht berührt wird. Erst mit der Überarbeitung des Annexes 17 nach den Anschlägen vom 11. September 2001 konnte sich beispielsweise die Staatengemeinschaft darauf einigen, dass der Annex 17 CA auch auf innerstaatliche Flüge Anwendung findet. Dazu unten XIII. 2.

270 *Hailbronner*, Luftpiraterie, S. 57; *Schäffer*, Der Schutz des zivilen Luftverkehrs vor Terrorismus, S. 188.

271 *Hailbronner*, Luftpiraterie, S. 57; *Schladebach*, Lufthoheit, S. 305; *Schäffer*, Der Schutz des zivilen Luftverkehrs vor Terrorismus, S. 186.

272 Vgl. dazu *Hailbronner*, Luftpiraterie, S. 54; *Schladebach*, Lufthoheit, S. 305.

273 So *Schäffer*, Der Schutz des zivilen Luftverkehrs vor Terrorismus, S.187.

274 *Hailbronner*, Luftpiraterie, S. 55; *Schäffer*, Der Schutz des zivilen Luftverkehrs vor Terrorismus, S. 187.

275 *Hailbronner*, Luftpiraterie, S. 55; siehe auch *Schladebach*, Lufthoheit, S. 305; *Schäffer*, Der Schutz des zivilen Luftverkehrs vor Terrorismus, S. 187.

Vergiften von an Bord servierten Nahrungsmitteln oder vom Boden aus verübte Anschläge mit mechanischen Waffen wie Abschüsse mit einer Panzerfaust.[276]

Eine Inbetriebnahme im Sinne des Abkommens ist gemäß Art. 2 (b) zu bejahen, sobald die Flugvorbereitung eines bestimmten Flugs durch das Personal beginnt und dauert zumindest bis 24 Stunden nach der Landung an. [277] Eine so weite Definition ergibt sich aus dem Bedürfnis, auch Zwischenlandungen oder Rückflüge zum Heimatstaat nicht aus dem Anwendungsbereich des Abkommens und somit aus der Strafbarkeit herausfallen zu lassen.[278] Unter den Tatbestand des Anbringens von Sprengkörpern fallen sowohl Fälle in denen der Täter den Sprengstoff selbst anbringt, ihn gutgläubigen Passagieren unterschmuggelt oder per Luftfracht in die Maschine verbringt.[279] Der Tatbestand des Vermittelns von wesentlich falschen Informationen gemäß Art. 1 Abs. 1 (e) ist schwierig eingrenzbar. Durch das Vermitteln wesentlich falscher Informationen muss zumindest eine Gefahr für die Sicherheit der Zivilluftfahrt entstehen. Bloße Bombendrohungen zu erpresserischen Zwecken, die sich als unwahr erweisen, stellen abstrakt zumindest solange keine Gefahr dar, bis sich das Flugzeug nicht deswegen in eine gefährliche Situation verbringt, also beispielsweise etwa notlandet. Auch das tatsächliche Anbringen einer Bombe und die Drohung damit stellt keine falsche Information i.S.d. Vorschrift dar.[280]

a.) Jurisdiktion

Obwohl das Montrealer Abkommen zahlreiche Parallelen zum Haager Abkommen aufweist, findet sich doch ein besonders deutlicher Unterschied im Bereich der gerichtlichen Zuständigkeit: Eine Universaljurisdiktion, wie sie bei dem Tatbestand der Flugzeugentführung vorgesehen ist, besteht bezüglich der Delikte im Montrealer Übereinkommen gerade nicht. Diese war zwar noch im Vorentwurf des Abkommens anvisiert, die Vertragsstaaten waren aber nicht bereit, in

276 *Hailbronner*, Luftpiraterie, S. 55.

277 *Hailbronner*, Luftpiraterie, S. 55; *Schäffer*, Der Schutz des zivilen Luftverkehrs vor Terrorismus, S. 187; *Abeyratne*, Aviation Security Law, S. 237; *Schwenk*, Handbuch Luftverkehrsrecht, S. 160; *Schäffer*, Der Schutz des zivilen Luftverkehrs vor Terrorismus, S. 187.

278 *Hailbronner*, Luftpiraterie, S. 55; *Schäffer*, Der Schutz des zivilen Luftverkehrs vor Terrorismus, S. 187.

279 *Hailbronner*, Luftpiraterie, S. 56; *Schäffer*, Der Schutz des zivilen Luftverkehrs vor Terrorismus, S. 187.

280 *Hailbronner*, Luftpiraterie, S. 56.

diesem Umfang Verpflichtungen einzugehen, zumal die aufgezählten Delikte zumeist schwer durchschaubar und nachweisbar sind und nicht zwingend im eigenem Staat ausgeführt werden.[281] Das Montrealer Übereinkommen erkennt wieder die generelle gerichtliche Zuständigkeit des Registerstaates und des Landestaates an. Außerdem erklärt es auch den Staat für zuständig, in dem das Delikt begangen wurde.[282]

b.) Verhaltenspflichten

Bezüglich der Auslieferung, der Rückgabe von Flugzeugen und der Weiterreise von Passagieren wurden in das Montrealer Übereinkommen die Regelungen der Haager Konvention übernommen. Eine Neuerung hat das Abkommen aber insoweit gebracht, als Staaten nun aufgefordert wurden, die Maßnahmen zu ergreifen, derer es zur Vorbeugung der normierten Straftaten bedarf. Nach Art. 10 und 12 des Abkommens sollen die Vertragsstaaten dafür in Übereinstimmung mit ihrem nationalen Recht geeigneten Maßnahmen treffen. Gemeint sind damit insbesondere Kontrollen und sonstige Sicherheitsvorkehrungen im Hinblick auf Passagiere und Gepäck vor Betreten des Flugzeuges.[283]

Auch muss nach Art. 12 jeder Vertragsstaat, der die Vermutung der Begehung eines der normierten Delikte hat, alle relevanten Informationen an die vermeintlich betroffenen Staaten weiterreichen mit dem Ziel, dass diese in der Lage sind, Maßnahmen zur Verhinderung der Tat zu ergreifen.[284]

c.) Effektivität des Abkommens

Mit der Montrealer Konvention werden im Bereich der Strafbarkeit beinahe alle erdenklichen Gefahren für die Sicherheit der Zivilluftfahrt abgedeckt. Insoweit wurden mit ihr auch die noch in der Tokioter und Haager Konvention bestehenden Lücken ausgefüllt und diese sinnvoll ergänzt.[285] Allgemein gilt das Abkommen als durchaus dazu geeignet, Sabotageakte gegen die Zivilluftfahrt

---

281 *Hailbronner*, Luftpiraterie, S. 58; siehe zur Jurisdiktion auch *Abeyratne*, Aviation Security Law, S. 242 f.

282 *Hailbronner*, Luftpiraterie, S. 57; *Abeyratne*, Aviation Security Law, S. 243.

283 *Hailbronner*, Luftpiraterie, S. 57; *Herzog*, Terrorismus, S. 252; *Schäffer*, Der Schutz des zivilen Luftverkehrs vor Terrorismus, S. 189.

284 *Schäffer*, Der Schutz des zivilen Luftverkehrs vor Terrorismus, S. 189.

285 *Schäffer*, Der Schutz des zivilen Luftverkehrs vor Terrorismus, S. 189.

einzudämmen.[286] Schwächen weist das Abkommen aber deutlich im Bereich der Jurisdiktion und Auslieferung auf, wie sich am Fall des Anschlags über Lockerbie im Jahr 1988 erwiesen hat. Die aus Libyen stammenden Attentäter befanden sich nach den Anschlägen in ihrem Heimatstaat. Das Vereinigte Königreich Großbritannien und Nordirland, Frankreich und USA verlangten die Auslieferung der Täter, was Libyen unter Berufung auf das Montrealer Abkommen und ihre gerichtliche Zuständigkeit sowie ein daraufhin durchgeführtes Verfahren in Tripolis verweigerte.[287] Insbesondere der Verdacht der Unterstützung der Attentäter durch die libysche Regierung löste Unzufriedenheit aus.[288] Auf Bestreben der USA und dem Vereinigten Königreich Großbritannien und Nordirland behandelte der Sicherheitsrat der Vereinten Nationen den Konflikt und verabschiedete verschiedene Resolutionen dazu.[289] Libyen erhob daraufhin im März 1992 Klage vor dem IGH mit dem Ziel der Feststellung, dass sie den Verpflichtungen des Montrealer Abkommens nachgekommen wären und eine gerichtliche Zuständigkeit bestünde. Bevor der Streit vor dem IGH endgültig geklärt wurde, stellte der Sicherheitsrat in einer weiteren Resolution fest, dass Libyen seinen Verpflichtungen aus einer vorher erlassenen Resolution nicht nachgekommen sei und das Verhalten Libyens daher eine Bedrohung für die internationale Sicherheit und den Weltfrieden darstelle. Libyen müsse nun die Täter ausliefern und bei Nichtauslieferung mit Sanktionen nach Kap. VII UN-Charta rechnen.[290] Auch der IGH kam sodann zu dem Schluss, Libyen müsse der Sicherheitsratsresolution nachkommen, da die Verpflichtungen aus der UN-Charta denen aus dem Montrealer Abkommen vorgingen.[291] Daraufhin wurden die Täter ausgeliefert und vor die schottische Gerichtsbarkeit gestellt.[292] An diesem Fall werden die in der Praxis bestehenden Probleme im Rahmen der Jurisdiktion und der tatsächlichen

286 *Schäffer*, Der Schutz des zivilen Luftverkehrs vor Terrorismus, S.189; *Schütz*, ÖJZ 1975, 225 (2230).

287 *Schäffer*, Der Schutz des zivilen Luftverkehrs vor Terrorismus, S. 190.

288 *Schäffer*, Der Schutz des zivilen Luftverkehrs vor Terrorismus, S. 190 f.

289 Vgl. dazu *Schäffer*, Der Schutz des zivilen Luftverkehrs vor Terrorismus, S. 190; Res. 731 (1992) v. 21.1.1992; Res. 748 (1992) v. 31.3.1992; Res. 883 (1993) v. 11.11.1993.

290 Siehe dazu UN SC Res. 883 (1992) v. 31.3.1992 *Schäffer*, Der Schutz des zivilen Luftverkehrs vor Terrorismus, S. 191.

291 ICJ Rep. 1992, 3; ICJ Rep. 1992, 114; *Schäffer*, Der Schutz des zivilen Luftverkehrs vor Terrorismus, S. 191; T. *Stein*, AVR 1993, S. 224 ff.; *Gowlland Debbas*, The Relationship between the International Court of Justice and the Security Council in the Light of the Lockerbie Case, AJIL 1994, S. 643 ff.

292 *Schäffer*, Der Schutz des zivilen Luftverkehrs vor Terrorismus, S. 192.

Bestrafung deutlich, wenn der Staat, in dem sich die Täter aufhalten, seinen Verpflichtungen aus dem Abkommen lediglich formell nachkommt und eine tatsächlich effektive Bestrafung aus innerstaatlichen Motiven ausbleibt.[293] Gerade politischmotivierte unterschiedliche Auffassungen über Auslieferung und Bestrafung wurden mit dem Montrealer Abkommen nicht verhindert und eine tatsächliche Bestrafung nicht zwingend erwirkt.[294]

7. Zusatzprotokoll zum Montrealer Abkommen

Obwohl das Montrealer Übereinkommen zahlreiche Angriffshandlungen gegen die Sicherheit des Luftverkehrs erfasste und das Abkommen als wirkungsvolles Instrument zur Bekämpfung von Terrorakten angesehen wurde,[295] zeigte sich ein noch nicht erfasstes Bedrohungspotenzial der Luftfahrt, da insbesondere Anschläge im Flughafenbereich vermehrt auftraten.[296] Gerade Terrorakte im Flughafenbereich waren bis dato nicht völkervertraglich thematisiert worden. Daher entschied man sich zu einer Modifikation des Abkommens in Form eines Zusatzprotokolls. Eine Ratifikation fand 1988 statt.[297] Ein weiteres Übereinkommen im Bereich der Detektion von Sprengstoff wurde 1991 nach den Bombenanschlägen auf die Maschinen Pan Am 103, Air India 182 und Korean Air 858 ratifiziert.[298]

---

293 *Schäffer*, Der Schutz des zivilen Luftverkehrs vor Terrorismus, S. 189 ff.

294 *Hailbronner*, Luftpiraterie, S. 59.

295 *Schäffer*, Der Schutz des zivilen Luftverkehrs vor Terrorismus, S.189; *Schütz*, ÖJZ 1975, S. 230; *Price/Forrest*, Practical Aviation Security, S. 106.

296 Hervorzuheben sind hier insbesondere die Anschläge auf die Flughäfen in Rom und Wien mit insgesamt 19 Opfern, die akuten Handlungsbedarf aufzeigten, dazu *Price/Forrest*, Practical Aviation Security, S. 107; *Schäffer*, Der Schutz des zivilen Luftverkehrs vor Terrorismus, S. 194.

297 Das „Protocol for the Suppression of Unlawful Acts of Violence at Airport Serving International Civil Aviation, Supplementary to the Montreal Convention of 1971," wurde am 24. Februar 2988 in Montreal unterzeichnet; *Schäffer*, Der Schutz des zivilen Luftverkehrs vor Terrorismus, S. 194; *Price/Forrest*, Practical Aviation Security, S. 107.

298 Die "Convention on the Marking of Plastic Exlosives for the Purpose of Detection" wurde am 1. März 1991 in Montreal unterzeichnet, ICAO-Doc. S/22393; BGBl. 1998 II 2301; *Price/Forrest*, Practical Aviation Security, S. 107; *Schäffer*, Der Schutz des zivilen Luftverkehrs vor Terrorismus, S. 199.

8. Annex 17 Chicagoer Abkommen

Der Annex 17 wurde dem Chicagoer Abkommen im März 1974 gemäß Art. 38 CA angefügt. Als Überschrift führt er die Bezeichnung „Security". Der Begriff entspricht dem deutschen Terminus der Luftsicherheit und meint alle Vorschriften, Verfahren und Maßnahmen zur Abwehr von äußeren Gefahren des zivilen Luftverkehrs.[299] Von „Security" zu unterscheiden ist der Begriff „Safety", den man im Deutschen wohl am besten mit dem Begriff „Flugsicherheit" übersetzten kann und der alle Prozesse und Vorgänge meint, die die technische Zuverlässigkeit von Flugzeugen betreffen.[300]

Bevor ein genauer Blick auf den Annex 17 gerichtet werden soll, ist es hilfreich, den historischen Hintergrund zu verstehen, der zur Schaffung des Annexes 17 im Jahr 1974 führte. Die Schaffung des Annexes 17 steht im Kontext zu den oben beschriebenen Abkommen von Tokio, Den Haag und Montreal. Das Tokioter Abkommen wurde im Jahr 1963 unterzeichnet und enthielt eine minimale Verpflichtung, um die Luftsicherheit sowie die Sicherheit von Passagieren und Crew und die Rückführung eines entführten Flugzeuges sicherzustellen mit Fokus auf Flugzeugentführungen.[301] Die im Abkommen enthaltenen Vorgaben waren selbstverständlich jedoch nur für die Staaten bindend, die das Abkommen auch ratifiziert hatten. Wenige Staaten setzten in den 1960er Jahren jedoch eine Priorität auf die Unterzeichnung dieses Abkommens mit der Folge, dass im Oktober 1970 lediglich 30 Staaten das Tokioter Abkommen ratifiziert hatten.[302] Als sich im Jahr 1968 die Generalversammlung der ICAO in Buenos Aires traf, war es bereits deutlich, dass das Tokioter Abkommen auch wegen der geringen Ratifizierung nicht geeignet war, um die bestehenden Probleme im Bereich der Luftsicherheit zu lösen. Allein im Jahr 1968 gab es trotz Tokioter Abkommen bereits 33 Flugzeugentführungen und im Folgejahr weitere 91.[303] Die ICAO diskutierte daraufhin im April 1969 zunächst die Idee, gemäß Art. 52 des Chicagoer Abkommens einen Ausschuss in Form eines speziellen Komitees zu erschaffen,

---

299 *Wilkesmann*, NVwZ 2002, S. 1317. Allgemein zu Annex 17 und den Hintergrund des Annexes siehe auch *Schäffer*, Der Schutz des zivilen Luftverkehrs vor Terrorismus, S. 146 ff.; *Price/Forrest,* Practical Aviation Security, S. 103 ff.

300 *Ripper*, in: Lange/Wendekamm/Endreß, Dimension der Sicherheitskultur, S. 80.

301 *Yonah/ Sochor*, Aerial Pircay and Aviation Security, S. 5; *Schäffer*, Der Schutz des zivilen Luftverkehrs vor Terrorismus, S. 146.

302 *Yonah/ Sochor*, Aerial Pircay and Aviation Security, S. 5; *Hailbronner*, Luftpiraterie, S. 28; *McWhinney*, Aerial Piracy and International Law, S. 21.

303 *Yonah/ Sochor*, Aerial Pircay and Aviation Security, S. 5.

welcher sich mit unrechtmäßigen Eingriffen in den zivilen Luftverkehr beschäftigen sollte. Trotz vom Rat übertragener Kompetenzen, war dieser Ausschuss faktisch jedoch nicht handlungsfähig.[304] Die ICAO ergriff beherzt wiederum erst Maßnahmen nach der Explosion einer Swissair Maschine am 21. Februar 1970, bei der alle 74 Personen an Bord getötet wurden.[305] Die ICAO berief daraufhin eine außerordentliche Sitzung ein. Es handelte sich um die 17. außerordentliche Sitzung der ICAO Generalversammlung in Montreal im Juni 1970, welche nicht nur das Montrealer Abkommen hervor brachte, sondern auch die Grundlagen für Annex 17 legte, in dem man sich auf verschiedene Standards für die Luftsicherheit einigte.[306] Die Generalversammlung verabschiedete dazu auf dieser 17. Sitzung die Resolution A17-10[307], die sich mit der Erreichung von Sicherheitsvorgaben und dazu gehörigen Maßnahmen beschäftigte, die das Ziel haben, Passagiere und Luftfahrt sowie Mitarbeiter vor kriminellen Eingriffen, die die Luftsicherheit bedrohen, zu schützen.[308] Es folgte die Resolution A18-10, die sich mit den technischen Vorgaben zum Schutz der Zivilluftfahrt beschäftigt.[309] Obwohl zunächst die 19. außerordentliche Sitzung[310] der Generalversammlung zu der Einigung kam, dass die in den bezeichneten Resolutionen gefundenen Standards und Recommended Practices (SARPs) in die bereits bestehenden Anhänge des Chicagoer Abkommens integriert werden sollten, kam der Rat der

304 *Yonah/ Sochor*, Aerial Pircay and Aviation Security, S. 5; *Schäffer*, Der Schutz des zivilen Luftverkehrs vor Terrorismus, S. 147.

305 *Yonah/ Sochor*, Aerial Pircay and Aviation Security, S. 5; *Schäffer*, Der Schutz des zivilen Luftverkehrs vor Terrorismus, S. 147.

306 *Yonah/ Sochor*, Aerial Pircay and Aviation Security, S. 6; *Schäffer*, Der Schutz des zivilen Luftverkehrs vor Terrorismus, S. 147.

307 Im Vorwort heißt es zum historischen Hintergrund des Annex 17, dass dessen Entwicklung auf „Resolution A17-10: Implementation by States of Security Specifications and Practices adopted by this Assembly and further work by ICAO related to such Specifications and Practices" beruht Dazu Foreword (vii) , Annex 17 to Convention on International Civil Aviation, 10th, August 2017.

308 Dazu Foreword (vii) , Annex 17 to Convention on International Civil Aviation, 10th, August 2017; *Yonah/ Sochor*, Aerial Pircay and Aviation Security, S. 6.

309 Dazu Foreword (vii) , Annex 17 to Convention on International Civil Aviation, 10th, August 2017, auch auf dieser Resolution beruht die Entwicklung des Annex 17 „Resolution A18-10: Additional Technical Measures for the Protection of the Security of International Civil Air Transport".

310 Diese fand vom 27. Februar bis 12. März 1973 in New York statt, dazu https://www.icao.int/Meetings/AMC/Pages/Archived-Assembly.aspx?Assembly=a19 (Stand: 20.12.2020).

ICAO im Jahr 1973 zu dem Schluss, dass ein eigener Annex geschaffen werden sollte, der sich auf die Luftsicherheit konzentriert.[311] Dieser wurde sodann am 20. März 1974 vom Rat der ICAO geschaffen. Dem ging ein längerer Prozess der Abstimmung zwischen verschiedenen Akteuren, wie beispielsweise dem Ausschuss zu unrechtmäßigen Eingriffen oder dem Air Transport Komitee, voraus.[312] Der Annex 17 trat am 22. August 1974 in Kraft.[313] Er war von Anbeginn im Jahr 1974 ein außerordentliches Dokument, das zum einen durch seine Kürze von nur 18 Seiten bestach und es in der Aufforderung beließ, dass die Mitgliedstaaten eigenständig Sicherheitsprogramme und Sicherheitsmaßnahmen etablieren sollten und sich die ICAO auf die Vorgabe der Rahmenbedingungen beschränkt.[314] An diesem Konzept wurde trotz stetiger Veränderung von Annex 17, der inzwischen in der 11. Auflage vorliegt, bis heute festgehalten. Im Anhang 17 zum Chicagoer Abkommen werden sowohl bindende internationale Standards (Standards) als auch bloße nicht rechtlich bindende Empfehlungen (Recommended Practices) im Bereich der Luftsicherheit festgeschrieben.[315] Durch die Standards soll gewährleistet werden, dass alle 192 Mitgliedstaaten der ICAO ein einheitliches Mindest-Sicherheits-Niveau aufweisen, während Recommended Practices an Staaten gerichtete Empfehlungen sind, die diese als Empfehlung der ICAO auffassen und möglichst im nationalem Recht adaptieren sollten.[316] Die im Annex 17 getroffenen Reglungen bedürfen einer Konkretisierung und Umsetzung im nationalen Recht der Mitgliedstaaten.[317] Anders als beim Tokioter, Haager und Montrealer Abkommen liegt der inhaltliche Schwerpunkt hier auf präventiven Maßnahmen bezüglich Passagieren, Fracht, Luftfahrzeugen, Flughäfen, um so bereits im Vorfeld, Sabotageakte gegen die Zivilluftfahrt zu verhindern.[318] Für die Weiterentwicklung der im Annex 17 enthaltenen Standards und Empfehlungen ist das Aviation Security Panel (AVSEC) geschaffen worden, welcher ein Unterorgan der ICAO ist und auch den Rat der

311 *Yonah/ Sochor*, Aerial Pircay and Aviation Security, S. 7; *Schäffer*, Der Schutz des zivilen Luftverkehrs vor Terrorismus, S. 147.

312 *Yonah/ Sochor*, Aerial Pircay and Aviation Security, S. 7.

313 *Yonah/ Sochor*, Aerial Pircay and Aviation Security, S. 8.

314 *Yonah/ Sochor*, Aerial Pircay and Aviation Security, S. 8.

315 *Lienhart*, ZLW 2009, S. 2; *Yonah/ Sochor*, Aerial Pircay and Aviation Security, S. 3 ff; *Schäffer*, Der Schutz des zivilen Luftverkehrs vor Terrorismus, S. 148; .

316 *LeFoyer/Berti*, Interview ICAO vom 7. November 2017.

317 Vgl. zur europäischen Umsetzung *Lienhart*, ZLW 2009, 1 ff.

318 *Schäffer*, Der Schutz des zivilen Luftverkehrs vor Terrorismus, S. 146; *Price/Forrest*, Practical Aviation Security, S. 103.

ICAO in Fragen der Luftsicherheit sowie im Bereich von neuartigen Bedrohungen der Zivilluftfahrt berät.[319] Anders als die oben beschriebenen Abkommen, unterliegt der Annex 17 einer stetigen Entwicklung und Veränderung und ist nicht starr. Eine nähere Betrachtung soll daher erst später in dieser Arbeit erfolgen und primär den Stand und Regelungsgehalt des Abkommens ab dem Jahr 2001 darstellen, mithin also ab dem für die Luftsicherheit einschneidenden Anschlag 9/11.

IV. Flugzeugentführungen ab 1980

1. Flugzeugentführungen aus politisch-erpresserischen Gründen

Auch in den 1980er Jahren fanden weiterhin zahlreiche Entführungen von Luftfahrzeugen aus politisch-erpresserischen Zwecken statt. So beispielsweise in den Jahren 1984 und 1988, als zwei kuwaitische Verkehrsmaschinen entführt wurden, um die Freilassung von in Kuwait inhaftierten Gefangenen zu erreichen.[320]

2. Flugzeugentführungen und die Zweckentfremdung des Flugzeugs als Waffe

Ein neueres Problem im Rahmen von Flugzeugentführungen trat erst in den 90er Jahren des letzten Jahrhunderts auf. Es handelt sich um die Entführung eines Flugzeuges und die folgende Zweckentfremdung von selbigem als Waffe, um eine möglichst große Opferzahl zu treffen.[321] Da ein Selbstmordattentäter bei einer solchen Flugzeugentführung selbst mit dem Tod rechnet, sind die Abkommen von Tokio, Den Haag und Montreal und ihre avisierte strafrechtliche Abschreckungswirkung wenig wirkungsvoll.

Der erste Versuch eines solchen Missbrauchs von einem Zivilluftfahrtzeug fand am 24. Dezember 1994 in Frankreich statt. Islamistische Terroristen der GIA entführten eine Passagiermaschine auf dem Flug von Paris nach Algier mit dem Ziel sie in den Pariser Eiffelturm zu steuern.[322] Die Täter konnten jedoch

---

319 *Weber*, in: Giemulla/Rothe, Handbuch Luftsicherheit, S. 126; *Schäffer*, Der Schutz des zivilen Luftverkehrs vor Terrorismus, S. 148.

320 *Schäffer*, Der Schutz des zivilen Luftverkehrs vor Terrorismus, S. 28; *Schneider*, Die Abwehr äußerer Gefahren im Luftverkehr, S. 4.

321 *Schäffer*, Der Schutz des zivilen Luftverkehrs vor Terrorismus, S. 80.

322 *Delpech*, Chaillot Papers No. 56 (2002), S. 54; *Schäffer*, Der Schutz des zivilen Luftverkehrs vor Terrorismus, S. 31 f.

von Spezialkräften in Marseille überwältigt und das Attentat so verhindert werden.[323]

Ein tatsächlicher Einsatz von Luftfahrzeugen als Waffe mit tragischem Ausmaß fand jedoch am 11. September 2001 durch Terroristen der Terrororganisation Al Qaida statt, als diese zwei Verkehrsmaschinen in das World Trade Center und eine Verkehrsmaschine in das Pentagon flogen und dabei über 3000 Menschen töteten.[324]

Eine weitere Flugzeugentführung spielte sich im Jahr 2010 ab, als die Freebird Airlines Maschine Flugnummer FHJ234 sich auf dem Weg von München nach Istanbul befand. Der 28 jährige Türke Burhan Bayrambey stand ca. 15 Minuten nach dem Start auf und bewegte sich mit der Aussage, er habe eine Bombe in der Hand, gen Cockpit.[325] Bayrambey forderte die Stewardess auf ihn ins Cockpit zu lassen, der Zugang wurde ihm jedoch verwehrt. Daraufhin forderte er, dass das Flugzeug nach München zurückkehren solle. Am Flughafen angekommen, stellte der Entführer verschiedene Forderungen und wartete an der geöffneten Tür der Maschine. Erst der beherzte Fußtritt eines Passagiers, der den Entführer aus dem Flugzeug beförderte, beendete die Entführung. Der Passagier hatte vorher nach eigener Aussage gesehen, dass der Entführer keine Bombe, sondern nur ein Mobiltelefon halte.[326]

Die jüngste Flugzeugentführung spielte sich im Jahr 2014 ab und betraf Ethiopian Airlines Flug 702: Der Co-Pilot sperrte bei dieser Entführung den Piloten aus dem Cockpit aus, der kurz die Toilette aufsuchte. Sodann flog der Co-Pilot das Flugzeug nach Genf und beantragte dort politisches Asyl.[327]

V. Sprengstoffanschläge ab 1980

In den 1980er Jahren haben sich zwei äußerst tragische Sprengstoffanschläge auf Flugzeuge ereignet, die große mediale Aufmerksamkeit auf sich zogen: Der Anschlag auf den Air India Flight 182 im Jahr 1985 und der Anschlag auf

---

323 *Delpech*, Chaillot Papers No. 56 (2002), S. 54; *Schäffer*, Der Schutz des zivilen Luftverkehrs vor Terrorismus, S. 31 f.

324 National Commission on Terrorist Attacks Upon the United States - The 9/11 Commission Report, S. 552; *Hobe*, Einführung in das Völkerrecht, S. 506.

325 http://www.sueddeutsche.de/muenchen/flugzeugentfuehrung-ich-habe-eine-bombe-in-der-hand-1.747945 (Stand: 20.12.2020).

326 http://www.sueddeutsche.de/muenchen/flugzeugentfuehrung-ich-habe-eine-bombe-in-der-hand-1.747945-2 (Stand: 20.12.2020).

327 AGCS - Global Aviation Safety Study, S. 58.

Pan Am Flight 103 im Jahr 1988, allgemein bekannt unter dem Begriff „Lockerbie"-Anschlag.[328]

Der Anschlag auf den Air Indian Flight 182 ereignete sich am 23. Juni 1985 und beinhaltete im Grunde zwei Sprengstoffanschläge. Zum einen wurde eine Bombe an Bord einer Boeing 747 von Kanada, Vancouver, nach London verbracht, die sodann nahe der irischen Küste über dem Atlantik detonierte und alle 229 Personen an Bord, davon 60 Kinder, tötete.[329] Zeitgleich detonierte eine Bombe am Flughafen Narita in Tokio, die vier Flughafenmitarbeiter tötete und vier weitere verletzte, die Gepäck vom Canadian Pacific Flight 003 auf einen Air India Flug verladen hatten.[330]

Der Anschlag mit den meisten Todesopfern in der Geschichte der Zivilluftfahrt bis 9/11 spielte sich im Dezember 1988 über Lockerbie, Schottland, ab und war Folge eines Sprengstoffanschlags.[331] In einem Passagierflugzeug, das auf dem Weg von Frankfurt am Main nach New York war, wurde in einem Kassettenrekorder Plastiksprengstoff deponiert. Die Maschine explodierte und riss alle 259 Insassen sowie 11 am Boden befindliche Personen in den Tod.[332]

Bei dem Anschlag von Lockerbie wurde das Gepäckstück, das die Bombe enthielt, zwar gescannt und durchleuchtet, nach dem damaligen Stand der Technik war aber ein Auffinden des verwendeten Sprengstoffs so nicht möglich.[333] Bei den Untersuchungen des Anschlags stellte sich später heraus, dass das betreffende Gepäckstück an Bord gelangt war, obwohl kein zugehöriger Passagier an Bord verzeichnet wurde.[334]

---

328 *Price/Forrest,* Practical Aviation Security, S. 68 ff; *Schäffer*, Der Schutz des zivilen Luftverkehrs vor Terrorismus, S. 28 ff.

329 *Price/Forrest,* Practical Aviation Security, S. 68; *Schäffer*, Der Schutz des zivilen Luftverkehrs vor Terrorismus, S. 28 ff.

330 *Price/Forrest,* Practical Aviation Security, S. 68.

331 *Price/Forrest,* Practical Aviation Security, S. 70 f.

332 *Black*, AVR 1999, S. 214 ff.; *Schäffer*, Der Schutz des zivilen Luftverkehrs vor Terrorismus, S.30.

333 *Price/Forrest,* Practical Aviation Security, S. 72.

334 *Price/Forrest,* Practical Aviation Security, S. 72.

VI. Exkurs: Die Reaktion auf den Anschlag von Lockerbie durch die Staatengemeinschaft - das Montrealer Übereinkommen über die Markierung von Plastiksprengstoffen zum Zweck des Aufspürens

Im Jahr 1991 erarbeitete die ICAO als Reaktion auf den Plastiksprengstoffanschlag über dem schottischen Lockerbie das Montrealer Übereinkommen über die Markierung von Plastiksprengstoffen zum Zweck des Aufspürens. Es hatte sich gezeigt, dass insbesondere Plastiksprengstoff wegen seiner Formbarkeit und dem geringen Dampfdruck bei Sicherheitskontrollen kaum nachweisbar war.[335] Dies erschwerte präventive Verfahren zur Verhinderung von Bombenanschlägen gegen die Luftfahrt erheblich. Man einigte sich daher mit dem Montrealer Übereinkommen über die Markierung von Plastiksprengstoffen darauf, Sprengstoffe durch Hinzumengen von Zusatzstoffen leichter auffindbar für Detektoren und Scanner zu machen, um somit eine bessere Kontrolle über die Verwendung solch gefährlicher Stoffe zu haben.[336]

VII. Sprengstoffanschläge seit 2001

Auch in jüngerer Vergangenheit sind Sprengstoffanschläge auf Flugzeuge aufgetreten. Ein als „Schuh-Bomber" bekannt gewordener Terrorist versuchte am 22. Dezember 2001, also erst kurz nach dem Anschlag von 9/11, den in seinem Schuh versteckten und so an Bord des American Airline Flug 63 von Paris nach Miami verbrachten Sprengstoff detonieren zu lassen.[337] Eine Stewardess wurde auf den Terroristen, Richard Reid, aufmerksam, als dieser versuchte ein Streichholz an seinem Schuh zu entzünden, und konnte Reid gemeinsam mit mehreren Passagieren überwältigen.[338] Reid hatte es geschafft mit Plastiksprengstoff in seinem Schuh durch einen Flughafen-Metalldetektor und die Sicherheitskontrollen

---

335 *Schäffer*, Der Schutz des zivilen Luftverkehrs vor Terrorismus, S. 199; *Richter*, S. 42; *Black*, AVR 1999, S. 215 f.; *Beveridge/ Loewe/ Warbrick*, The Lockerbie Affair, ICLQ 1992, S. 907 ff.; *Schladebach*, Lufthoheit, S. 289

336 *Schäffer*, Der Schutz des zivilen Luftverkehrs vor Terrorismus, S. 199; *Price/Forrest*, Practical Aviation Security, S. 107; *Black*, AVR 1999, S. 215 f.; *Beveridge/ Loewe/ Warbrick*, The Lockerbie Affair, ICLQ 1992, S. 907 ff.; *Schladebach*, Lufthoheit, S. 289.

337 *Price/Forrest*, Practical Aviation Security, S. 86; Committee Study of the central Intelligence Agency's Detention and Interrogation Program, S. 288 ff.

338 *Price/Forrest*, Practical Aviation Security, S. 87.

zu gelangen und so an Bord des American Airlines Flugs.[339] Glücklicherweise konnte der geplante Anschlag verhindert werden.

Nicht verhindert werden konnte ein Anschlag im Jahr 2004. Vermutlich tschetschenische Selbstmordattentäter sprengten zwei in der Luft befindliche Passagiermaschinen in die Luft, indem sie Sprengsätze mit an Bord der Maschinen schmuggelten und diese dort zündeten. 98 Menschen kamen dabei ums Leben.[340]

Im Jahr 2009 wurde ein versuchter Bombenanschlag unter dem Terminus „Unterwäsche-Bomber" bekannt. Am 25. Dezember 2009 versuchte der Nigerianer Umar Farouk Abdulmutallab Plastiksprengstoff an Bord des Northwest Airline Flugs 253 von Amsterdam nach Detroit detonieren zu lassen, den er in seiner Unterwäsche versteckt hatte.[341] Die Bombe fing jedoch lediglich Feuer und explodierte nicht. Der Attentäter konnte überwältigt und so Schlimmeres verhindert werden.[342]

Aufsehen erregte auch der versuchte Anschlag auf ein UPS-Frachtflugzeug am 29. Oktober 2010. An diesem Tag wurde ein Paket, in dem sich mit Plastiksprengstoff präparierte Druckerpatronen befanden, auf dem englischen Flughafen East Midlands entdeckt und aus dem Verkehr gezogen. Das Packet war aus dem Jemen in die USA geschickt worden und enthielt Sprengstoff.[343] Der Sprengstoff konnte noch rechtzeitig, also einige Stunden vor der geplanten Detonation, entschärft werden. Die Sprengsätze und somit die Maschine wären sonst über der Ostküste der USA explodiert. Zu dem Anschlag bekannte sich die Terrororganisation Al Qaida.[344]

Ein Bombenanschlag, der glücklicherweise auch keinen Absturz zur Folge hatte, ereignete sich am 2. Februar 2016 kurz nach Abflug des Daallo-Airlines-Flug D3159 der dschibutischen Fluggesellschaft Daallo. Kurz nach Abflug der Maschine fand eine Explosion statt, die ein Loch in den Rumpf des Flugzeuges

---

339 *Price/Forrest,* Practical Aviation Security, S. 87.

340 http://www.n-tv.de/politik/Terrorverdacht-bestaetigt-article83876.html (Stand: 20.12.2020).

341 *Price/Forrest,* Practical Aviation Security, S. 93; *Ploch,* Nigeria, S. 20.

342 *Price/Forrest,* Practical Aviation Security, S. 93. Zum Vorfall und den daraus abgeleiteten Anpassungen in den USA auch Department of Homeland Security, „Secretary Napolitano Announces New Measures to Strengthen Aviation Security, April 2, 2010.

343 http://www.sueddeutsche.de/politik/politik-kompakt-amnesty-international-fordert-anklage-gegen-bush-1.1021683 (Stand: 20.12.2020).

344 http://www.sueddeutsche.de/politik/politik-kompakt-amnesty-international-fordert-anklage-gegen-bush-1.1021683 (Stand: 20.12.2020).

riss.[345] Die Maschine befand sich auf dem Weg von Mogadischu nach Dschibuti und konnte nach der Explosion notgelandet werden. Es gab lediglich ein Todesopfer, nämlich den Sprengstoffattentäter selbst, der sich bei der Explosion aus dem Flugzeug gesprengt hatte.[346] Der somalische Geheimdienst fand bei Auswertung der Videoaufzeichnungen vom Flughafen heraus, dass zwei Männer dem Attentäter einen Laptop übergeben hatten. Einer der beiden Männer trug wohl eine Jacke des Sicherheitsdienstes.[347] Es wird vermutet, dass sich in diesem Laptop der Sprengstoff, der für die Explosion verantwortlich war, befand.[348] Später bekannte sich die Terrororganisation Al Shahab zu dem Anschlag.[349]

Am 19. Mai 2016 stürzte der Egyptair Flug 804, ein Flugzeug des Typs Airbus A320-232 unvermittelt und ohne Absetzen eines vorherigen Notrufs über dem Mittelmeer nahe der Insel Kreta ab und alle 66 Insassen kamen dabei ums Leben.[350] Es handelte sich um einen Linienflug von Paris, Flughafen Paris-Charles-de-Gaulle, nach Kairo. Bis heute ist nicht endgültig geklärt, ob die Ursache für den Absturz ein Bombenanschlag war oder es sich tatsächlich nur um einen tragischen Unfall gehandelt hat: Das ägyptische Luftfahrtministerium, welches bereits kurz nach dem Absturz von einem Anschlag ausgegangen war, teilte mit, an Passagieren und Wrackteilen Sprengstoffreste gefunden zu haben.[351] Die mit der Untersuchung betrauten französischen Behörden konnten solche Sprengstoffreste zumindest an Leichenteilen nicht bestätigen und haben später die Vermutung geäußert, dass möglicherweise ein explodiertes

345 http://www.zeit.de/gesellschaft/zeitgeschehen/2016-02/somalia-flugzeug-explosion-anschlag-bombe-behoerden (Stand: 20.12.2020); http://aviation-safety.net/database/record.php?id=20160202-0 (Stand: 20.12.2020).

346 http://www.zeit.de/gesellschaft/zeitgeschehen/2016-02/somalia-flugzeug-explosion-anschlag-bombe-behoerden (Stand: 20.12.2020); http://aviation-safety.net/database/record.php?id=20160202-0 (Stand: 20.12.2020).

347 http://www.aerotelegraph.com/chaotische-zustaende-am-flughafen-mogadishu (Stand: 20.12.2020); http://aviation-safety.net/database/record.php?id=20160202-0 (Stand: 20.12.2020).

348 http://www.zeit.de/gesellschaft/2016-02/somalia-mogadischu-flugzeug-anschlag-explosion (Stand: 25.12.2017).

349 http://www.bbc.com/news/world-africa-35569535 (Stand: 20.12.2020); http://aviation-safety.net/database/record.php?id=20160202-0 (Stand: 20.12.2020).

350 http://aviation-safety.net/database/record.php?id=20160519-0 (Stand: 20.12.2020).

351 http://www.spiegel.de/panorama/justiz/egyptair-absturz-ermittler-finden-sprengstoff-an-opfern-a-1126091.html (Stand: 20.12.2020).

Tablet einen Brand ausgelöst und den Absturz damit verursacht habe.[352] Teilweise wurde vermutet, dass die ägyptischen Behörden ein technisches Versagen der Ägypter haben vertuschen wollen und sich daher auf die Theorie eines Anschlags versteift hätten.[353] Aber auch französische Ermittler des Institut de recherche criminelle de la gendarmerie nationale behaupteten an Wrackteilen Trinitrotoluol (TNT) gefunden zu haben, der bei Terroristen wegen der großen Sprengkraft und extrem schnellen Druck- und Temperaturanstiegs bei Detonationen beliebt ist.[354] Eine endgültige Klärung des Vorfalls wird es wohl nicht mehr geben. Hinzuweisen bleibt aber darauf, dass auch die Explosion eines Tablets einen Bombenanschlag nicht zwingend ausschließt, schaut man sich die weltweite Angst zahlreicher Staaten davor an, dass Sprengstoff versteckt in elektronischen Geräten an Bord geschmuggelt werden könnte.[355]

VIII. „Insider-Threats“ als von Flughafen- und Airline-Personal ausgehende Bedrohungen

Gefahren für die Zivilluftfahrt gehen insbesondere auch von sog. Insider-Threats aus, also unmittelbar von Flughafen- oder Airline-Personal. Dabei sind verschiedene Szenarien denkbar, wie diese Personengruppe mit privilegiertem Zugang zum Sicherheitsbereich des Flughafens und Flugzeuge selbst, zur Gefahr für die Zivilluftfahrt werden kann. Im Kern sind hier mögliche mit Hilfe von Flugzeugen begangene Suizide durch Piloten oder Crew sowie das Verbringen an Bord von Sprengsätzen oder gefährlichen Gegenständen zu nennen. „Insider-Threats“ sind unabhängig davon, ob sie als Terrorismus bewertet werden oder nicht, besonders schwierig durch Sicherheitsvorkehrungen zu begegnen, da die Crew als mögliche Bedrohung umfassend Zugang zum Flughafen und zum Flugzeug selbst hat und umfassendes Hintergrundwissen zur Technik besitzt.[356]

352 http://www.aerotelegraph.com/egypt-air-absturz-war-wohl-ein-unfall (Stand: 20.12.2020).

353 http://www.spiegel.de/panorama/justiz/egyptair-absturz-ermittler-finden-sprengstoff-an-opfern-a-1126091.html (Stand: 20.12.2020).

354 http://www.handelsblatt.com/politik/international/terrorexperte-tophoven-anschlaege-gegen-flugzeuge-werden-am-boden-zugelassen/12548288.html (Stand: 20.12.2020).

355 Dazu die Ausführungen aus *LeFoyer/Berti*, Interview ICAO vom 7. November 2017: Die ICAO selbst sieht es als eine der akutesten Bedrohungen der Zivilluftfahrt zurzeit an, dass Sprengstoff in elektronischen Geräten an Bord geschmuggelt werden könnte.

356 *Price/Forrest,* Practical Aviation Security, S. 82, S. 502.

1. Vorsätzlich von der Crew herbeigeführte Flugzeugabstürze

Ein jüngeres Phänomen in der Geschichte der Zivilluftfahrt sind mit Luftfahrzeugen begangene Suizide bzw. vorsätzlich herbeigeführte Abstürze. Einer der ersten Zwischenfälle dieser Art fand im Jahr 1987 statt. In diesem Jahr sah sich der US Airlines Mitarbeiter David Burke mit einer unbezahlten Freistellung konfrontiert, nachdem ihm die Unterschlagung von 68 $ aus dem ON BOARD LIQUOR FUND der Flugbegleiter vorgeworfen wurde. Trotz Freistellung wurde sein Dienstausweis nicht konfisziert.[357] Dies ermöglichte es Burke unbehelligten Zugang zu den Flughafeneinrichtungen zu erlangen. Insbesondere konnte er unproblematisch die Passagier- und Gepäckkontrollen passieren, da 1987 eine Sicherheitskontrolle von Flughafenmitarbeitern noch unüblich war.[358] Burkes Vorgesetzter pendelte jeden Tag von Los Angeles nach San Diego mit einem Linienflug und Burke wusste, auf welchem Flug sich sein Vorgesetzter befinden würde. Drei Wochen nach seiner Suspendierung, am 7. Dezember 1987, nutzte er daher seinen Dienstausweis und bestieg so, ohne Gepäck- oder Passagierkontrollen ausgesetzt zu sein, mit einer Magnum Pistole das Flugzeug, in dem sich sein Vorgesetzter befand.[359] Nach einiger Zeit empfing das Flugverkehrs-Kontrollcenter in Oakland Kalifornien einen aus dem Flugzeug abgegebenen Notrufcode und der Pilot der Maschine berichtete von Schüssen in der Kabine.[360] Bei der Ermittlung des FBI stellte sich später heraus, dass diese erwähnten Schüsse von Burke stammten, als er gerade seinen Vorgesetzten tötete.[361] Danach betrat Burke das Cockpit und tötete zunächst die Flugbesatzung und dann sich selbst. Daraufhin sank das Flugzeug in hohem Tempo gen Boden und als Folge der hohen Geschwindigkeit zerbrach es. 44 Menschen starben bei dem Absturz.[362]

Ein weiterer Suizidversuch mittels eines Zivilluftfahrzeuges fand im Jahr 1994 statt. Dieser Fall ist exemplarisch dafür, wie wichtig die Reaktion der Crew

---

357 *Price/Forrest,* Practical Aviation Security, S. 69; *Kelleher,* Profiling the Lethal Employee, S. 38.

358 *Price/Forrest,* Practical Aviation Security, S. 69.

359 *Price/Forrest,* Practical Aviation Security, S. 69; *Kelleher,* Profiling the Lethal Employee, S. 39.

360 *Price/Forrest,* Practical Aviation Security, S. 69; *Kelleher,* Profiling the Lethal Employee, S. 39.

361 *Price/Forrest,* Practical Aviation Security, S. 70; *Kelleher,* Profiling the Lethal Employee, S. 39.

362 *Price/Forrest,* Practical Aviation Security, S. 70.

und Backgroundchecks der Piloten sind.[363] Am 7. April 1994 versuchte der von FedEx angestellte Pilot Auburn Calloway ein Flugzeug seiner eigenen Airline zu entführen. Der Pilot Calloway befand sich dabei im FedEx Flug 705 als für das Airline-Business ganz typischer „Jump-Seat"-Passagier. Eigentlich sollte er bei diesem Flug selbst als Pilot eingesetzt werden, aber seine anderen Crew-Mitglieder hatten die zugelassene Arbeitsdauer überschritten, weshalb eine andere Crew eingesetzt wurde.[364] In dem Glauben, dass er bald gefeuert werden würde, brachte Calloway auf den Flug einen Gitarrenkoffer mit, in welchem sich verschiedene Hämmer, ein Messer und eine Harpune (Spear Gun) befanden.[365] Calloway war außerdem ein Kampfsportexperte. Im Jahr 1990 hatte er sich scheiden lassen und hatte seitdem als Vater von zwei Kindern große Schwierigkeiten seine finanziellen Verpflichtungen zu erfüllen. Sein Arbeitgeber hatte ihn gerade erst informiert, dass es eine Diskrepanz in seinen Piloten-Aufzeichnungen gebe, welche bald in einer Kündigung resultieren könnte.[366] Der unter finanziellen Schwierigkeiten leidende Calloway schloss sodann eine Lebensversicherung auf sich selbst ab und fasste den Plan, einen Flugzeugabsturz herbeizuführen, der wie ein Unfall aussehe, damit die große Versicherungssumme seiner Lebensversicherung zukünftig seine Familie versorgen würde.[367] Kurz nach dem Abheben der Maschine, betrat Calloway die offene Cockpittüre und schlug den zweiten Offizier mehrere Male mit einem Hammer. Dann drehte er sich zu dem ersten Offizier um und schlug diesen mit dem Hammer ebenfalls gegen den Kopf. Danach konzentrierte er sich auf den Kapitän, welcher es jedoch schaffte mit Calloway zu kämpfen und diesen dem Hammer entriss. Dann verließ Calloway das Cockpit kurz. Bei seiner Rückkehr gelang es aber dem Kapitän wiederum Calloway aus dem Cockpit hinaus zu schubsen.[368] Der 1. Offizier übernahm die Kontrolle über das Flugzeug trotz erheblicher Verletzung und schaffte es verschiedene Flugmanöver zu fliegen, die Calloway aus der Balance bringen und ihn aus dem Cockpit fernhalten konnten. Schließlich waren der zweite Offizier

363 *Price/Forrest,* Practical Aviation Security, S. 77.

364 *Price/Forrest,* Practical Aviation Security, S. 77; *Thomas,* Aviation Insecurity, S. 22.

365 United States Court of Appeals, Sixth Circuit, UNITED STATES of America, Plaintiff-Appellee, v. Auburn CALLOWAY, Defendant-Appellant, No. 95-6206; *Price/Forrest,* Practical Aviation Security, S.77; *Thomas,* Aviation Insecurity, S. 22.

366 *Price/Forrest,* Practical Aviation Security, S. 77; *Thomas,* Aviation Insecurity, S. 22.

367 United States Court of Appeals, Sixth Circuit, UNITED STATES of America, Plaintiff-Appellee, v. Auburn CALLOWAY, Defendant-Appellant, No. 95-6206; *Price/Forrest,* Practical Aviation Security, S. 77

368 *Price/Forrest,* Practical Aviation Security, S. 77; *Thomas,* Aviation Insecurity, S. 22.

und der Captain in der Lage, Calloway kurzfristig zu überwältigen.[369] Der Kapitän konnte das Flugzeug wieder übernehmen und es zurück Richtung Memphis steuern. Bis zur Landung kämpften die anderen beiden Piloten mit Calloway, um diesen daran zu hindern, das Flugzeug zum Absturz zu bringen. Alle drei Piloten der Crew konnten aufgrund ihrer massiven Verletzung nie wieder fliegen.[370]

Calloways geplante Attacke auf den FedEx Flug 705 konnte durch erhebliche Willenskraft der Crew verhindert werden.[371] Der ursprüngliche Plan Calloways war es, als zweiter Offizier selbst das Flugzeug mit zu fliegen und es dann zum Absturz zu bringen, da er sich so nicht gegen die restliche Crew zur Wehr setzen müsste.[372]Als zweiter Offizier hätte Calloway auch die Möglichkeit gehabt, den Flugschreiber auszuschalten, um so zu verhindern, dass spätere Ermittlungen den Absturz möglicherweise als vorsätzlich und somit als Versicherungsbetrug enttarnen würden.[373] Dass Calloway beim Flug FedEx 705 nicht wie eigentlich geplant als Pilot eingesetzt wurde, lag nicht an Sicherheitsbedenken aufgrund der angedrohten Kündigung und Diskrepanzen in seinem Flug-Record, sondern lag an einem bloßen Zufall aufgrund der Pausenzeiten seiner Mitpiloten.[374]

Ein mit Hilfe von einem Flugzeug tatsächlich begangener Selbstmord fand im Jahr 1997 in Indien statt. Eine Boeing 737 der Airline SilkAir, an deren Board sich 104 Passagiere sowie die Crew befanden, verließ dabei zunächst den Jakarta-Soekarno-Hatta International Airport.[375] Als sich das Flugzeug in der Höhe von 35.000 Fuß befand, trat es plötzlich in einen massiven Sinkflug ein und stürzte im Musi-Fluss Delta ab. Die Ermittlung kam später zu dem Schluss, dass der Kapitän wohl die Off-Flight-Records abgestellt und das Flugzeug nach unten gesteuert hatte, nachdem der erste Pilot die Kabine verlassen hatte. Der Todespilot litt zu diesem Zeitpunkt wohl unter erheblichen finanziellen und persönlichen Problemen.[376]

---

369 New York Times, Ex-Pilot Convicted of Attempted Air Piracy, March 31, 1995, Sec. A, S. 16; *Price/Forrest,* Practical Aviation Security, S. 77.

370 *Price/Forrest,* Practical Aviation Security, S. 78.

371 New York Times, Ex-Pilot Convicted of Attempted Air Piracy, March 31, 1995, Sec. A, S. 16; *Price/Forrest,* Practical Aviation Security, S. 77.

372 *Price/Forrest,* Practical Aviation Security, S. 78.

373 *Price/Forrest,* Practical Aviation Security, S. 78.

374 *Price/Forrest,* Practical Aviation Security, S. 78.

375 Flight Safety Foundation Report Silk Air Flight, S. 185; *Price/Forrest,* Practical Aviation Security, S. 82.

376 Flight Safety Foundation Report Silk Air Flight, S. 185; *Price/Forrest,* Practical Aviation Security, S. 82.

Ein ähnliches Ereignis fand im Jahr 1999 statt. Eine Boeing 767 von EgyptAir, verließ den Flughafen von Los Angeles mit 217 Passagieren und der Crew an Bord. Das Flugzeug sollte eigentlich nach Kairo, Ägypten, fliegen und einen Zwischenstopp in New York machen. Nach ca. 30 Minuten Flugzeit, übernahm der erste Offizier die Kontrolle im Cockpit und der weitere Offizier und der Kapitän verließen selbiges. Der sich im Cockpit befindende erst Offizier nahm daraufhin verschiedene technische Eingaben vor, worauf hin das Flugzeug kurz Zeit später die maximale Geschwindigkeit erreichte. Dabei wiederholte er immer wieder den Satz “I rely on God“/ „Ich vertraue auf Gott“. Als der Kapitän ins Cockpit zurückkam, fragte er den Offizier, was los sei. Dieser wiederholte nur den Satz „Ich vertraue auf Gott“. Obwohl der Kapitän noch versuchte den Absturz zu verhindern, stürzte die Maschine kurze Zeit später in den atlantischen Ozean.[377]

2. Eine nähere Betrachtung des Germanwings Flugs vom 14. März 2014

Der jüngste von einem Piloten herbeigeführte vorsätzliche Absturz eines Zivilluftfahrzeugs fand am 14. März 2015 statt und betraf den Germanwings Flug 9525 (Flugnummer 4U 9525). Der Copilot Andreas Lubitz hatte die Maschine vorsätzlich in die französischen Alpen gelenkt, um einen Absturz herbeizuführen. Alle 150 Insassen des Flugzeugs kamen dabei ums Leben. Die Maschine befand sich auf einem Linienflug von Barcelona nach Düsseldorf und zerschellte im südfranzösischen Departement Alpes-de-Hautes Provence an einem Bergmassiv.[378] Später stellte sich heraus, dass der Copilot in der Vergangenheit unter schweren depressiven Episoden gelitten hatte und bewusst die Cockpit-Türen von innen abgeriegelt und so die gesamte Crew ausgesperrt hatte, um die Maschine in den Tod fliegen zu können.[379] Aufgrund der komplexen Vorgeschichte der Erkrankung des Todespiloten soll dieser suizidale Flug ausführlicher betrachtet werden.

---

377 Flight Safety Foundation Report EgyptAir, S. 990; *Price/Forrest,* Practical Aviation Security, S. 83.

378 http://www.faz.net/aktuell/gesellschaft/ungluecke/germanwings-airbus-a320-in-suedfrankreich-abgestuerzt-13502968.html (Stand: 20.12.2020).

379 Abschlussbericht Unfall am 24. März 2015, S. 8.

a.) Geschehensablauf

Was bei dem Todesflug im Flugzeug abgelaufen war, konnte die mit der Untersuchung betraute französische Behörde (das Bureau d'enquêtes et d'analyses pour la sécurité de l'aviation civile, BEA, also die französische Untersuchungs- und Analysebehörde für die Sicherheit der Zivilluftfahrt und Flugunfälle)[380] im Nachhinein rekonstruieren, insbesondere durch Auswertung des Flugschreibers und der aufgenommenen Geräusche.[381] Nach dem Abschlussbericht der BEA wartete der Copilot Lubitz so lange, bis er sich allein Cockpit befand. Dann aktivierte er den Kippschalter für die Cockpittür und versperrte so den Zugang zum Cockpit von außen. Er programmierte sodann den Autopiloten so, dass das Flugzeug in den Sinkflug überging. Während dieses Sinkflugs ließ er die Cockpittür verriegelt, so dass von außen niemand Zugang zum Cockpit bekommen konnte. Er reagierte nicht auf Funksprüche der zivilen und militärischen Flugverkehrskontrollstellen und auch nicht auf das Klopfen gegen die Cockpittür.[382] Durch die nach den Anschlägen vom 9. September 2001 eingeführten sicheren Cockpittüren, war ein Eindringen von außen ins Cockpit nicht möglich. Ein Kollidieren des Flugzeugs mit den französischen Alpen konnte nicht aufgehalten werden.[383]

b.) Krankheitsgeschichte

Dass Copilot Lubitz an Depressionen litt, war den Behörden bereits seit dem Jahr 2008 bekannt: Im August 2008 bis Juli 2009 wurde bei ihm eine schwere depressive Episode ohne psychotische Symptome diagnostiziert. Lubitz wurde im Juli 2009 dennoch ein Tauglichkeitszeugnis als Pilot auf der Grundlage einer Sondergenehmigung ausgestellt. Diese legte fest, dass das Tauglichkeitszeugnis ungültig werde, wenn ein Rezidiv der Depression auftritt.[384] Im Dezember 2014, also gut vier Monate vor dem Absturz der Germanwings-Maschine, zeigte Lubitz

---

380 Dazu https://www.bea.aero/index.php?id=84 (Stand: 20.12.2020).

381 Abschlussbericht Unfall am 24. März 2015, S. 35.

382 Abschlussbericht Unfall am 24. März 2015, S. 9.

383 Abschlussbericht Unfall am 24. März 2015, S. 9.

384 Im Juli 2009 gab Lubitz behandelnder Psychiater an, dass der Copilot vollständig genesen sei. Den vom behandelnden Psychiater am 15.7.2009 angefertigten Bericht für die Grundlage für den Psychiater, der für das Lufthansa AeMC arbeitete, die Verlängerung des Tauglichkeitszeugnisses der Klasse 1 mit der Sondergenehmigung FRA 091/09 auszustellen. In der Sondergenehmigung war festgelegt, dass das Tauglichkeitszeugnis ungültig werden sollte, würde es zum Wiederkehren der Depression kommen. Dazu Abschlussbericht Unfall am 24. März 2015, S. 8, 32.

Anzeichen, die wiederum auf das Vorliegen einer psychotisch-depressiven Episode hindeuteten. Ein daraufhin aufgesuchter Psychiater verschrieb Lubitz u.a. Antidepressiva. Einen flugmedizinischen Sachverständigen suchte Lubitz jedoch nicht auf.[385] Im Februar 2015 sodann diagnostizierte ein Arzt psychosomatische Störungen und eine Angststörung. Er überwies Lubitz zu einem Psychiater. Der sodann ambulant behandelnde Psychiater verschrieb Lubitz Zopiclon.[386] Bei diesem Medikament handelt es sich laut Beipackzettel um ein rezeptpflichtiges Schlafmittel.[387] Später, im Februar, wurde Lubitz noch das Medikament Mirtazapin verordnet.[388] Bei diesem Medikament handelt es sich laut Beipackzettel um ein Antidepressivum.[389] Wenige Tage vor dem Absturz, am 10. März 2015, diagnostizierte der Arzt eine mögliche Psychose und empfahl die Behandlung in einem psychiatrischen Krankenhaus.[390] Dort wurden ihm weitere Antidepressiva und Neuroleptika verordnet.[391] Keiner der konsultierten Ärzte oder Psychologen hielten es jedoch für nötig, die deutschen Luftfahrtbehörden über die desolate psychische Verfassung des Piloten zu informieren. Da der Arbeitgeber und auch die Behörden nicht über den Gesundheitszustand des Copiloten informiert wurden, wurde auch nicht verhindert, dass der Copilot weiter seinem Dienst nachging und als Pilot tätig war.[392]

---

385 Abschlussbericht Unfall am 24. März 2015, S. 8.

386 Abschlussbericht Unfall am 24. März 2015, S. 34.

387 http://www.apotheken-umschau.de/Medikamente/Beipackzettel/Zopiclon-AL-7.5-1332508.html (Stand: 20.12.2020).

388 Abschlussbericht Unfall am 24. März 2015, S. 34.

389 http://www.apotheken-umschau.de/Medikamente/Beipackzettel/Mirtazapin-15mg-AAA-Pharma-4188644.html (Stand: 20.12.2020).

390 Abschlussbericht Unfall am 24. März 2015, S. 8. Als der Copilot im Juni 2010 das Tauglichkeitszeugnis der Klasse 3 der FFA beantragte, wurde dies von selbiger zunächst abgelehnt mit Verweis darauf, dass eine reaktive Depression Teil seiner Krankengeschichte sei. Nach Übersendung diverser Berichte und Bescheinigungen des behandelnden Psychotherapeuten an die FFA Aerospace Medical Certification Division wurde schlussendlich am 28. Juli 2010 doch noch ein Tauglichkeitszeugnis der Klasse 3 ohne Einschränkung ausgestellt. Im beigefügten Begleitschreiben wurde von der FFA aber angefügt, dass dem Copiloten das Führen eines Flugzeuges untersagt ist, sobald zu irgendeinem Zeitpunkt neue Symptome oder nachteilige Veränderung auftreten oder Medikamenten und/oder Behandlung benötigt werden. Von März 2011 bis Juli 2014 wurde dem Copiloten ein Tauglichkeitszeugnis Klasse 1 mit der beschriebenen Sondergenehmigung ausgestellt und dies steht verlängert. So Abschlussbericht Unfall am 24. März 2015, S. 33.

391 Abschlussbericht Unfall am 24. März 2015, S. 34.

392 Abschlussbericht Unfall am 24. März 2015, S. 8.

Der Untersuchungsbericht der BEA kommt nach einer Analyse[393] zu dem Schluss, dass der Copilot unter einer psychotisch-depressiven Episode litt, die im Dezember 2014 begonnen hatte und bis zum Unfalltag andauerte. Die Experten konnten auch andere Formen von psychischen Erkrankungen und eine Persönlichkeitsstörung des Copiloten nicht ausschließen.[394] Die französische Justizbehörde, welche toxikologische Untersuchungen am gefundenen Gewebe des Copiloten durchführte, kam zu dem Schluss, dass dieser, Citalopram, Mirtazapin und Zopiclon[395] eingenommen hatte.[396] Der Copilot war zum Zeitpunkt des tragischen Todesfluges mithin schwer psychiatrisch erkrankt und stand unter dem Einfluss von Antidepressiva und Schlafmitteln.[397] Damit war das im Tauglichkeitszeugnis von Lubitz beschriebene Rezidiv der Sondergenehmigung FRA 091/09 eingetreten. Das Tauglichkeitszeugnis hätte im Dezember 2014 für ungültig erklärt werden müssen.

c.) Zwischenergebnis Suizid-Flüge

Die Betrachtung all der aufgezählten Fälle eines Suizides von Piloten zeigen, dass bei erfolgreichem Suizid durch den Missbrauch eines Flugzeuges der Pilot stets allein im Cockpit war. Am massivsten hat sich dies beim Absturz der Germanwings Maschine gezeigt, bei der sich der Pilot bewusst durch die abschließbaren Cockpittüren im Cockpit eingesperrt und die restliche Crew ausgesperrt hatte. Es liegt die Vermutung nahe, dass ein dauerhaft anwesender weiterer Pilot im Cockpit, in den aufgezählten Fällen einen Absturz womöglich noch hätte verhindern können. Gerade beim Todesflug der Boeing 767 im Jahr 1999 war dem Captain des Flugzeuges nach der Einleitung des Todesfluges durch den Offizier aufgefallen, dass der Offizier bereits einen Absturz eingeleitet hatte. Dieser war aber zu später wieder im Cockpit, um den Absturz noch zu verhindern.[398] Will ein Pilot einer Zivilluftmaschine tatsächlich Selbstmord begehen und dabei Flugzeug und Passagiere mit in seinen Freitod nehmen, können zumindest die

393 Die Analyse wurde von einem deutschen Psychiater und einem deutschen Experten für Flugmedizin durchgeführt und gemeinsamen mit einer Gruppe von Experten von britischen Flugmedizinern und psychischen Experten sowie französischen Psychiatern diskutiert, Abschlussbericht Unfall am 24. März 2015, S. 35.

394 Abschlussbericht Unfall am 24. März 2015, S. 35.

395 Dabei handelt es sich Antidepressiva, Neuroleptika und Schlafmittel.

396 Abschlussbericht Unfall am 24. März 2015, S. 35.

397 Abschlussbericht Unfall am 24. März 2015, S. 35.

398 *Price/Forrest,* Practical Aviation Security, S. 82.

Passagiere dies kaum verhindern. Wenn den Passagieren auffällt, dass mit dem Flug etwas nicht stimmt, bewegt sich das Flugzeug meist schon dem Boden entgegen bzw. auf ein tödliches Hindernis zu. Solche Bedrohungen durch suizidale Piloten sind wohl am besten durch umfassende Hintergrundchecks und die Schulung von Managern und Personal sowie frühzeitige Interventionsprogramme und psychische Betreuung zu verhindern.[399] Ebenfalls könnte die verbindliche Einführung eines Vier-Augen-Prinzips im Cockpit sicherlich sinnvoll im Rahmen der Risikoreduktion sein.

3. „Insider-Threats" - das langfristige Unterlaufen von Airport- und Airline-Mitarbeitern durch Terroristische Vereinigungen

Ein Szenario, welches über die in den letzten Jahren vorkommenden Selbstmordflüge hinausgeht, ist die Befürchtung, dass terroristische Organisationen systematisch über Jahre Piloten und Crew in Airlines und den Flughafenbereich einschleusen oder diese gezielt rekrutieren und so das Flugsicherheitssystem unterlaufen. Als am 19. Mai 2016 ein Flugzeug des Typs Airbus A320-232 (Egyptair Flug 804) unvermittelt und ohne Absetzen eines vorherigen Notrufs über dem Mittelmeer nahe der Insel Kreta abstürzte und alle 66 Insassen dabei ums Leben kamen, konnte zwar die Absturzursache nicht endgültig geklärt werden, jedoch wurde von einigen Seiten vermutet, dass Mitarbeiter eine Bombe mit an Bord des Flugzeugs geschmuggelt hätten.[400] Bereits im Jahr 2001 hat die Federal Aviation Administration (FAA), also die Bundesluftfahrtbehörde der Vereinigten Staaten, in einem Bericht angemerkt, dass es nicht unwahrscheinlich sei, dass terroristische Vereinigungen den Versuch unternehmen würden, Terroristen in Flughäfen zu positionieren, um zukünftige Attacken zu ermöglichen, oder dass terroristische Organisationen versuchen würden, Flughafen und Air linemitarbeiter für ihre Vorhaben zu gewinnen.[401] Mechanismen, die geschaffen wurden, um Dritte daran zu hindern, Anschläge auf Flugzeuge durchzuführen, sind bei Mitarbeitern der Zivilluftfahrt kaum effektiv. Der ICAO ist diese große Sicherheitslücke bekannt.[402] Im Jahr 2007 hat beispielsweise ein Flughafenmitarbeiter in Miami große Mengen von Feuerwaffen an Bord verschiedener Zivilluftfahrzeuge geschmuggelt und im Jahr 2015 wurden ebenfalls in

399 *Price/Forrest,* Practical Aviation Security, S. 83.

400 http://aviation-safety.net/database/record.php?id=20160519-0 (Stand: 20.12.2020). Dazu auch ausführlich oben D. V.

401 *Price/Forrest,* Practical Aviation Security, S. 502.

402 *LeFoyer/Berti,* Interview ICAO vom 7. November 2017.

den USA Airlinemitarbeiter verurteilt, da sie große Mengen an Feuerwaffen in den Frachträumen von Zivilluftfahrzeugen schmuggelten.[403] Diese Vorkommnisse, ebenso wie der tödliche Germanwings Flug im Jahr 2015 zeigen, dass noch immer Sicherheitslücken in Bezug auf Mitarbeiter der Zivilluftfahrt bestehen. Glücklicherweise gibt es jedoch relativ wenige Zwischenfälle dieser Art.

IX. MANPADS und Abschüsse vom Boden aus

In den letzten Jahren haben sich auch Abschüsse von Flugzeugen vom Erdboden aus, beispielsweise durch Raketenabschusssysteme und Panzerfäuste, als Problem für die Zivilluftfahrt dargestellt.[404] Diese werden bei Lande- oder Startflug auf die Maschinen abgefeuert.[405] Im November 2002 fand ein solcher Anschlag in Mombasa, Kenia, und im Jahr 2003 in Bagdad, Irak, statt. Im ersten Fall feuerten Terroristen mit Boden-Luft-Raketen auf eine startende Maschine der Arkia Israeli Airlines, verfehlten ihr Ziel aber glücklicherweise.[406] Im zweiten Fall feuerten irakische Aufständische eine russische Rakete auf einen Airbus der Deutschen Post Worldnet, der auf dem Weg nach Barain war. Das Flugzeug konnte noch rechtzeitig notgelandet werden.[407]

X. Landseitige Anschläge auf Flughäfen/ Flughafenanschläge

Als aktuell massive Bedrohungen werden auch Anschläge im Flughafenbereich seitens der ICAO gesehen.[408]

Anschläge auf Flughäfen gab es seit 9/11 zahlreiche. Im Mai 2002 beispielsweise eröffnete Patrick Gott, der erbost über Witze von anderen Personen über seinen Turban war, das Feuer an einem Ticketschalter einer Airline am Flughafen

---

403 *Price/Forrest*, Practical Aviation Security, S. 502.

404 *Schäffer*, Der Schutz des zivilen Luftverkehrs vor Terrorismus, S. 31. Dabei wird im Englischen der Begriff MANPADS (Man-Portable Air Defence Systems) verwandt, der schultergestützte Boden-Luft-Flugabwehrraketensystem beschreibt, mit denen tieffliegende Flugobjekte vom Boden aus ab- und beschossen werden können.

405 *Hughes*, Aviation Week and Space Technology, 1995, S. 34; *Schäffer*, Der Schutz des zivilen Luftverkehrs vor Terrorismus, S. 31.

406 *Schäffer*, Der Schutz des zivilen Luftverkehrs vor Terrorismus, S. 31.

407 *Schäffer*, Der Schutz des zivilen Luftverkehrs vor Terrorismus, S. 31.

408 *LeFoyer/Berti*, Interview ICAO vom 7. November 2017.

in New Orleans und rief dabei „Allah“. Er tötete einen Menschen und verletzte einen anderen, bis andere Flughafenbesucher ihn zu Boden rangen.[409]

Im Jahr 2007 fuhren zwei Selbstmordattentäter mit einem mit Sprengstoff beladenem Fahrzeug in den Terminalbereich am Flughafen Glasgow. Dort verhinderten Poller jedoch das endgültige Eindringen in den Terminal, sodass bei der Detonation glücklicherweise lediglich einer der Attentäter getötet und fünf weitere Personen verletzt wurden.[410]

Im Jahr 2010 gelang es einem Selbstmordattentäter am Flughafen Moskau (Domodedovo International Airport) eine Bombe zu zünden, mit der er 35 Menschen tötete und über 100 Personen verletzte.[411]

Am Morgen des 22. März 2016 ereignete sich ein Selbstmordattentat am Flughafen Brüssel-Zaventem: Zwei Sprengsätze detonierten im Abstand von wenigen Sekunden nahe der Abflugschalter in der Abflughalle. Bei den Bomben handelte es sich um Nagelbomben. Es kamen mindestens 14 Personen bei dem Anschlag ums Leben und weitere 106 wurden verletzt.[412] Am Anschlagsort wurde ein Sturmgewehr Typ AK-47 gefunden sowie eine dritte, nicht explodierte Bombe, die noch entschärft werden konnte. Die Terrormiliz IS bekannte sich zu dem Anschlag.[413]

Am bzw. im Flughafen Atatürk ereignete sich am 28. Juni 2016 ein weiterer Terroranschlag: Drei Terroristen gelangten mit einem Taxi zum Flughafen. Einer der Täter eröffnete gegen 21:50 Uhr Ortszeit im Eingangsbereich der Ankunftshalle das Feuer mit einem Sturmgewehr nahe der Sicherheitsschleuse. Der Flughafen Atatürk ist mit einer Sicherheitsschleuse auch für Besucher ausgestattet.[414] Kurze Zeit später zündete er einen Sprengsatz und in der so geschaffenen Unruhe gelangte ein zweiter Täter durch die Sicherheitsschleuse in die Abflughalle. Dort angekommen löste er einen an seinem Körper befestigten Sprengsatz aus. Der dritte Attentäter löste am Außenbereich des Flughafens nahe einer

409 *Price/Forrest,* Practical Aviation Security, S. 88; https://www.washingtontimes.com/news/2002/jul/5/20020705-033241-4796r/ (Stand: 20.12.2020).

410 *Price/Forrest,* Practical Aviation Security, S. 89; https://www.bbc.com/news/uk-scotland-40416026 (Stand: 20.12.2020).

411 *Price/Forrest,* Practical Aviation Security, S. 89; https://www.bbc.com/news/world-europe-12268662 (Stand: 20.12.2020).

412 Dazu ICT – The Brussels Attacks, S. 3.

413 Dazu ICT – The Brussels Attacks, S. 3 und 5.

414 http://www.bbc.com/news/world-europe-36658187 (Stand: 20.12.2020).

U-Bahn-Station eine Bombe aus. Alle Attentäter starben bei dem Anschlag. Insgesamt kamen 45 Menschen ums Leben und über 239 wurden verletzt.[415]

XI. Cyberanschläge

Neben den bereits mehrfach realisierten Bedrohungsszenarien von Flugzeugentführungen und Bombenanschlägen sieht sich die Zivilluftfahrt auch mit möglichen Cyberangriffen auf Flugzeuge konfrontiert. Bedrohungen aus dem Cyberspace wurden von der ICAO als Gefahr für die Zivilluftfahrt erkannt und haben insbesondere in der 10. und 11. Auflage des Annex 17 noch einmal verstärkt Berücksichtigung finden können.[416] Diese vermeintlich „neue" Bedrohung durch Cyberangriffe hat bereits eine lange Geschichte: Die internationale Staatengemeinschaft beschäftigt sich schon seit Jahrzenten mit der Thematik der Cyberkriminalität.

Erstmals umfangreiche staatliche Aufmerksamkeit erhielt das Thema im Jahr 1983 durch den damaligen Präsidenten der USA, Ronald Reagan.[417]

Reagan befand sich am 4. Juni 1983 in Camp David und schaute dort den am vorherigen Tag erschienenen Film „WarGames" an. Der Film handelt davon, dass ein computeraffiner Teenager sich unabsichtlich in die Computer der North American Aerospace Defense Command (NORAD) einhackte und dabei beinahe den Dritten Weltkrieg zum Ausbruch brachte. Der damals bereits 72 Jahre alte Reagan traf kurz darauf im Weißen Haus 16 Kongressmitglieder und seinen nationalen Sicherheitsberater, um die anstehenden Nuklearwaffengespräche mit Russland vorzubereiten.[418] Zu diesem Zeitpunkt war er aber immer noch tief von dem Film „WarGames" eingenommen und fragte die Anwesenden, ob jemand den Film gesehen habe. Nachdem die Anwesenden dies verneinten, beschrieb er den Inhalt und fragte seinen Berater John W. Vessey Jr., ob so etwas wie im Film wirklich passieren könnte, also ob jemand tatsächlich in die Computer der US-Regierung eindringen könnte. Da Reagan gerade einmal drei Monate vorher seine umstrittene „Star Wars" Rede gehalten hatte, in der er Wissenschaftler aufforderte Laserwaffen zu entwickeln, mit denen man die russischen Flugkörper

---

415 https://www.stuttgarter-nachrichten.de/inhalt.nach-anschlag-in-istanbul-zahl-der-opfer-steigt-auf-45.2f9902e8-4c48-4c5d-9258-f0f1ca76b787.html (Stand: 20.12.2020); http://www.bbc.com/news/world-europe-36658187 (Stand: 20.12.2020).

416 Annex 17 to Convention on International Civil Aviation, 10th, August 2017, Foreword P. (x).

417 *Kaplan*, Cybersecurity's Debt to a Hollywood Hack.

418 *Kaplan*, Cybersecurity's Debt to a Hollywood Hack.

bzw. Raketen im Weltall abschießen könnte, liegt die Vermutung nahe, dass die auf der Sitzung Anwesenden Reagan wohl belächelten.[419] Dennoch nahm sich Vessey der Thematik an und suchte kurze Zeit später den Präsidenten auf, um diesem mitzuteilen, dass „WarGames“ keineswegs weit hergeholt sei und sich die USA mit einem großen Problem konfrontiert sehen.[420] Zu diesem Zeitpunkt hatten gerade einmal die ersten Laptops den Weg in die Geschäfte gefunden und öffentliche Internet Provider sollten erst im übernächsten Jahr auf den Markt treten. Reagan beauftragte seine Mitarbeiter, sich auf Cyberkriminalität zu fokussieren, mit dem Ergebnis, dass die nationale Sicherheits-Direktive NDSS-145 „National Policy on Telecommunications and Automated Information Systems Security“ verfasst wurde. Diese warnte davor, dass ein Abhören von Informationen und Eindringen in Systeme möglich sei und insbesondere Terroristen und Kriminelle dies nutzen könnten.[421]

1. Generelle Bedrohungslage Cyberangriffe

Die Frage nach Cybersecurity ist bei Konzernen und Regierung weltweit angekommen, da sich Attacken auf Computersysteme in den letzten Jahren massiv gehäuft haben. Nach den Aussagen von Gemalto, einer digitalen Sicherheitsvereinigung, seien allein in den ersten sechs Monaten des Jahres 2015 über 888 Sicherheitsverletzungen aufgrund des unbefugten Zugriffs auf Daten aufgetreten, die weltweit über 246 Millionen Datensätze offengelegt haben.[422] Einer der massivsten Hackerangriffe war dabei derjenige auf das US Office of Personelle Management, bei dem 21 Millionen Datensätze gestohlen wurden.[423]

---

419 *Kaplan*, Cybersecurity's Debt to a Hollywood Hack.

420 *Kaplan*, Cybersecurity's Debt to a Hollywood Hack.

421 *Kaplan*, Cybersecurity's Debt to a Hollywood Hack.

422 *Price/Forrest*, Practical Aviation Security, S. 504. Das Center for Strategic & International Studies, ein internationaler ThinkTank, führt seit 2006 eine Liste von signifikanten Cyberattacken auf Staaten, die inzwischen über 50 Seiten lang ist und mehr als 500 Cyberattacken enthält, dazu https://csis-website-prod.s3.amazonaws.com/s3fs-public/201106_Significant_Cyber_Events_List.pdf (Stand: 20.12.2020). Zu der allgemeinen Einschätzung von Cybersecurity als nationales Risiko, siehe *Weed*, US Policy Response to Cyber Attack on SCADA Systems Supporting Critical National Infrastructure.

423 *Price/Forrest*, Practical Aviation Security, S. 504.

2. Cyberangriffe auf Flugzeuge

Heutzutage fliegen Zivilluftfahrzeuge die meiste Zeit im Autopilotmodus[424], während die Piloten lediglich die Kontrolle bei Abflug, Landung, Turbulenzen oder in Notfällen übernehmen. Flugzeuge basieren umfassend auf Computersystemen. Zieht beispielsweise der Pilot den Steuerknüppel, machte er mehr oder weniger dem Computersystem einen Vorschlag darüber, wie dieses handeln soll. Ebenso operiert die gesamte Navigation, Kommunikation und Entertainmentsystem über Computer und über Netzwerke an Bord.[425] Die gesamte Luftfahrt, sowohl in der Luft als auch am Boden, ist wegen der Abhängigkeit von Computersystemen erheblichen Risiken aus dem Cyberspace ausgesetzt.[426]

Flugzeuge bestehen aus verschiedenen Systemen, die miteinander in Beziehung stehen und jeweils eine spezifische Funktion erfüllen.[427] Die gängige Methode der Kennzeichnung und Einteilung verschiedener Systeme richtet sich zumeist nach dem Joint Aircraft System/Component (JASC) Code Table, welcher auf der von der Air Transport Association of America (ATA) etablierten ATA Spezifikation 100 beruht und Flugzeugsysteme nach bestimmten Spezifikationen einteilt.[428] Unterschieden werden beispielsweise die Navigationsanlagen, Sauerstoffanlage, Flugüberwachungsanlagen, Flugsteuerung, Kommunikation und Autopilot.[429] Gemeinsam haben alle Systeme, dass sie ohne bzw. fast ohne unmittelbares menschliches Einwirken computergesteuert funktionieren. Grundsätzlich sollen die verschiedenen Systeme, insbesondere die Unterhaltungselektronik und WLAN in der Kabine vom System im Cockpit getrennt sein.[430] Diese Trennung war viele Jahre eine tatsächlich physische Trennung unterschiedlicher Netzwerke, also nicht nur eine Trennung der Netzwerke über verschiedene Software und Firewalls. Als Boeing im Jahr 2008 den Dreamliner auf den Markt brachte, entdeckte die FAA jedoch, dass diese strikte physische Trennung erstmalig aufgehoben wurde.[431] So weist der Dreamliner ein digitales System verschiedener Netzwerke auf, die elektronisch und durch eingebaute

---

424 Der Autopilot wurde im Jahr 1914 entwickelt, dazu *Giemulla/Friedl/van Schyndel*, Gewerblicher und privater Einsatz von Drohnen, S. 1.

425 *Price/Forrest*, Practical Aviation Security, S. 504.

426 AGCS - Global Aviation Safety Study, S. 58.

427 *Scholz*, Flugzeugsysteme, S. 1 f., 5 f.

428 *Scholz*, Flugzeugsysteme, S. 7; Joint Aircraft System Code Table.

429 Joint Aircraft System Code Table.

430 Dazu der Bericht FAA zur Boeing 787-8, S. 27.

431 Bericht FAA zur Boeing 787-8, S. 27.

Software miteinander verknüpft sind. Dieses neue System an Bord verknüpft auch das Entertainmentnetzwerk, zu dem sich die Passagiere verbinden können, mit den bis dahin physisch strikt getrennten Netzwerken, die für die Sicherheit des Flugzeuges zuständig sind.[432] Nach der Kritik der FAA etablierte Boeing eine weitere Firewall zwischen den Systemen, um die Netzwerke gegen Hacker zu schützen.[433] Die von der FAA empfohlene strikte physische Trennung wurde jedoch nicht wieder hergestellt.

In Flugzeugen der neuesten Generation wird Passagieren in der Regel auch über Satellitenfunksysteme der Zugang zum Internet ermöglicht.[434] Es besteht die Befürchtung, dass ein Fluggast, der mit seinem Laptop mit dem WLAN an Bord verbunden ist, theoretisch nunmehr auch andere Systeme beeinflussen kann. Gerade die WLAN-Verbindung, die Passagiere nutzen können, und die umfassende Verbindung von Flugzeugen mit dem Internet werden als mögliche Schwachstelle von Sicherheitsexperten kritisiert.[435]

Im Jahr 2015 erregte ein Twitter-Post des Sicherheitsforschers Chris Roberts (IT-Sicherheitsfirma One Labs) großes Aufsehen: Roberts befand sich an Bord eines United Airlines Flugs und surfte über die Satelliten-Internetverbindung im Internet. Er postete dann bei Twitter, dass er sich an Bord einer Boeing 737/

---

432 Im Bericht heißt es dazu: *„The proposed architecture of the 787 is different from that of existing production (and retrofitted) airplanes. It allows new kinds of passenger connectivity to previously isolated data networks connected to systems that perform functions required for the safe operation of the airplane. Because of this new passenger connectivity, the proposed data network design and integration may result in security vulnerabilities from intentional or unintentional corruption of data and systems critical to the safety and maintenance of the airplane.*", so Bericht FAA zur Boeing 787-8, S. 27.

433 Bericht FAA zur Boeing 787-8, S. 27.

434 Um eine Internetverbindung im Flugzeug zu ermöglichen, werden Satelliten genutzt. Diese Satelliten stehen mit Bodenstationen auf der Erde in Verbindung und am Rumpf des Flugzeuges befindet sich eine Antenne, die sich wiederum jeweils mit nahegelegenen Satelliten vernetzt. An Bord des Flugzeuges werden die über die Antenne empfangenen Signale vom Server verarbeitet und diese werden an Wireless Access Points weitergeleitet. Dazu http://www.spiegel.de/reise/aktuell/urlaub-fuer-fortgeschrittene-wie-funktioniert-wlan-im-flugzeug-a-1151356.html (Stand: 20.12.2020). Im Jahr 2016 gab es darüber hinaus ein ersten Testflug in Großbritannien, der auf einem von der Telekom entwickelten System (EAN - European Aviation Network) und einer Internetverbindung über LTE und Satellit basiert, dazu https://www.telekom.com/de/medien/medieninformationen/detail/ean-ist-in-der-luft-444780 (Stand: 20.12.2020). Eine LTE Verbindung könnte sich in der Zukunft etablieren.

435 *Price/Forrest,* Practical Aviation Security, S. 505.

800 befinde und stellte mit zwinkerndem Smiley die Frage, ob er etwas mit dem „Engine Indication and Crew Alerting System“ spielen und die Statusmeldung „Pass Oxygen on“ aktivieren solle.[436] Nach diesem Scherz, sich in das Entertainmentsystem des Flugzeuges einzuhacken und so die Flugkontrolle manipulieren zu können, wurde Roberts vom FBI direkt nach der Landung festgenommen.[437] Zwar stritten Boeing, United und FAA ab, dass Roberts sich tatsächlich Zugang zu den Flugkontroll-Computern habe verschaffen können: Die Frage ist aber geblieben, ob er dies womöglich doch gekonnt hätte?[438]

In den USA stellt die FAA zurzeit das gesamte Flugverkehrskontroll-, das Radarsystem und das Wettervorhersagesystem in der Form um, dass die beschriebenen Prozesse vom Boden aus durch ein eigenständiges Computersystem und digitale Netzwerke durchgeführt und nicht mehr in jedem Flugzeug selbst generiert werden, sog. NextGen.[439] Hier besteht die Befürchtung, dass NextGen es sogar ermöglichen wird, dass sich Hacker vom Boden aus in die Navigationssysteme werden einloggen können.[440]

Mit der fortschreitenden Implementierung von NextGen sind in den USA und weltweit in den letzten Monaten – wie die 11. Auflage des Annex 17 CA zeigt – die Bedenken gewachsen, dass die Luftfahrt von Cyberattacken betroffen sein kann und die Frage der Etablierung von Systemen zur Risikominimierung steht stärker im Blickpunkt.[441] In den USA wurde im Bereich der Zivilluftfahrt 2016

---

436 https://www.welt.de/wirtschaft/article141007629/Die-Angst-der-Airlines-vor-den-Flugzeug-Hackern.html (Stand: 20.12.2020).

437 *Price/Forrest,* Practical Aviation Security, S. 504.

438 *Price/Forrest,* Practical Aviation Security, S. 504.

439 *Price/Forrest,* Practical Aviation Security, S. 504. NextGen soll bis zum Jahr 2025 in den USA durch die FAA implementiert sein. NextGen zielt darauf ab, die aktuell bodengestützte Flugverkehrskontrollsystem auf ein auf Satellitennavigation basierendes System umzustellen, welches automatisiert Positionsmeldungen und digitale Kommunikation einsetzt. Mit NextGen sollen die Kapazität des Luftverkehrssystems erhöht und die Sicherheit im Luftraum verbessert, Verspätungen reduziert, Treibstoff eingespart und negativen Umweltauswirkungen des Luftverkehrs minimiert werden. Im Jahr 2007 wurde geschätzt, dass die Implementierung von NextGen bis 2025 zwischen 29 und 42 Milliarden Dollar kosten wird. Ausführlich zu NextGen https://www.gao.gov/products/GAO-17-450 (Stand: 20.12.2020).

440 *Price/Forrest,* Practical Aviation Security, S. 505.

441 Siehe dazu insbesondere den ausführlichen Report to Congressional Requesters, United States Government Accountability Office, FAA Should Fully Implement Key Practices to Strengthen Its Oversight of Avionics Risks, October 2020, abrufbar unter https://www.gao.gov/assets/720/710095.pdf (Stand: 20.12.2020).

der sog. FAA Extension, Safety, and Security Act of 2016 erlassen, der die Risken von Cybercrimes und -anschlägen reduzieren soll.[442] Gerade die Implementierung von NextGen und die damit verbundenen potenziellen Risiken für die Luftfahrt im Bereich der Cybersecurity lassen vermutlich das erstarkte Interesse der USA und auch der ICAO an dem Thema in den letzten fünf Jahren erklären. Erst im Oktober veröffentlichte das United States Government Accountability Office (GAO) einen umfassenden für den Congress erstellten Report, in dem der Umgang mit Cybersecurity durch die FAA analysiert und auditiert wurde.[443] Dabei wurde seitens GOA die Bestrebungen der FAA im Bereich von Cybersecurity als aktuell ungenügend bewertet.[444] Kritisiert wurde u.a., dass sich insbesondere aus der zunehmenden Vernetzung der Flugzeugsysteme mit externen Systemen verschiedene potenzielle Schwachstellen und Risiken ergeben, die nur mit angemessenen Schutzmaßnahmen reduziert werden können. Die GOA sieht hier insbesondere Risiken, wenn keine notwendigen Softwareupdates durchgeführt werden, Systeme in Flugzeugen veraltet sind oder kommerziell eingesetzte Software nicht entsprechend für den Einsatz angepasst wird.[445] Auch wurde der FAA dringend angeraten ein Überwachungsprogramm für Cybersecurity-Risiken aufzubauen, um eine ausreichende und wirksame Überwachung sicherzustellen. Dafür müsse beispielsweise eine Risiko-Priorisierung vorgenommen werden, es müssen Schulungsprogramme entwickelt und etabliert werden und es müssen regelmäßige Cybersicherheitstests und Audits der Überwachungsprozesse durchgeführt werden.[446] Die GOA hat damit der FAA de facto attestiert, dass es ein angemessenes Risikomanagement im Bereich der Cybersecurity in den USA aktuell schlichtweg nicht gibt. Aufgrund des grenzüberschreitenden

---

442 FAA Extension, Safety, and Security Act of 2016, Pub. L. No. 114–190, §2111, 130 Stat. 625-627 (2016).

443 Report to Congressional Requesters, United States Government Accountability Office, FAA Should Fully Implement Key Practices to Strengthen Its Oversight of Avionics Risks, October 2020.

444 Executive Summary, Report to Congressional Requesters, United States Government Accountability Office, FAA Should Fully Implement Key Practices to Strengthen Its Oversight of Avionics Risks, October 2020.

445 Report to Congressional Requesters, United States Government Accountability Office, FAA Should Fully Implement Key Practices to Strengthen Its Oversight of Avionics Risks, October 2020, S. 21.

446 Executive Summary, Report to Congressional Requesters, United States Government Accountability Office, FAA Should Fully Implement Key Practices to Strengthen Its Oversight of Avionics Risks, October 2020.

Charakters des Luftverkehrs und somit auch der unmittelbaren weltweiten Betroffenheit bei massiven Sicherheitslücken im Bereich der Cybersecurity von NextGen sollte die ICAO sich dringend mit der verbindlichen Etablierung von Risikomanagementsystemen befassen.

XII. Anschläge von unbemannten Flugobjekten ausgehend („Drohnen")

Auch Angriffe oder Störmanöver durch sog. „unbemannte Flugobjekte", umgangssprachlich als Drohnen bezeichnet,[447] auf Flugzeuge in der Luft oder mithilfe von Sprengsätzen auch im Flughafenbereich, stellen eine Herausforderung für Luft- und Flugsicherheit dar. Drohnen fallen, ebenso wie in der Luftfahrt gängige Multicopter, unter den von der ICAO verwandten Begriff des „Unmanned Aircraft System", abgekürzt mit „UAS".[448] Weltweit lässt sich in den letzten Jahren eine erhebliche Anzahl an Zwischenfällen mit UAS finden. Drohnen sind im Trend, leicht verfügbar und inzwischen auch preislich erschwinglich: Allein in Deutschland wurden beispielsweise nach einer Schätzung der DFS Deutsche Flugsicherung im Jahr 2016 rund 400.000 Drohnen verkauft und 2017/2018 gehen Schätzungen davon aus, dass jährlich jeweils ca. eine Millionen Drohnen in Deutschland verkauft wurden.[449] Jedoch ist der Einsatz von unbemannten Flugobjekten keineswegs neu. Bereits die Gebrüder Wright testeten ihre Flugobjekte zunächst unbemannt.[450] UAS wurden früh für experimentelle Zwecke eingesetzt, insbesondere hatten Drohnen schon früh eine Bedeutung bei militärischen Einsätzen und wurden in diesem Zusammenhang kontinuierlich weiterentwickelt und leistungsstärker.[451] Ein UAS überquerte beispielsweise bereits am 21. August 1998 den Nordatlantik und somit eine Strecke von 3270 km ohne Zwischenlandung in einer Zeit von 26 Stunden 45 Minuten.[452]

Drohnen wurden in den letzten Jahren stetig technologisch weiterentwickelt und weisen inzwischen eine Vielzahl an Fähigkeiten und Einsatzmöglichkeiten

---

447 *Giemulla/Friedl/van Schyndel*, Gewerblicher und privater Einsatz von Drohnen, S.V, Teil B, S. 22.

448 ICAO Circular 328 Unmanned Aircraft System.

449 *Giemulla/Friedl/van Schyndel*, Gewerblicher und privater Einsatz von Drohnen, S. 5; https://de.statista.com/statistik/daten/studie/819151/umfrage/anzahl-der-verkauften-drohnen-in-deutschland/ (Stand: 20.12.2020).

450 *Giemulla/Friedl/van Schyndel*, Gewerblicher und privater Einsatz von Drohnen, S. 1.

451 *Giemulla/Friedl/van Schyndel*, Gewerblicher und privater Einsatz von Drohnen, S. 1.

452 *Giemulla/Friedl/van Schyndel*, Gewerblicher und privater Einsatz von Drohnen, S. 1.

auf.[453] Sie werden beispielsweise bereits in zahlreichen Industriezweigen, wie in der Land- und Forstwirtschaft, der Logistikbranche, zur medizinischen Notfallversorgung, im Bereich des Bergbaus etc. erfolgreich eingesetzt.[454] Der Einsatz von Drohnen ist mit wenig Aufwand verbunden: es bedarf weder eines Flugplatzes noch einer Start- und Landebahn und jeder, der an Technik interessiert ist, kann Drohnen einfach nutzen, um den Luftraum für sich zu erobern.[455] Mit dieser für jedermann einfachen Teilnahme am Luftverkehr sind aber kaum übersehbare Gefährdungen und Missbrauchspotenziale und somit ein erhebliches Risiko für die Zivilluftfahrt verbunden, die einhergehen mit fehlenden bzw. zu geringen gesetzlichen Regulierungen weltweit.[456] Diejenigen, die Drohnen privat z.B. als Hobbyfotografen einsetzen, sind sich zumeist überhaupt nicht bewusst, dass sie Teilnehmer des Luftverkehrs sind und dadurch Verantwortung tragen.[457] Mit dieser Unwissenheit geht eine Gefährdung anderer Luftfahrzeuge und von Personen am Boden einher.[458] Eine große Gefahr stellen insbesondere Drohnen dar, die im Flughafenbereich operieren. Es gab bereits eine Vielzahl an dokumentierten Zwischenfällen mit Drohnen im Flughafenbereich oder in der Einflugschneise. Nach Information der DFS (Deutsche Flugsicherheit) gab es im Jahr 2015 beispielsweise in Deutschland 14 Konflikte mit dem regulärem Flugverkehr, 2016 wurden 64 Konflikte registriert und jedes Jahr wird noch mit einem weiteren Anstieg gerechnet.[459] Dieser Trend ist weltweit zu finden: In Dubai musste allein im Jahr 2016 drei Mal für 30 bis 60 Minuten der Flugverkehr unterbrochen werden, weil nahe des Flughafens im Quartier Al Warqa eine Drohne gesichtet wurde, die für Flugzeuge eine Gefahr hätte sein können.[460]

Am 12. September 2017 musste eine Passagiermaschine (Swiss-Flug LX1484) einer Drohne über dem Flughafen in Prag ausweichen, die über der anzufliegenden Landebahn gesichtet wurde.[461] Der Pilot selbst hatte die Drohne nicht

---

453 AGCS - Global Aviation Safety Study, S. 55.

454 Dazu die ausführliche Aufstellung von *Giemulla/Friedl/van Schyndel*, Gewerblicher und privater Einsatz von Drohnen, S. 4.

455 *Giemulla*, Drohnen – Segen oder Fluch?, S. 356.

456 *Giemulla*, Drohnen – Segen oder Fluch?, S. 356.

457 *Giemulla*, Drohnen – Segen oder Fluch?, S. 356.

458 *Giemulla*, Drohnen – Segen oder Fluch?, S. 356.

459 Pressemitteilung DFS vom 05.07.2017.

460 http://www.aerotelegraph.com/drohne-sorgt-fuer-schliessung-von-dubai-und-sharjah (Stand: 20.12.2020).

461 http://www.aerotelegraph.com/swiss-piloten-muessen-drohne-ausweichen (Stand: 20.12.2020).

erkannt oder gesehen. 20 Flüge waren von der Störung durch die Drohne betroffen.[462]

Am 12. Oktober 2017 ist in Kanada ein Verkehrsflugzeug der Charterairline Skyjet beim Anflug auf den Jean Lesage International Airport in Québec mit einer Drohne kollidiert.[463] Das Flugzeug hat dabei nur geringen Schaden genommen und konnte sicher gelandet werden. Der Vorfall ereignete sich ca. 3 km vom Flughafen entfernt auf einer Flughöhe von 450 m.[464] Zwar gibt es in Kanada Reglungen, die für Drohnen in der Nähe von Flughäfen ein Flugverbot aussprechen und Strafen von bis zu 25.000 kanadischen Dollar oder Gefängnisstrafe androhen, jedoch gab es allein im Jahr 2017 in Kanada 1596 offizielle Zwischenfälle mit Drohnen.[465] Zwar sind die aufgezählten Zwischenfälle bis dato alle Probleme der Flugsicherheit und nicht zielgerichtete Anschläge gegen Flugzeuge gewesen, ein Sicherheitsrisiko für die Luftsicherheit können jedoch Drohnen darstellen, die Sprengstoff tragen und von Terroristen für einen Anschlag missbraucht werden.

Im Jahr 2016 fiel dem US-amerikanischen Fernsehsender CBS ein an die regionalen Behörden gerichtetes Papier der US-Anti-Terror-Behörde Homeland Security in die Hände, in dem die Gefahren beschrieben wurde, die von Terroristen beim Einsatz von Drohnen ausgehen könnten.[466] Laut Bericht müsse davon ausgegangen werden, dass Terroristen Drohnen für ihre Zwecke nutzen und zu Waffen umfunktionieren werden, um gezielt Flugzeuge zum Absturz zu bringen oder zu gefährden.[467] Auch die Global Safety Studie der Allianz Global Corporate & Speciality sieht in Drohnen ein erhebliches Sicherheitsrisiko, zum einen in Kollisionen mit Flugzeugen und zum anderen, wie bereits aufgetreten, darin, dass Drohnen die Funkfrequenzen von Flugzeugen stören.[468] Wenn man

---

462 http://www.aerotelegraph.com/swiss-piloten-muessen-drohne-ausweichen (Stand: 20.12.2020).

463 http://www.aerotelegraph.com/flugzeug-stoesst-mit-drohne-zusammen (Stand: 20.12.2020).

464 http://www.aerotelegraph.com/flugzeug-stoesst-mit-drohne-zusammen (Stand: 20.12.2020).

465 http://www.aerotelegraph.com/flugzeug-stoesst-mit-drohne-zusammen (Stand: 20.12.2020).

466 http://www.aerotelegraph.com/drohnen-als-waffen-von-terroristen-gegen-flugzeuge (Stand: 20.12.2020).

467 http://www.aerotelegraph.com/drohnen-als-waffen-von-terroristen-gegen-flugzeuge (Stand: 25.12.2017).

468 AGCS - Global Aviation Safety Study, S. 9.

sich überlegt, welche massiven Auswirkungen schon Zusammenstöße von Flugzeugen mit Vögeln haben können, die in die Turbinen geraten, möchte man sich gar nicht vorstellen, was weitaus solidere Drohnen anrichten können.[469]

XIII. Die aktuelle Bedrohungskulisse und die Anpassung des Annexes 17 Chicagoer Abkommen

Die aktuelle Bedrohungskulisse der Zivilluftfahrt setzt sich zusammen aus

1. potenziellen Flugzeugentführungen, die in den letzten Jahren seit der letzten geglückten Entführung im Jahr 2014[470] nicht merkbar aufgetreten sind und durch die Anpassungen des Luftsicherheitsrechts nach 9/11 schwierig realisierbar geworden sind[471];
2. Sprengstoffanschlägen, die nach wie vor dominante Gefahr für die Luftfahrt sind;[472]
3. „Insider-Threats", als von Flughafen- und Airline Personal ausgehende Bedrohungen;
4. in den letzten Jahren mehrfach aufgetretene (landseitige) Anschläge auf Flughäfen;
5. MANPADS/ Abschüsse von Flugzeugen vom Boden aus durch Kriminelle/ Terroristen.

   Auch die „neuen" Bedrohungsszenarien in der Form der
6. Cyberanschläge oder
7. Drohnenattacken, die bis dato noch keinen bestätigten und erfolgreichen Anschlag mit sich gebracht haben, sind Gefahren für die Sicherheit der Zivilluftfahrt.[473]

Es soll nun untersucht werden, wie die ICAO auf diese Gefahren reagierend den Annex 17 überarbeitet hat und analysiert werden, welche Gefahren möglicherweise bis dato zumindest im Rahmen des Annexes 17 zu wenig Beachtung

---

469 Im Januar 2009 kollidierte beispielsweise ein US Airways Flugzeug mit einem Schwarm Kanada-Gänse ca. 7 Minuten nach dem Abflug in New York. Die Gänse beschädigten beide Motoren, was zur Folge hatte, dass das Flugzeug im Hudson-River landete. Alle 155 Personen an Bord überlebten den Zwischenfall dank des besonnen Einsatzes des Piloten Chesley Sullenberger III. Dazu AGCS - Global Aviation Safety Study, S. 55.

470 Dazu oben D. IV.

471 AGCS - Global Aviation Safety Study, S. 58.

472 *LeFoyer/Berti*, Interview ICAO vom 7. November 2017.

473 Dazu auch AGCS - Global Aviation Safety Study, S. 55, 58.

finden. Dazu wird zunächst der Annex 17 in Struktur und Aufbau betrachtet und darauf folgend werden die Überarbeitungen und Änderungen seit 2001 aufgezeigt. Sodann wird betrachtet, wie wirkungsvoll den oben beschriebenen Bedrohungsszenarien damit begegnet wird.

1. Der Annex 17 des Chicagoer Abkommens

Der Annex 17 als Annex zum Chicagoer Abkommen trat am 22. August 1974 in Kraft und wurde seitdem stetig überarbeitet, zuletzt am 25. November 2019.[474]

a.) Aufbau Annex 17

Der Annex 17 des Chicagoer Abkommens ist in fünf Kapitel unterteilt: Während im 1. Kapitel zunächst die für die weiteren Kapitel relevanten Definitionen vorangestellt werden, befasst sich das 2. Kapitel mit Grundprinzipien im Bereich der Luftsicherheit. Im 3. Kapitel wird die Organisation der Flugsicherheit näher erläutert, während Kapitel 4 präventive Sicherheitsmaßnahmen aufzeigt. Das letzte Kapitel befasst sich sodann mit den durchzuführenden Verfahren nach versuchten oder durchgeführten unrechtmäßigen Eingriffen in die Luftsicherheit.[475]

b.) Inhalt des Annex 17

Zu Beginn des Annexes 17 werden zunächst wesentliche Begriffe im Bereich der Luftsicherheit näher definiert. Insbesondere werden zu Beginn die Gefahren, in Form der unrechtmäßigen Eingriffe in die Luftsicherheit aufgezählt, mit denen sich die internationale Zivilluftfahrt konfrontiert sieht und denen man begegnen will. Rechtswidrige Eingriffe in die Luftsicherheit, die die Sicherheit der Zivilluftfahrt gefährden, werden näher beschrieben. Sie werden durch die Anführung eines nicht abschließenden Beispielkatalogs konkretisiert, der u.a. die unrechtmäßige Inbesitznahme, das Zerstören eines Flugzeuges in Betrieb, Geiselnahmen und das Verbringen an Bord von gefährlichen Substanzen beinhaltet.[476]

Im 2. Kapitel des Annexes 17 werden die wesentlichen Grundprinzipien der Luftsicherheit erläutert. Demnach hat die Sicherheit von Passagieren, Besatzung,

---

474 Annex 17 to Convention on International Civil Aviation, 10th Edition, August 2017, Foreword S. x.; *Yonah/ Sochor*, Aerial Pircay and Aviation Security, S. 8.

475 Vgl. Annex 17 to Convention on International Civil Aviation, 10th Edition, April 2017, Foreword P. 1-1 ff.

476 Annex 17 to Convention on International Civil Aviation, 10th, August 2017, S. 1-1.

Bodenpersonal und der Allgemeinheit in allen Bereichen des Schutzes der Zivilluftfahrt oberste Priorität.[477] Jeder Vertragsstaat ist daher verpflichtet, eine Organisation sowie Regelungen zu schaffen und umzusetzen, um die Zivilluftfahrt vor widerrechtlichen Eingriffen zu schützen und die Sicherheit, Regelmäßigkeit und Effizienz von Flügen zu gewährleisten.[478] Dabei soll jeder Staat umgehend auf entstehende Bedrohungen für die Flugsicherheit reagieren können.[479]

Als Grundprinzipien werden auch eine umfassende internationale Entwicklungszusammenarbeit und internationaler Informationsaustausch aufgeführt. Demnach muss im Rahmen von nationalen Sicherheits-, Ausbildungs- und Qualitätssicherungsprogrammen sowie von vorhandenen Informationen bezüglich Bedrohungen der Sicherheit, ein umfassender Austausch von Informationen unter den Vertragsstaaten gewährleistet werden.[480] Im Rahmen des Informationsaustausches hat jedoch jeder Vertragsstaat sicherzustellen, dass ein Missbrauch der entsprechenden Daten vermieden wird und datenschutzrechtlichen Aspekten Genüge getan wird.[481]

Stellen andere Staaten Anfragen bezüglich spezifischer Sicherheitsmaßnahmen bestimmte Flüge betreffend, muss diesen Anfragen bestmöglich nachgekommen werden.[482] Darüber hinaus wird als grundlegendes Prinzip empfohlen, dass Sicherheitskontrollen und Verfahren unter Wahrung ihrer Effektivität so gestaltet sein sollen, dass sie den Ablauf des Luftverkehrs möglichst minimal beeinträchtigen.[483]

Das 3. Kapitel des Annexes 17 erläutert die Koordination und Organisation nationaler und internationaler Aufgaben der Luftsicherheitsorganisation näher. Dabei sind die Mitgliedsstaaten insbesondere verpflichtet, ein schriftliches nationales Sicherheitsprogramm für die Zivilluftfahrt zu entwickeln, um die Luftfahrt vor unrechtmäßigen Eingriffen zu schützen und zeitgleich die Effizienz des Luftverkehrs sicherzustellen.[484]

Die nationalen Luftsicherheitsorganisationen sollen insbesondere die Entwicklung und Umsetzung von Trainingsprogrammen sowie Zertifizierungssystemen für Ausbilder im Bereich der Luftsicherheit sicherstellen und diese in

477 2.1.1. Annex 17 to Convention on International Civil Aviation.
478 2.1.2. Annex 17 to Convention on International Civil Aviation.
479 2.1.3 Annex 17 to Convention on International Civil Aviation.
480 2.4.2-3 Annex 17 to Convention on International Civil Aviation.
481 2.4.4. Annex 17 to Convention on International Civil Aviation.
482 2.4.1 Annex 17 to Convention on International Civil Aviation.
483 2.3. Annex 17 to Convention on International Civil Aviation.
484 So 3.1.1 Annex 17 to Convention on International Civil Aviation.

Einklang mit den bestehenden nationalen Sicherheitsprogrammen bringen.[485] Die nationalen Luftsicherheitsbehörden müssen außerdem sicherstellen, dass entsprechende Ressourcen und Einrichtungen zur Sicherung des Luftverkehrs an jedem Flughafen bestehen und die aufgestellten Sicherheitsprogramme bei allen Flughäfen, Fluggesellschaften und den Luftfahrtdienstleistern vorliegen.[486]

Es ist auch Aufgabe der nationalen Organisation, dass nach dem Stattfinden eines widerrechtlichen Eingriffs in die Zivilluftfahrt der Vorfall ausgewertet und sichergestellt wird, dass ähnliche Fälle in der Zukunft vermieden werden. Dafür sollen die bestehenden Sicherheitslücken entdeckt und behoben werden. Vorgehensweisen in diesem Bereich sollen der ICAO mitgeteilt werden.[487]

Die nationalen Luftsicherheitsorganisationen sollen auch das Personal von Luftfahrtdienstleistern in ihre nationalen Sicherheitsprogramme integrieren und sicherstellen, dass entsprechende Sicherheitsmaßnahmen getroffen werden.[488]

Wesentliche Verfahren für die präventive Verhinderung von Anschlägen werden in Kapitel 4 a genannt (präventive Sicherheitsmaßnahmen). Es wird ein umfangreicher Katalog von Kontrollen am Flughafen, von Flugzeugen, Passagieren und Handgepäck sowie von sonstigem Gepäck, Fracht, Post und anderen Gütern aufgelistet. Die Mitgliedstaaten müssen dafür Verfahren errichten, dass am oder im Körper mitgeführte Waffen, explosives oder sonstiges gefährliches Material oder Substanzen, die zum Zwecke von Anschlägen auf die Luftfahrt genutzt werden können, auf keinem möglichem Weg an Bord von Zivilluftfahrzeugen gelangen.[489]

Dies geschieht insbesondere durch vorgeschriebene Screenings von Passagieren und Gepäck und Screenings von Fracht und sonstigen Waren.[490] Es wird vorgeschrieben, dass Vorkehrungen getroffen werden müssen, sodass niemand unbefugt in Bereiche mit unmittelbarem Zugang zu den Luftfahrzeugen gelangen kann.[491] Darüber hinaus werden in Kapitel 4 des Annexes 17 umfangreiche Kontrollen an Bord von Luftfahrzeugen angeordnet.[492]

Insbesondere im Bereich der sog. in-flight security officers werden detaillierte Regelungen getroffen. So ist der Einsatz von bewaffneten Begleitern nur zulässig,

485 3.1.6. Annex 17 to Convention on International Civil Aviation.
486 3.1.8. Annex 17 to Convention on International Civil Aviation.
487 3.4.8 Annex 17 to Convention on International Civil Aviation.
488 3.5. Annex 17 to Convention on International Civil Aviation.
489 4.1.1. Annex 17 to Convention on International Civil Aviation.
490 4.4., 4.6. Annex 17 to Convention on International Civil Aviation.
491 4.2.1 Annex 17 to Convention on International Civil Aviation.
492 4.4 Annex 17 to Convention on International Civil Aviation.

wenn die betroffenen Vertragsstaaten den Einsatz untereinander absprechen. Es muss sichergestellt werden, dass die Officers besonders geschultes und dem Staat unterstehendes Personal sind, und dass trotz internationalen Austausches alle Informationen dazu strikt vertraulich bleiben. Befinden sich in-flight security officers an Bord, muss der Pilot über den exakten Sitzplatz und dessen Anwesenheit stets informiert werden.[493]

Im Kapitel 5 des Annexes 17 werden sodann Verhaltensweisen erläutert, die nach unrechtmäßigen Eingriffen in den Zivilluftverkehr eingehalten werden müssen. So müssen insbesondere für diesen Fall Notfallpläne aufgestellt und in Versuchsläufen getestet werden und es muss speziell geschultes Personal auf Abruf an den Flughäfen für den Ernstfall bereit stehen.[494] Landet ein betroffenes Flugzeug auf dem Territorium eines Vertragsstaates, so muss dieser versuchen, das Flugzeug am Boden zu halten. Jedoch nur, wenn dadurch nicht das Leben der Insassen gefährdet wird.[495]

Der Landestaat muss unverzüglich den Registerstaat, den Sitzstaat der betroffenen Fluggesellschaft und die Heimatstaaten der Passagiere von der Landung informieren. Außerdem müssen auch alle sonstigen wesentlichen Informationen zu den betroffenen Flugzeugen gesammelt und den anderen Vertragsstaaten und insbesondere der ICAO mitgeteilt werden.[496]

2. Überarbeitungen des Annexes 17 im Laufe der Zeit

Seit der Einfügung des Annexes 17 im Jahre 1974 wurde dieser stetig überarbeitet und an veränderte Gefahrenlagen angepasst. Dabei wird auf zwei Wegen verfahren: Zum einen wird der Text des Annexes 17 in sog. Editionen, mithin immer in Neuauflage veröffentlicht, wobei die jeweils jüngste Auflage die früheren Auflagen ersetzt. Im April 2017 ist die 10. Auflage des Annexes 17 veröffentlicht worden, die alle Änderungen des Annexes 17 bis zum 3. August 2017 und insbesondere die 9. Auflage des Annexes 17 ersetzt.[497] Zum anderen werden regelmäßig Ergänzungen an Annex 17 in Form von sog. Amendments hinzugefügt, die

493 4.7. Annex 17 to Convention on International Civil Aviation.
494 5.1. Annex 17 to Convention on International Civil Aviation.
495 5.2.4. Annex 17 to Convention on International Civil Aviation.
496 5.2, 5.3. Annex 17 to Convention on International Civil Aviation.
497 Annex 17 to Convention on International Civil Aviation, 10th Edition, April 2017, Foreword P. (xi).

wiederum bei jeder Novellierung des Annexes 17 eingearbeitet werden.[498] Seit den Anschlägen von 9/11 im Jahr 2001 wurden sieben Amendments beschlossen und es sind fünf folgende Editionen (7th bis 11th Edition) des Annex 17 verabschiedet worden. Die 11. Auflage ist am 20. Juli 2020 in Kraft getreten.[499] Im Folgenden soll ein kurzer Überblick zu den Editionen und Amendments seit 9/11 erfolgen:

a.) Das 10. Amendment[500] vom 7. Dezember 2001 – in Kraft seit 1. Juli 2002

Der Annex 17 wurde insbesondere seit der Konfrontation mit dem neuen Bedrohungspotenzial, das sich bei den Terroranschlägen vom 11. September 2001 gezeigt hatte, mehrfach überarbeitet. Im Juli 2002 trat als erste Reaktion darauf das 10. Amendment zum Annex 17 in Kraft. Dabei wurde der Schwerpunkt insbesondere auf eine intensive internationale Zusammenarbeit im Rahmen des Informationsaustausches über Bedrohungssituationen, zusätzlichen Kontrollmaßnahmen von Passagieren, Gepäck und Fracht, Sicherheitspersonal an Bord von Flugzeugen und Vorschriften zum Schutz von Cockpittüren gelegt.[501] Darüber hinaus veränderte man den Anwendungsbereich des Annexes 17: Eine Anwendung fand bis dahin gerade auf Inlandsflüge nicht statt. Im Hinblick darauf, dass alle entführten Passagiermaschinen bei den Terroranschlägen vom 11. September 2001 jedoch auf Inlandsflügen unterwegs waren, wurden auch Inlandsflüge in der Neufassung in den Anwendungsbereich gefasst.[502]

---

498 Dazu die Aufstellung in Annex 17 zu den seit der 1. Auflage vorgenommenen Amendments auf Annex 17 to Convention on International Civil Aviation, 10th Edition, April 2017, Foreword P. (x) – (xii).

499 Dazu die Aufstellung in Annex 17 zu den seit der 1. Auflage vorgenommenen Amendments auf Annex 17 to Convention on International Civil Aviation, 10th Edition, April 2017, Foreword P. (x) – (xii).

500 Annex 17 to Convention on International Civil Aviation, 10th Edition, April 2017, Foreword P. (xi).

501 Annex 17 to Convention on International Civil Aviation, 10th Edition, April 2017, Foreword P. (xi).

502 Annex 17 to Convention on International Civil Aviation, 10th, August 2017, Foreword P. (xi).

b.) Das 11. Amendment[503] vom 30. November 2005 – in Kraft seit 1. Juli 2006

Obwohl im Jahr 2005 weder ein Fall von Flugzeugentführung noch von sonstigen widerrechtlichen Eingriffen gegen Zivilflugzeuge stattgefunden hatte, folgte im April 2006 eine weitere Anpassung des Annexes 17, um ein noch effektiveres Luftsicherheitssystem zu etablieren.[504] Darin wurden insbesondere Vorschriften zur Verschärfung von nationalen Sicherheitskontrollen, Neuerungen bezüglich „in-flight security officers" und neue Konzepte zur Risikobewertung festgelegt.[505]

c.) Die 9. Auflage[506] des Annexes 17 vom März 2011

Die 9. Auflage des Annexes 17 wurde im März 2011 veröffentlicht. Sie stellt die Reaktion auf einen versuchten Bombenanschlag auf einen Flug der Northwest Airlines von Amsterdam nach Detroit am 25. Dezember 2011 dar.[507] Ein 23-jähriger Student aus Nigeria versuchte die Maschine zum Absturz zu bringen, indem er eine explosive Substanz entzündete, die er unter seiner Kleidung ins Flugzeug geschmuggelt hatte, der sog. Schuh-Bomber. Mit der Substanz am Körper hatte der Nigerianer vorher an zwei Flughäfen unbehelligt Sicherheitskontrollen durchlaufen. Passagiere konnten den Studenten bei der versuchten Tat überwältigen und somit den Terrorakt stoppen.[508] Bei der Überarbeitung des Annexes 17 wurde auch besonderer Wert auf die Verstärkung der Sicherheit im Frachtbetrieb und die Einbeziehung der Luftfahrtdienstleister mit in das verstärkte Sicherheitsprogramm gelegt. Zum anderen legte man Wert darauf, dass Vorgaben für spezifische Ausbildungsprogramme und Zertifizierungssysteme gemacht wurden und man befasste sich erstmalig mit Bedrohungen aus dem

---

503 Annex 17 to Convention on International Civil Aviation, 10th Edition, April 2017, Foreword P. (xi).

504 http://www2.icao.int/en/atb/Document%20Tranfer/AcacSecurity/speeches/IcaoElamiriAddress_En.pdf, S. 2 (Stand: 20.12.2020).

505 Annex 17 to Convention on International Civil Aviation, 10th, August 2017, Foreword P. (xi).

506 Annex 17 to Convention on International Civil Aviation, 10th Edition, April 2017, Foreword P. (xii).

507 http://www2.icao.int/en/AVSEC/Documents/Declaration%20on%20Aviation%20Security.pdf (Stand: 20.12.2020).

508 Vgl. dazu http://www.spiegel.de/panorama/0,1518,669093,00.html (Stand: 20.12.2020).

Cyberspace, wenn auch nur in kaum wahrnehmbarer Kürze, und der Sicherheitsausstattung von Luftfahrteinrichtungen.[509]

d.) Das 12. Amendment[510] vom 17. November 2010 – in Kraft seit 1. Juli 2011

In der zwölften Überarbeitung des Annexes 17 wurde der Schwerpunkt auf die Stärkung von bereits bestehenden Normen gelegt, anstatt neue Gefahren zu problematisieren. Die Überarbeitung enthält unter anderem Vorschriften zu Trainingsprogrammen, Cyberbedrohungen und Regelungen zur Sicherheit von Lieferketten. [511]

e.) Das 13. Amendment[512] vom 13. November 2012 – in Kraft seit 15. Juli 2013

Das 13. Amendment enthält insbesondere Vorschriften zur besseren Kontrolle von anderen Personen als den Passagieren sowie einige Vorgaben zu Hochrisiko-Fracht und legt eine gemeinsame Grundlinie fest für Maßnahmen, die Fracht mitführende Passagiere betreffen sowie bei allen Cargo-Maschinen. [513]

f.) Das 14. Amendment[514] vom 26. Februar 2014 - in Kraft seit 14. November 2014

Die 14. Überarbeitung beinhaltet insbesondere eine Definition für Unvorhersehbarkeit, wenn es um die Umsetzung von Security-Kontrollen geht. Darüber hinaus sind neue Standards für angemessene Screenings für Cargo und Post sowie neue Empfehlungen für internationale Zusammenarbeit, Sicherheitsmaßnahmen auf der Landseite sowie Sicherheitssensibilitäts-Trainings des Personals

---

509 Annex 17 to Convention on International Civil Aviation, 10th, August 2017, Foreword P. (xii).

510 Annex 17 to Convention on International Civil Aviation, 10th Edition, April 2017, Foreword P. (xii).

511 Annex 17 to Convention on International Civil Aviation, 10th Edition, April 2017, Foreword P. (xii).

512 Annex 17 to Convention on International Civil Aviation, 10th Edition, April 2017, Foreword P. (xii).

513 Annex 17 to Convention on International Civil Aviation, 10th Edition, April 2017, Foreword P. (xii).

514 Annex 17 to Convention on International Civil Aviation, 10th Edition, April 2017, Foreword P. (xii).

angefügt worden. Außerdem wurde das Erstellen einer Übersicht von externen Sicherheitsanbietern und kritischen Informations- und Kommunikationssystemen angeregt.[515]

g.) Das 15. Amendment[516] vom 23. November 2016 – in Kraft seit 3. August 2017

Die 15. Überarbeitung des Annexes 17 beinhaltet eine Definition zur Detektion von Verhaltensauffälligkeiten in Bezug auf Abläufe bei Sicherheitskontrollen. Sie beinhaltet außerdem neue Vorschriften für die landseitige Sicherheit, das Aufspüren von Verhaltensauffälligkeiten, Innovation in Flugsicherheit und für „Man-Portable Air Defence Systems" (MANPADS), also schultergestützte Boden-Luft-Flugabwehrraketensystem, mit denen tieffliegende Flugobjekte vom Boden aus ab- und beschossen werden können. Darüber hinaus wurde in der 15. Änderung der Wortlaut von bereits bestehenden Bestimmungen, die im Zusammenhang der Risikoabschätzung und Maßnahmen in Bezug auf Cyberangriffe eingeführt wurden, verändert, sodass die Bestimmungen besser zu lesen sind. [517]

h.) Die 10. Auflage des Annexes 17

Die 10. Auflage des Annexes 17 ist seit dem 3. August 2017 in Kraft und hat insbesondere die Amendments 12 bis 15 in den Annex 17 integriert. Im Kern ist dabei auf fünf Inhalten ein besonderes Augenmerk gelegt worden:[518]

1. Die Verbesserung und Verschärfung von Sicherheitskontrollen;
2. regelmäßige Schulung des Flughafenpersonals im Bereich der Sicherheitsbestimmungen und stärkere nationale Kontrolle von Dienstleistern;
3. eine erstmalige detaillierte Einbeziehung der Landseite des Flughafens in die Sicherheitsprogramme;
4. detaillierte Betrachtung und Empfehlungen zu Cyber-Bedrohungen;
5. Vorgaben zu Bedrohungen durch MANPADS und ähnliche Anschläge.

515 Annex 17 to Convention on International Civil Aviation, 10th Edition, April 2017, Foreword P. (xii).

516 Annex 17 to Convention on International Civil Aviation, 10th Edition, April 2017, Foreword P. (xii).

517 Annex 17 to Convention on International Civil Aviation, 10th Edition, April 2017, Foreword P. (xii).

518 Dies sind die Regelungsgehalte, die neu in den Annex 17 von der 9. zu 10. Edition eingefügt wurden, wenn man die beiden Auflagen im Wortlaut als Dokumente vergleicht.

i.) Vergleich der 9. Auflage mit der 10. Auflage des Annexes 17

Vergleicht man die 9. und 10. Auflage des Annexes 17, werden im Detail folgende Änderungen sichtbar:

(aa.) 1. Kapitel – Definition

Die ersten neuen Einfügungen im Rahmen der 10. Edition beginnen zunächst im 1. Kapitel im Bereich der Definitionen. Diese sind von der 9. bis zur 10. Auflage durch zwei neue Definitionen erweitert worden. Hier handelt es sich zum einen um den Begriff „Behaviour detection“[519] - also die Detektion von Verhaltensauffälligkeiten sowie die Definition von „Unpredictability“[520] also von „Unvorhersehbarkeit“.

(bb.) 2. Kapitel – Grundprinzipien

Im zweiten Kapitel, also dem Kapitel zu den grundsätzlichen Prinzipien, sind einige Empfehlungen (Recommendations) hinzugekommen. So unter 2.1.5 die Empfehlung, dass jeder Vertragsstaat Sicherheitseinrichtungen an geeigneten Stellen in dem durchführbaren Maße schaffen soll, die technisch und finanziell praktikabel sind, um die Ziele der zivilen Luftsicherheit zu erreichen. Unter 2.4.9 findet sich die neue Empfehlung, dass jeder Mitgliedstaat für sich in Betracht ziehen soll, sich in Kooperationen zu begeben, um die Nachhaltigkeit von Luftsicherheitssystemen zu verbessern und unnötige, sich wiederholende Sicherheitskontrollen zu vermeiden. Die Kooperation sollte darauf beruhen, dass verifizierte und gleichwertige Sicherheitsstandards sichergestellt und effektive Sicherheitskontrollen auf der Grundlage des sog. Aviation Security Manual (Doc 8973-Restricted)[521] der ICAO sicher gestellt sind. Unter 2.5.3 findet sich nun die Empfehlung, dass die Mitgliedsstaaten innovative Prozesse einführen sollen, die

---

519 Die Definition lautet:*“Within an aviation security environment, the application of techniques involving the recognition of behavioural characteristics, including but not limited to physiological or gestural signs indicative of anomalous behaviour, to identify persons who may pose a threat to civil aviation.“*, so chapter 1 definitions Annex 17, 10th edition 2017.

520 Die Definition lautet: *„The implementation of security measures in order to increase their deterrent effect and their efficiency, by applying them at irregular frequencies, different locations and/or with varying means, in accordance with a defined framework.“*, so chapter 1 definitions Annex 17, 10th edition 2017.

521 Das erwähnte Dokument ist nicht ohne berechtigtes staatliches Interesse einsehbar und wird an Dritte nicht herausgegeben.

eine betriebliche Differenzierung von Screenings und Sicherheitskontrollen an Hand von klaren Kriterien erlaubt.

Im Bereich der grundlegenden Prinzipien sind somit durchgehend neue Empfehlungen hinzugekommen, die sich mit effektiveren Sicherheitskontrollen und Screenings befassen.

(cc.) Kapitel 3 – Organisation

Im Rahmen der Organisation wird nunmehr empfohlen, dass alle Mitarbeiter und Personal von Unternehmen, die irgendwie in die nationale Zivilluftfahrt und die Umsetzung von Sicherheitsprogrammen eingebunden sind und eigenständigen – mithin unbegleiteten – Zugang zu dem Innenbereich des Flughafens haben, regelmäßige Trainings zu Sicherheitsbestimmungen und Sicherheitsbewusstsein erhalten, 3.1.10.

Ebenfalls unter 3.4.9 ist die Empfehlung hinzugekommen, dass die Mitgliedsstaaten sicherstellen sollen, dass jede Stelle, die für die Umsetzung von relevanten Teilen der nationalen Luftsicherheitsprogrammen zuständig ist, periodisch überprüfen muss, dass bei ausgegliederten Sicherheitsleistungen auch die externen Dienstleister die Sicherheitsprogramme umsetzen und einhalten.

(dd.) Kapitel 4 – Vorsorgliche Sicherheitsvorkehrungen

Nach 4.1.3 soll nunmehr jeder Mitgliedsstaat in Erwägung ziehen, auch die Erkennung/Detektion von Verhaltensauffälligkeiten mit in die Sicherheitsprogramme zu integrieren. Neu ist auch der verbindliche Standard unter 4.3.6, nach welchen die Vertragsstaaten im Einklang mit der Risikobewertung der nationalen Behörden sicherstellen sollen, dass am Boden betriebliche Abläufe eingeführt werden, die gewährleisten, dass Attacken gegen Flugzeuge mit MANPADS oder anderen Waffen, die ähnliche Bedrohungen darstellen, verhindert werden.

Mit dieser Norm wird auf in der Vergangenheit aufgetretene Abschüsse vom Boden aus reagiert. Der weite Wortlaut lässt aber durchaus auch eine Ausdehnung auf Angriffe durch Drohnen zu.

Relativ umfassend wurden die Bestimmungen in Kapitel 4 zu den Vorkehrungen im landseitigen[522] Flughafenbereich vorgenommen. Dies ist wohl auf die

522 Flughäfen sind in eine Landseite und eine Luftseite (landside und airside) eingeteilt. Unter dem landseitigen Bereich von Flughäfen sind alle Bereiche bis zum Checkin und den Sicherheitskontrollen zu verstehen, so zumeist auch die Flughafeneingangshalle, Parkplätze oder Nahverkehrspunkte. Luftseitig finden sich alle Bereiche, die durch

Anschläge in Brüssel und Istanbul in 2016 zurückzuführen. Als Standard wird nunmehr vorgegeben, dass die Landseite klar als diese identifizierbar sein muss, mithin muss eine Abgrenzung zum Sicherheitsbereich bzw. der Flughafenseite deutlich sein, so 4.8.1. Ebenfalls müssen alle Mitgliedsstaaten gewährleisten, dass Vorkehrungen getroffen werden, wonach auch die Landseite vor unrechtmäßigen Eingriffen und Anschlägen geschützt ist, 4.8.2. Gemäß 4.8.3 sollen die Mitgliedsstaaten auch dabei sicherstellen, dass die Standards 3.1.5, 3.2.2 und 3.2.3 eingehalten werde und es sollen Standards für die Sicherheit der Landseite in den nationalen Luftsicherheits-Programmen aufgenommen werden. Regelungen in diesem Bereich gab es in der 9. Edition noch gar nicht. Ein Handlungsbedarf ist erst nach den Flughafenattacken in Brüssel und Istanbul deutlich geworden.[523]

Auch im Bereich der Cyber-Bedrohungen sind neue Empfehlungen aufgenommen worden. Diese waren in der 9. Edition quasi nicht vorhanden bzw. inhaltlich kaum ausgestaltet.

In 4.9.1 wird nunmehr empfohlen, dass die Vertragsstaaten im Einklang mit ihrer staatlichen Risikobeobachtung dafür sorgen sollen, dass solche Vorkehrungen getroffen werden, die nötig sind, um die Vertraulichkeit, Verfügbarkeit und Integrität von kritischen Informations- und Technologie-Systemen im Bereich der Zivilluftfahrt sicherzustellen, sofern diese möglicherweise genutzt werden könnten, um die Sicherheit der Zivilluftfahrt zu bedrohen. Ebenfalls sollen die Staaten, so 4.9.2., dafür Sorge tragen, dass im nationalen Sicherheitsprogramm involvierte Stellen durch Entwicklung und Umsetzung Vorkehrungen treffen, die „inter alia, security by design, supply chain security, network separation, and remote access control“[524] beinhalten.

Im Bereich der Cyber-Bedrohungen wird jedoch nur mit den weicheren Empfehlungen gearbeitet, nicht mit der Etablierung von Standards, wie es im Bereich der landseitigen Sicherheit in der 10. Auflage des Annexes 17 der Fall ist.

Sicherheitskontrollen abgegrenzt sind, so der Bereich vor den Gates etc. *Schmitt/Gollnick*, Air Transport System, S. 234.

523 *LeFoyer/Berti*, Interview ICAO vom 7. November 2017.

524 4.9.2. Annex 17, 10th edition August 2017.

j.) Das 16. Amendment[525] vom 14. März 2018 – in Kraft seit 16 November 2018

Das 16. Amendment enthält einen Verweis auf die „Aviation Security Training Packages“ und enthält außerdem neue/revidierte Bestimmungen über den Informationsaustausch, Maßnahmen in Bezug auf Fluggäste und Handgepäck, Maßnahmen in Bezug auf Fracht, Post und andere Güter sowie Cyber-Bedrohungen.[526]

k.) Die 11. Auflage[527] vom 25. November 2019 – in Kraft seit 30. Juli 2020

Die 11. Auflage des Annex 17 enthält neue und auch überarbeitete Bestimmungen insbesondere zu den Themen (i.) Schwachstellenbewertungen, (ii.) Informationsaustausch zwischen Staaten und weiteren Akteure, (iii.) Ausbildungsprogrammen und Zertifizierungssystemen (iv.) Zugangskontrollen/ Überprüfung des Personals.[528] Grundsätzlich lässt sich sagen, dass die Änderungen von der 10. zur 11. Auflage weniger einschneidend sind als die von der 9. zur 10. Auflage. Eine kürzere Zusammenfassung der wesentlichsten Änderungen möge daher genügen. Folgende Anpassungen ergeben sich[529]: Zunächst wurden die Definition für „High-risk cargo or mail“ in der 11. Auflage erheblich gekürzt und die Definition „Security survey” vollständig gestrichen.[530]

Im Bereich der unter 2.1 aufgeführten Ziele wurde die ursprünglich als Recommendation gefasste Bestimmung des 2.1.4 nunmehr als verbindlicher Standard definiert: Damit sind die Mitgliedsstaaten verbindlich verpflichtet, hinreichenden Schutz von sensitiven Luftfahrt-Sicherheitsdaten sicherzustellen.[531]

---

525 Annex 17 to Convention on International Civil Aviation, 11th Edition, November 2019, Foreword P. (xii).

526 Annex 17 to Convention on International Civil Aviation, 11th Edition, November 2019, Foreword P. (xii).

527 Annex 17 to Convention on International Civil Aviation, 11th Edition, November 2019, Foreword P. (xii).

528 Annex 17 to Convention on International Civil Aviation, 11th Edition, November 2019, Foreword P. (xii).

529 Diese ergeben sich aus einem detaillierten Abgleich des Wortlautes der 10. mit der 11. Auflage des Annex 17.

530 Annex 17 to Convention on International Civil Aviation, 11th Edition, November 2019, P. 1-2.

531 2.1.4 Annex 17 to Convention on International Civil Aviation, 11th Edition, November 2019.

Unter 2.4 „Internationale Koorperationen“ wurde eine neue Recommendation (2.4.10) aufgenommen, mit der Empfehlung, dass jeder Vertragsstaat den Abschluss von Kooperationsvereinbarungen in Betracht ziehen soll, um ein nachhaltigeres Luftsicherheitssystems zu erreichen und unnötige Doppelungen von Sicherheitskontrollen zu vermeiden.

In 3.1 wurde unter 3.1.4 eine neue Recommendation aufgenommen mit der Empfehlung umfassende Schwachstellenanalysen an internationalen Flughäfen vorzunehmen, auf deren Grundlage Risikobewertungen und Sicherheitsverbesserungen vorgenommen werden können. Außerdem wurde die ehemals unter 3.1.11 vorgesehene Recommendation nunmehr als Standard unter 3.1.12 aufgenommen und damit verbindliche Sicherheits-Awareness-Trainings für alle Mitarbeiter und Institutionen festgeschrieben, die unbegleiteten Zugang zum Innenbereich des Flughafens haben. Unter 3.4 „Qualitätskontrollen und Qualifikation“ wurde die Provision 3.4.1 zu vorzunehmenden Backgroundchecks erheblich ausdifferenziert und spezifiziert. Unter lit a. bis c. werden nunmehr detaillierte verbindliche Vorgaben gemacht, wie Backgroundchecks durchzuführen sind. Im selben Kontext wurde die früher als Recommendation gefasste Bestimmung 3.4.9 mit der Verpflichtung, wonach jeder Staat sicherstellen soll, dass zuständige Luftfahrtgesellschaften regelmäßig auch bei eingesetzten Dienstleistern die Einhaltung der eigenen Sicherheitsstandards prüfen und nachhalten.

In Kapitel 4 wurde die frühere Recommendation 4.1.2, unvorhersehbare und beiläufige Sicherheitseinrichtungen zu etablieren, nunmehr als verbindlicher Standard gefasst.

Unter 4.2.6 wurde die verbindliche Vorgabe aufgenommen, dass jeder Vertragsstaat die Anwendung geeigneter Kontrollmethoden sicher stellt, durch die explosive Stoffe und Sprengkörpern gefunden werden, die sich an anderen Personen als Fluggästen oder Fluggepäck befinden.

In den Bestimmungen zu 13.2.2 und 13.2.3 zu den Sicherheitsstandards der Cockpittüren wurden lediglich kleine formelle Änderungen vorgenommen, die jedoch keine inhaltliche Reichweite haben.

Unter 3.9 wurde in der 11. Auflage nunmehr die Empfehlung gestrichen, dass die Vertragsstaaten biometrische Daten in maschinenlesbare Pässe/ Visas/ Reisedokumente aufnehmen sollen und wie diese Daten gespeichert werden sollen. Vorgaben zur Erfassung etwaiger biometrischer Daten finden sich in der 11. Auflage des Annex 17 nicht mehr.

Unter 3.34 (I. Inspektion von Reisedokumenten) wurden drei neue Recommendations in der 11. Auflage, nämlich die Bestimmungen 3.34.4, 3.34.5, 3.34.6 zu automatischen Grenzkontrolle (ABC – Automated Border Control), und es wurden kleinere formelle Anpassungen der Norm aufgenommen.

Die Bestimmung 3.48 (K. Eingangskontrolle und Zuständigkeit) wurde neu in die Auflage 11. eingefügt mit der Vorgabe, dass jeder Vertragsstaat ein „Advance Passenger Information"(API)-System zur Teilung erweiterter Fluggastinformationen nach internationalen Standards einrichten muss.

Gänzlich neu aufgenommen in den Annex 17 wurden auch zwei Recommendations (8.47 sowie 8.48) zum Menschenhandel mit der Vorgabe, entsprechende Reaktionsmechanismen sowie Schulungen der Mitarbeiter zu etablieren.

Eine umfassende Änderung des Annex 17 findet sich in der Aufnahme des Chapter 9 und der Bestimmungen 9.1 bis 9.17, die sich sowohl in der Form als Standard als auch als Recommendations umfassend mit API, mithin der Sammlung, der Auswertung und dem Austausch von Fluggastinformationen, befassen. Insbesondere ist jeder Vertragsstaat zukünftig dazu verpflichtet ein API-System mit Unterstützung der zuständigen Behörden zu etablieren, so 9.5.

Inhaltliche Schwerpunkte der Anpassung finden sich somit insbesondere in folgenden Bereichen:[532]

- Zugangskontrollen
- Mitarbeiter-Screenings und Schulungen
- Auffinden explosiver Stoffe und Geräte bei anderen Personen als Fluggästen
- Menschenhandel
- Informationsaustausch (API-System)

4. Der Annex 17 in der 10. und 11. Auflage – Reaktion auf die Bedrohungskulisse

Die 10. und 11. Auflage des Annexes 17 spiegeln die Einschätzung der ICAO zu den größten Bedrohungen der Zivilluftfahrt wieder. So sind aus Sicht der ICAO die akutesten Bedrohungen der Luftfahrt Sprengstoffanschläge, insbesondere solche von in elektronischen Geräten verstecktem Sprengstoff, Insider-Threats und Attacken, die sich an der Landseite des Flughafens abspielen.[533] Auch Cyberattacken werden stärker adressiert. [534] Dem geregelten Informationsaustausch zwischen den Stakeholdern wird an vielen Stellen ein besonderer Stellenwert eingeräumt, insbesondere durch die Einfügung des neuen Kapitels 9 zu API in der 11. Auflage.

532 Annex 17 to Convention on International Civil Aviation, 11th Edition, November 2019, Foreword P. (xii).

533 *LeFoyer/Berti*, Interview ICAO vom 7. November 2017.

534 *LeFoyer/Berti*, Interview ICAO vom 7. November 2017.

a.) Sprengstoffanschläge

Der Annex 17 hat in der 10. und 11. Überarbeitung auf diese drei Bedrohungsszenarien (Sprengstoffanschläge, Flughafenanschläge und Insider-Threats) einen deutlichen Schwerpunkt gelegt, so durch die Vorgabe, dass bestehende Screening- und Sicherheitskontrollsysteme noch effektiver gestaltet werden sollen, insbesondere durch Kooperationen zwischen den Mitgliedstaaten, um nachhaltiger zu kontrollieren und unnötige Wiederholungen von Sicherheitsmaßnahmen zu verhindern. Damit werden bessere Sicherheitskontrollen anvisiert, um einen Schutz vor Sprengstoffanschlägen zu erreichen. Die Befürchtung, dass Bomben insbesondere in elektronischen Geräten an Bord geschmuggelt werden könnten, besteht bei der ICAO.[535] Eine explizite Aufnahme dieses Risikos in den Annex 17 wurde mit der 11. Auflage nunmehr auch für Personen aufgenommen, die nicht Fluggäste sind (siehe 4.2.6 Annex 17). Fluggäste und deren Gepäck werden nicht erfasst. Damit ist die ICAO konkreten Bedrohungen teilweise im Bereich der Insider-Threats begegnet. Die potenzielle Gefahr von Bomben in elektronischen Geräten von Fluggästen wurde jedoch noch nicht hinreichend berücksichtigt. Hier haben bereits einige Staaten wie die USA und China selbst die Initiative ergriffen und die Mitnahme von elektronischen Geräten an Bord teilweise versagt.[536]

b.) Insider-Threats

Ein anderer Schwerpunkt der Überarbeitungen liegt in der verstärkten Schulung und dem Training von Personen, die Zugang zum Innenbereich des Flughafens haben, mithin also der Flughafen- und Airlinemitarbeiter. Auch die Einhaltung von Sicherheitsprogrammen durch externe Dienstleister wird in der seit der 10. Auflage des Annexes 17 hervorgehoben. Das neu gelegte Augenmerk auf die bessere Überwachung von Dienstleistern, die Zugang zur Luftseite des Flughafens haben, ergänzt der in der 11. Auflage noch einmal erheblich austarierte und detaillierter gefasstere Standard 4.2.4, nach dem die Vertragsstaaten sicherstellen müssen, dass Hintergrundchecks von Mitarbeitern durchgeführt werden, bevor sie Zugang zur Luftseite erhalten sowie die Etablierung von Sicherheitskontrollen auch des Flughafenpersonals. Die so geschaffene Pflicht zu Hintergrundchecks wurde von vielen Seiten gefordert, da Mitarbeiter von Flughäfen und Airlines

535 *LeFoyer/Berti*, Interview ICAO vom 7. November 2017.
536 *LeFoyer/Berti*, Interview ICAO vom 7. November 2017.

umfassenden Zugang zu vielen sicherheitsrelevanten Bereichen des Flughafens haben und es sehr schwierig ist, geplante Attacken abzuhalten.[537]

Die ICAO sieht in den beschriebenen „Insider-Threats" eine Gefahr auf sehr hohem Level, insbesondere in dem Bewusstsein, dass Airline-Mitarbeiter und Flughafenpersonal auch in Bestechungen verwickelt sein, bedroht werden oder von Terroristen radikalisiert werden können.[538] Hier sieht die ICAO jedoch das Problem, dass bestehende Sicherheitsvorkehrungen schlichtweg nicht eingehalten werden und somit auch Vorgaben seitens der ICAO nicht hinreichend effektiv sind.[539] Flughafenmitarbeiter schmuggeln bekanntermaßen Drogen, Gold und Waffen in den Sicherheitsbereich der Flughäfen und daher ist die Gefahr zu sehen, dass wohl auch Bomben leicht in diesen Bereich verbracht werden können.[540] Zumindest zwei Anschläge der jüngeren Vergangenheit werden darauf zurückgeführt, dass Mitarbeiter Bomben an Bord der Maschinen geschmuggelt haben.[541] Dabei stellt ein großes Bedrohungspotenzial dar, dass terroristische Organisationen, insbesondere über soziale Medien, Zugang zu Flughafenpersonal suchen und bekommen können und diese dann systematisch rekrutieren, radikalisieren und für die eigenen Zwecke einsetzen. Man denke nur an die bei Facebook beliebte Funktion, der Angabe der Arbeitsstelle, die sehr oft ausgefüllt wird. Bereits darüber ist Flughafenpersonal leicht auffindbar. Dieses vom Flughafenpersonal ausgehende Bedrohungspotenzial ist besonders besorgniserregend, wenn man eine Analyse des ICT (Institute for Counter-Terrorism) aus dem Jahr 2016[542] betrachtet: Diese fand verschiedene Facebook-Profile, die zu Mitarbeitern von Flughäfen mit Zugang zur Luftseite gehörten und auf denen Inhalte gepostet wurden, die einen islamisch-djihadistischen Hintergrund hatten.[543] Mit der Anpassung des Annexes 17 in der 10. Auflage ist aber weltweit die Grundlage für eine Sensibilisierung für Insider-Threats und der nötigen Überwachung von Personal und Dienstleistern geschaffen worden. Dies wurde in der 11. Auflage noch einmal vertieft.

537 *Price/Forrest*, Practical Aviation Security, S. 502 f.

538 *LeFoyer/Berti*, Interview ICAO vom 7. November 2017.

539 *LeFoyer/Berti*, Interview ICAO vom 7. November 2017.

540 *LeFoyer/Berti*, Interview ICAO vom 7. November 2017.

541 *LeFoyer/Berti*, Interview ICAO vom 7. November 2017; So auch oben D. VII. zum Absturz der russischen Maschine über Ägypten in 2015.

542 Analysis of Cyber Trends 2016 – https://www.ict.org.il/Article/1854/analysis-of-cyber-trends-2016#gsc.tab=0 (Stand: 20.12.2020).

543 Analysis of Cyber Trends 2016 – https://www.ict.org.il/Article/1854/analysis-of-cyber-trends-2016#gsc.tab=0 (Stand: 20.12.2020).

Eine Reaktion auf den Insider-Threat, der sich jüngst bei dem Suizidflug der Germanwings Maschine im März 2015 zeigte, also die Bedrohung durch Piloten und Crew, die mit psychischen Erkrankungen konfrontiert sind, findet sich nicht im Annex 17. Die ICAO macht im Annex 17 keine Vorgaben zum Umgang mit depressiven Piloten, sondern überlässt dies allein den Mitgliedsstaaten. Die Luftfahrtbehörden weltweit haben bis dato aber noch kein vereinheitlichtes Verfahren zum Umgang mit depressiven Piloten und solchen Piloten, die Antidepressiva einnehmen, gefunden. Einige Luftfahrtbehörden lassen das Fliegen von Piloten unter Antidepressiva zu, fordern aber regelmäßige Kontrollen, andere untersagen den Einsatz von Piloten, die Antidepressiva einnehmen.[544] Es stellt sich die Frage, ob im Annex 17 Regelungen zu depressiven Piloten aufgenommen werden sollten. Nach der Arbeitsgruppe der Aerospace Medical Association (AsMA)[545] sind schwere psychische Erkrankungen, wie akute Psychosen, relativ selten und der Ausbruch kann kaum vorhergesagt werden.[546] Beim Vorliegen einer akuten Psychose darf nach AsMA nicht als Crew oder Pilot in einem Flugzeug gearbeitet werden.[547] Abzugrenzen von einer akuten Psychose sind jedoch kurze depressive Episoden. 2004 empfahl die AsMA daher, dass von Strategien, die ein absolutes Flugverbot für Piloten vorsehen, die Antidepressiva einnehmen, abzurücken sei.[548] Dies basierte auf verschiedenen Studien, die zu dem Schluss kamen, dass zahlreiche Piloten zwar mit psychischen Erkrankungen wie Depressionen kämpfen, aber auf die Einnahme von Antidepressiva verzichten und ohne Medikation weiterfliegen, um nicht ihren Beruf als Pilot zu gefährden.[549] Auch gebe es Hinweise, dass eine signifikante Anzahl von Piloten Antidepressiva einnehme und ohne Information der Luftfahrtbehörden darüber weiterfliege.[550] In Anbetracht der wenigen suizidalen Flüge von Piloten und den Aussagen der AsMA ist es wohl sinnvoll, keine Regelungen dazu im Annex 17 aufzunehmen. Eine Überlegung wert könnte es jedoch sein, dass im Annex 17 als Standard die

---

544 Abschlussbericht Unfall am 24. März 2015, S. 39.

545 Die Aerospace Medical Association (AsMA) ist internationale Organisation mit Sitz in den USA. Zu den Mitgliedern zählen ca. 2 500 Mediziner, Pflegepersonal, und Wissenschaftler, die im Bereich der Flugmedizin tätig sind. Die Organisation arbeitet stark an der Entwicklung von Flugmedizinischen-Standards. Abschlussbericht Unfall am 24. März 2015, S. 44.

546 Abschlussbericht Unfall am 24. März 2015, S. 39.

547 Abschlussbericht Unfall am 24. März 2015, S. 39.

548 Abschlussbericht Unfall am 24. März 2015, S. 44.

549 Abschlussbericht Unfall am 24. März 2015, S. 44.

550 Abschlussbericht Unfall am 24. März 2015, S. 44.

Pflicht vorgeschrieben wird, dass immer zwei Piloten in der Kabine anwesend sein müssen. Ein solches Vieraugenprinzip ist in der Lage, größere Sicherheit zu schaffen - zumindest so lange, bis nicht einer der Piloten durch kriminelle Energie den anderen ausschaltet. Für die größtmögliche Absicherung wäre sogar die Etablierung eines Sechsaugenprinzips denkbar. Mit einem Vieraugenprinzip hätte der Absturz der Germanwings Maschine in 2015 vermutlich vermieden werden können. Die Einführung des Vieraugenprinzips als Empfehlung oder Standard wurde in der neusten Auflage des Annexes 17 aber nicht aufgenommen. Auch wurden beispielsweise Vorgaben zu den sicheren Cockpittüren de facto nicht noch einmal nachgeschärft, obwohl dies nach dem Germanwings-Todesflug zumindest anzudenken wäre. Dies zeigt auch, dass statt der ICAO in Europa zahlreiche Fluggesellschaften selbst das Vieraugenprinzip als Reaktion auf den Germanwings Absturz eingeführt haben.[551] Eine Aufnahme des Vieraugenprinzips als allgemeiner Standard oder zumindest als Empfehlung im Annex 17 wäre wünschenswert, wenn man betrachtet, wie gefährlich Insider-Threats und die Platzierung von Piloten und Crew durch terroristische Vereinigungen eingeschätzt werden. Zumindest durch mehr als zwei Piloten, die dauerhaft im Cockpit anwesend sein müssen, könnte man der Gefahr eines Piloten mit terroristischem Hintergrund begegnen und diesen davon abhalten, großen Schaden mit einem Flugzeug anzurichten. Regelungen dazu sollten daher dringend in den Annex 17 des Chicagoer Abkommens aufgenommen werden.

c.) Cybersecurity

Seit der 10. Auflage des Annexes 17 finden sich erstmalig detailliertere Vorgaben im Bereich der Cyber-Security. Hier wird aber, wie oben beschrieben, primär mit unverbindlichen Empfehlungen gearbeitet. Der Annex 17 stellt in 4.9.1 darauf ab, dass die Vertragsstaaten Vorkehrungen zum Schutz von Informationen und zur Integrität von Informationssystemen treffen sollen und 4.9.2 hebt als Recommendation bestimmte diverse Empfehlungen hervor wie zum Beispiel die Etablierung der Grundsätze von „security by design", Lieferketten-Sicherheit sowie, dass die Netzwerke im Flugzeug getrennt gehalten werden sollten sowie durch eine Remote-Kontrolle gesichert werden müssen. Damit wird durchaus auf die Kritik der FAA zum Dreamliner Marke Boeing, bei dem 2008 die physische Trennung der Flugzeugsysteme aufgehoben und eine Trennung

551 http://www.airliners.de/fluggesellschaften-cockpit-vorschriften/35292 (Stand: 20.12.2020).

der Netzwerke über Software vorgenommen wurde, reagiert. Die ICAO deutet somit schon erste Bemühungen an, mögliche Angriffe über Cyberattacken zu unterbinden. Dennoch sind die Regelungen zur Cybersecurity sehr knapp und unverbindlich in Form der Empfehlungen gehalten. Die ICAO betrachtet nach eigenen Angaben Cyberattacken als mögliche Bedrohung, sieht diese aber gerade nicht als akute Gefahr.[552]

Dieses Verhalten passt durchaus in das typische Verhaltensmuster der ICAO, denn betrachtet man die oben aufgezeigten Anschläge und darauf folgende Rechtssetzung auf der Ebene der ICAO, lässt sich deutlich beobachten, dass die ICAO in der Regel erst effektiv tätig wird, wenn sich ein Bedrohungsszenario verwirklicht hat und ein Handlungsbedarf durch einen Anschlag und möglicherweise auch Todesopfer aufgezeigt wurde. Im Bereich der Cyberangriffe lässt sich aber noch kein offiziell bestätigter Anschlag finden und es ist auch noch kein Luftfahrzeug abgestürzt oder Personen zu Schaden gekommen. Die noch nicht sehr umfassenden Regelungen zur Cybersecurity im Annex 17 lassen aber nicht den Schluss zu, dass die ICAO auf dem Gebiet der Cybersecurity gar nicht tätig wäre. Dies ist sie nämlich durchaus. Beispielsweise arbeiten ICAO, IATA und die ACI (Airports Council International) sowie die CANSO (Civil Air Navigation Services Organization) und die ICCAIA (International Coordination Council of Aerospace Industries Association) eng im Rahmen des Civil Aviation Cyber Security Action Plans zusammen.[553] Gerade die ICAO beobachtet dieses neue Sicherheitsrisiko „Cyberanschläge" stark, schätzt es aber nicht als eine der primären aktuellen Gefahren für die Zivilluftfahrt ein.[554]

Das Thema Cybersecurity wird auch von verschiedenen Seiten auf internationaler Ebene durchaus intensiv diskutiert. Die EASA (Europäische Agentur für Luftsicherheit) veranstaltete im Jahr 2016 ein high-level Meeting in Bukarest zwischen Industrie, Politik und EU-Institutionen, erkennend, dass Cyberangriffe eine wachsende Bedrohung der Luftfahrt sind, welches in der Bukarest Deklaration fußte. In dieser Deklaration wird versucht, ein Bewusstsein für Cybersecurity zu schaffen und es werden Empfehlungen für das Teilen von Informationen auf diesem Feld ausgesprochen.[555] In den USA wurde im Bereich der Zivilluftfahrt in 2016 der sog. FAA Extension, Safety, and Security Act of

552 *LeFoyer/Berti*, Interview ICAO vom 7. November 2017.
553 IATA Annual Review, S. 25.
554 *LeFoyer/Berti*, Interview ICAO vom 7. November 2017.
555 IATA Annual Review, S. 25.

2016 erlassen, um Risken von Cybercrimes und -anschlägen zu reduzieren.[556]. Erst im Oktober 2020 veröffentlichte das United States Government Accountability Office (GAO) einen umfassenden für den Congress erstellten Report, in dem der Umgang mit Cybersecurity durch die FAA – mit erschreckend schlechtem Ergebnis und negativen Findings – analysiert und auditiert wurde.[557] Leider findet sich bis dato noch keine Reaktion der ICAO auf diesen erschreckenden Bericht, der de facto herausgestellt hat, dass kein hinreichendes Risikomanagement im Bereich von NextGen besteht und somit massive potenzielle Sicherheitsbedrohungen vorliegen. Da der Luftverkehr grenzüberschreitend ist und NextGen global Auswirkungen auf die Luftfahrt haben wird, wäre es äußerst dringend, dass die ICAO auf die Ergebnisse des Audits der GAO reagiert und die Implementierung von Risikomanagementsystemen im Bereich Cybersecurity für die Mitgliedsstaaten verpflichtend vorschreibt. Es ist nicht die Frage, ob wir uns mit Anschlagsversuchen auf kritische Sicherheitssysteme und Netzinfrastrukturen im Bereich der Luftfahrt im Kontext mit NextGen konfrontiert sehen werden, sondern eine Frage des „Wann". Die ICAO sollte diese Gefahr rechtzeitig adressieren und nicht erst handeln, wenn sich die Risiken realisiert haben.

d.) Von UAS und Drohnen ausgehende Gefahren

Eine Regelung, die sich ausdrücklich mit Drohnen beschäftigt, findet sich im Annex 17 nicht. Legt man den Wortlaut des Standards 4.3.6 sehr weit aus, nach dem die Vertragsstaaten im Einklang mit der Risikobewertung der nationalen Behörden sicherstellen sollen, dass am Boden betriebliche Abläufe eingeführt werden, die gewährleisten, dass Attacken gegen Flugzeuge mit MANPADS oder anderen Waffen, die eine ähnliche Bedrohung darstellen, verhindert werden, könnte man hier auch eine Pflicht zur Befassung mit der Abwehr von Drohnen sehen. Ein ausdrücklicher Verweis auf Drohnen fehlt jedoch im Annex 17. Die ICAO sieht in Drohnen auch weniger ein Luftsicherheitsrisiko als eine Gefahr für die Flugsicherheit, also für die ungestörten Abläufe der Luftfahrt.[558] Infolge der Gefahr, die von UAS und insbesondere Drohnen ausgeht, hat sich die ICAO aber bereits der Thematik angenommen, selbst wenn die heutigen Drohnen zumeist

556 FAA Extension, Safety, and Security Act of 2016, Pub. L. No. 114–190, § 2111, 130 Stat. 625-627 (2016).

557 Report to Congressional Requesters, United States Government Accountability Office, FAA Should Fully Implement Key Practices to Strengthen Its Oversight of Avionics Risks, October 2020.

558 *LeFoyer/Berti*, Interview ICAO vom 7. November 2017.

noch nicht grenzüberschreitend betrieben werden oder betrieben werden könnten.[559] Im Jahr 2011 hat die ICAO mit dem Circular 328 mit Annex 2 CA („Rules oft the air") im Zusammenhang stehende Regelungen vorgeschlagen.[560] 2015 folgte das Handbuch „Manual on Remotely Piloted Aircraft Systems (RPAS)" (Doc 10019), welches insbesondere Herausforderungen identifiziert und das angestrebte Arbeitsprogramm skizziert.[561] In Anbetracht der weltweit großen Anzahl an Zwischenfällen mit Drohnen würde es aber wohl Sinn machen, eine internationale Harmonisierung bezüglich des Einsatzes und Kaufs von Drohnen sowie eine Regelung zur Strafbarkeit zu etablieren. Die Fixierung der ICAO auf den Aspekt der Flugsicherheit wirkt etwas verwunderlich in Anbetracht der Tatsache, dass andere staatliche Stellen ein massives Security-Risiko, also ein Risiko für die Luftsicherheit, in möglichen Anschlägen von Terroristen mit Hilfe von Drohnen sehen. So hat der Chef des National Counterterrorism Center (US-Behörde zur Analyse und Bekämpfung von Terrorismus), Nicholas Rasmussen, im September 2017 in einer Expertenrunde herausgestellt, welche realen und massiven Bedrohungen von Drohnen ausgehen[562] Im Irak und Syrien werden Drohnen von IS-Kämpfern bereits genutzt, um Granaten abzufangen.[563] Auch der FBI Direktor Christopher Wray bestätigte, dass mit einem Anschlag immanent gerechnet werden muss, da Drohnen auf der einen Seite leicht zu erwerben und zu betreiben sind, auf der anderen Seite aber schwierig durch Dritte zu stören und zu beobachten sind.[564] Es ist eine Frage der Zeit, wann der erste (Sprengstoff-)Anschlag auf ein Zivilluftfahrzeug mit Hilfe einer Drohne verübt wird und Opfer fordert. Auch bei Drohnen zeigt die ICAO noch ihr gewohntes Muster, dass eine detaillierte Aufnahme und Regelung im Annex 17 erst als Reaktion auf einen Anschlag erfolgt – eine präventive Berücksichtigung ist wohl als unüblich zu bezeichnen. Es bleibt abzuwarten, ob der Annex 17 um

---

559 *Giemulla*, Drohnen – Segen oder Fluch?, S. 356.

560 *Giemulla*, Drohnen – Segen oder Fluch?, S. 356.

561 *Giemulla*, Drohnen – Segen oder Fluch?, S. 356.

562 https://www.washingtonpost.com/opinions/the-security-threat-were-ignoring-terrorist-drones/2017/09/29/3fbd1374-a51f-11e7-b14f-f41773cd5a14_story.html?utm_term=.1c743e9adba0 (Stand: 20.12.2020).

563 https://www.washingtonpost.com/opinions/the-security-threat-were-ignoring-terrorist-drones/2017/09/29/3fbd1374-a51f-11e7-b14f-f41773cd5a14_story.html?utm_term=.1c743e9adba0 (Stand: 20.12.2020).

564 https://www.washingtonpost.com/opinions/the-security-threat-were-ignoring-terrorist-drones/2017/09/29/3fbd1374-a51f-11e7-b14f-f41773cd5a14_story.html?utm_term=.1c743e9adba0 (Stand: 20.12.2020).

explizite Regelungen zu Drohnen erweitert wird, wenn der erste Anschlag stattgefunden hat. Ein Fehlen von Regelungen zu Drohnen in der 10. und 11. Auflage des Annexes 17 ist sehr kritisch zu sehen. Um eine Strafbarkeit für den Missbrauch von Drohnen sicher zu stellen, käme es auch in Frage, ein Abkommen in der Form des Tokioter, Haager oder Montrealer Abkommens zu schaffen und hier auch auf die Abschreckungswirkung potentieller Strafbarkeit zu bauen. Die ICAO sollte hier dringend handeln.

5. Erfolge und Herausforderungen des Annexes 17

Mit dem Annex 17 des Chicagoer Abkommens wurden seit 1974 die internationalen Rahmenbedingungen zur Errichtung eines umfangreichen und internationalen Systems der Luftsicherheit errichtet, welches alle 192 Mitgliedstaaten der ICAO bindet.[565] Durch die ICAO wurde dafür ein komplexes Sicherheitssystem geschaffen, das sowohl die Errichtung von nationalen Behörden, als auch die rechtlichen Rahmenbedingungen für die Funktionsweise von diesen enthält.[566] Es werden umfangreiche Richtlinien zur Verfügung gestellt, die auf nationaler Ebene in speziellen Sicherheitsprogrammen umgesetzt werden müssen. Mit dem Annex 17 hat man ein umfassendes System geschaffen, um Bedrohungen der Zivilluftfahrt auf globaler Ebene zu begegnen und unrechtmäßige Eingriffe möglichst frühzeitig zu verhindern.[567] Besonders die stetige Anpassung und Überarbeitung des Annexes 17 zeugt von einer großen Flexibilität des Anhangs und des Schutzes der Luftsicherheit. Die ICAO gibt dazu selbst an, dass eine neue Empfehlung bzw. Standard in lediglich zwei Jahren in der Regel gesetzlich fixiert wird, dieser Prozess aber auch schneller gehen kann.[568] Dies ist in Anbetracht der 192 Mitgliedstaaten der ICAO, die für die Überarbeitung des Annexes 17 auf einen gemeinsamen Nenner gebracht werden müssen, durchaus eine beeindruckende Schnelligkeit.

XIV. Zwischenergebnis Sabotageakte

Die internationale Zivilluftfahrt sieht sich schon seit Anbeginn mit zahlreichen und sich stetig wandelnden Bedrohungen konfrontiert. Gerade in ihren

565 *Schäffer*, Der Schutz des zivilen Luftverkehrs vor Terrorismus, S. 163.
566 *Schäffer*, Der Schutz des zivilen Luftverkehrs vor Terrorismus, S. 163.
567 *Schäffer*, Der Schutz des zivilen Luftverkehrs vor Terrorismus, S. 163.
568 So https://www.icao.int/about-icao/AirNavigationCommission/Pages/how-icao-develops-standards.aspx (Stand: 20.12.2020).

Anfangsjahren stand die Zivilluftfahrt diesen beinahe hilflos gegenüber. So stieg bis in die 1970er Jahre die Anzahl der Flugzeugentführungen in die Hunderte und auch Sprengstoffanschläge waren keine Seltenheit.

Heute gilt das Flugzeug als das sicherste Verkehrsmittel der Welt und die Luftfahrtbranche kann stetig steigende Passagierzahlen vorweisen. Das ist vor allem der internationalen Zusammenarbeit im Bereich der Luftfahrt und Luftsicherheit zu verdanken. Die ICAO hat dabei als wesentlicher Akteur bereits zu den Anfängen der Zivilluftfahrt das Luftsicherheitsrecht geprägt und maßgeblich die Kodifizierung der heutigen austarierten gesetzlichen Vorgaben zur Sicherheit der Zivilluftfahrt, auf internationaler Ebene als Rahmen und national in Form der Umsetzung durch die Staaten, hervorgebracht. Auch heute hat die ICAO einen große Einfluss und bringt staatliche Akteure, Airlines, Flughäfen und Industrie zusammen, um die Sicherheit des Luftverkehrs stetig weiter zu entwickeln. Auf internationaler Ebene hat dabei das System der Luftsicherheit eine große und darüber hinaus schnelle Anpassungsfähigkeit bezüglich der sich wandelnden Gefahren gezeigt. Man hat es mit dem Tokioter, Haager und Montrealer Abkommen in gerade einmal 15 Jahren geschafft, weltweit spezifisch auf die Zivilluftfahrt zugeschnittene Deliktstatbestände zu etablieren, die gerichtlichen Zuständigkeiten zu klären und die bestehenden Strafbarkeitslücken zu schließen. Außerdem gelang es mit der Schaffung des Annexes 17 Chicagoer Abkommen international einheitliche Standards im Bereich der Prävention von Sabotageakten zu setzten. Mit diesen Maßnahmen schaffte man es erfolgreich die Zahlen der Sabotageakte zu reduzieren. Dennoch darf man nicht vergessen, dass die Zivilluftfahrt nach wie vor ein für Terroristen beliebtes Ziel darstellt. In den heutigen Zeiten, die auch von einem Erstarken des Terrorismus und Radikalismus weltweit geprägt sind, werden Angriffe auf die Zivilluftfahrt stets einfallsreicher und schwieriger zu erkennen sein. Die ICAO und die Staatengemeinschaft sehen massive Risiken in Bombenanschlägen, beispielsweise solche, bei denen Sprengstoff in elektronischen Geräten an Bord gebracht wird. Aber auch die Gefahr, dass Flughafen- und Airline-Mitarbeiter von Terroristen instrumentalisiert werden und gefährliche Gegenstände oder Sprengstoff mit an Bord schmuggeln, weist ein großes Gefahrenpotenzial auf. Radikalisierung und Instrumentalisierung von Mitarbeitern durch Terroristen ist gerade durch die verknüpfte Welt mit Facebook und soziale Medien viel einfacher geworden. Dass gerade auch etablierte Kontrollsysteme bei Personal im Bereich der Luftfahrt scheitern, hat der Zwischenfall mit der Germanwings Maschine 2015 gezeigt: die gesetzlichen Vorschriften zum Umgang mit depressiven Piloten waren national gegeben, eine effektive Umsetzung des gesetzlichen Rahmens aber ist nicht erfolgt. Insoweit genießt das Luftfahrtpersonal noch einen gewissen Vertrauensvorschuss.

Insbesondere effektivere Kontrollen der Mitarbeiter vor Betreten des Sicherheitsbereichs zur Detektion von Sprengstoff und gefährlichen Gegenständen müssen weltweit etabliert werden, was die ICAO mit dem Annex 17 bereits vorantreibt.

Wie ein roter Faden im Bereich der internationalen Reaktion auf Anschläge zieht sich durch die Geschichte, dass stets ein gewisses Bedrohungspotenzial aufgekommen ist und darauf sodann von ICAO und den Mitgliedsstaaten reagiert wurde: Immer erst nach einem Schrecken wurden Straftatbestände geschaffen oder Kontrollsysteme aufgebaut. Diese Art der Handhabung von Bedrohungen der ICAO ist durchaus besorgniserregend und es stellt sich die Frage, was in den nächsten Jahren wohl kommen wird und wie lange es noch dauert, bis ein nächster großer Anschlag auf die Luftfahrt anstehen wird. Die ICAO sieht beispielsweise Drohnen durchaus als Risiko für Abläufe im Luftverkehr, nicht jedoch als akute Sicherheitsbedrohung, vielmehr nur als Problem der Flugsicherheit. Ein Anschlag mit Drohnen hat sich noch nicht realisiert, wird aber von Experten weltweit als Bedrohung für die Sicherheit eingeschätzt. Gleiches gilt für Cyberangriffe. Es bleibt zu hoffen, dass die Ansicht der ICAO richtig ist und Anschläge mit größerer Auswirkung nicht zu befürchten sind. Spätestens nach einem Anschlag wird aber die ICAO wohl auch mehr in Bewegung geraten. Denn der Grundsatz: Actio-Reactio scheint als Grundmuster tief in der ICAO verwurzelt zu sein. Nichtsdestotrotz muss man der ICAO Tribut zollen und die schnelle Handlungsfähigkeit nach Zwischenfällen hoch anerkennen. Obwohl Anschläge heute seltener sind, haben sie in ihrem Zerstörungspotenzial, ihrer Qualität und ihrem Potenzial, die Nutzer der Luftfahrt zu verunsichern, ungeahnte Ausmaße angenommen. Das Flugzeugattentat auf das World Trade Center und das Pentagon kostete auf einen Schlag über 3000 Menschenleben. Die Attentate in Istanbul und Brüssel im Außenbereich des Flughafens, verunsicherten nachhaltig weltweit Passagiere und forderten Menschenleben. Die Zivilluftfahrt und die Staatengemeinschaft stehen damit vor neuen Herausforderungen. Gerade Tokioter, Haager und Montrealer Abkommen versagen bei dem neuen Bedrohungspotenzial und der neuen Form von Anschlägen: Extremistische Selbstmordattentäter lassen sich nicht mit der Aussicht auf Bestrafung von ihren Vorhaben abbringen. Vielmehr handeln sie in dem Bewusstsein, dass es nach dem Anschlag keinen Täter mehr gibt, den man bestrafen könnte. Das klassische Modell und die Idee hinter strafrechtlichen Sanktionen versagt hier also völlig. Man muss daher versuchen, Anschläge auf die Zivilluftfahrt noch intensiver im Voraus durch Sicherheitsmaßnahmen abzuwehren. Insbesondere den Geheimdiensten der Staaten kommt dabei eine immer größere Rolle zu, genau wie besseren technischen Detektoren oder Körperscannern. Dabei steht man jedoch auch vor dem alten Problem, wie weit der Staat bei solchen

Präventivmaßnahmen und staatlicher Überwachung gehen kann und darf. Es stellt sich die Frage, ob es angemessen ist, jeden Passagier einem Ganzkörper-Screening zu unterziehen, jedes Gepäckstück zu untersuchen und persönliche Passagierdaten zwischen Staaten weltweit auszutauschen. Kurz gesagt: Darf man oder muss man sogar jede Person, die den Flugverkehr nutzt oder im Bereich der Luftfahrt arbeitet, unter den Generalverdacht des „Terrorismus" stellen? Die Sicherheit steht hier der Freiheit des Einzelnen und der Leichtigkeit des Luftverkehrs gegenüber. Obwohl man diesen Grundkonflikt zwischen Freiheit und Sicherheit nie aus der Welt wird schaffen können, so hat man doch zumindest durch den stetig überarbeiteten Annex 17 des Chicagoer Abkommens die Rahmenbedingungen für einen zufriedenstellenden Interessenausgleich geschaffen. Vergessen werden darf hierbei nicht, dass neben der ICAO noch zahlreiche Akteure aus der freien Wirtschaft, staatliche Behörden, Verbände der Fluggesellschaften, die Europäische Union etc. sehr eng verknüpft sind und gemeinsam daran arbeiten, den Luftverkehr noch sicherer zu machen. Die 10. und 11. Edition des Annexes 17 greifen die aktuellen Bedrohungsszenarien, mit denen sich die Luftfahrt konfrontiert sieht, beinahe umfassend auf und können als Rahmenplan als sehr gelungen bezeichnet werden. Mit dem Annex 17 wird allen Akteuren der Luftsicherheit ein einheitlicher Mindeststandard vorgeschrieben und somit weltweit, nicht nur in den ohnehin sehr fortschrittlichen europäischen Staaten oder den USA, ein hohes Grundniveau an Luftsicherheit garantiert. Das Fehlen von Aussagen zu Drohnen im Annex 17 muss kritisch und als Versäumnis gesehen werden. Ebenfalls die fehlende Verpflichtung für die Vertragsstaaten im Bereich der Cybersecurity hinreichend effektive Risikomanagementsysteme zur Gefahrenabwehr einzurichten muss aufgrund der Umsetzung von NextGen als Schwachstelle bewertet werden. Wünschenswert wäre auch die verbindliche Aufnahme des Vieraugenprinzips bei den Piloten im Cockpit, um Insiderthreats noch besser zu begegnen.

Da mit einem erheblichen Anstieg der Passagierzahlen[569] in der Luftfahrt auf 16 Milliarden Passagiere pro Jahr und somit mit mehr als einer Verdreifachung der Passagierzahlen bis 2050 gerechnet wird, wird die Luftsicherheit in der Zukunft vor großen Veränderungen und Herausforderungen stehen. In Anbetracht dieses Wachstums der zivilen Luftfahrt ist damit zu rechnen, dass sich das Luftsicherheitssystem, das wir heute kennen, erheblich verändern wird.[570]

569 AGCS – Global Aviation Safety Study, S. 4. Im Jahr 2014 gab es laut Studie ca. 3,3 Milliarden Passagiere weltweit.

570 So *LeFoyer/Berti*, Interview ICAO vom 7. November 2017.

Welche Sabotageakte 2050 zu erwarten sind, ist kaum vorhersehbar, ebenso wenig, ob unser etabliertes Luftsicherheitssystem dann noch geeignet sein wird, Sabotageakte zu verhindern.

E. Gewaltakte gegen die Zivilluftfahrt

Fasst man unter den völkerrechtlichen Gewaltbegriff die von Staaten ausgehende militärische Gewalt, so sind Gewaltakte gegen die Zivilluftfahrt primär in Form von militärischen Abschüssen von Luftfahrzeugen durch Staaten denkbar.[571] Ein solcher Abschuss von Zivilluftfahrzeugen durch Staaten kann aus verschiedenen Gründen auftreten. Klassischer und häufiger Fall in der Vergangenheit war der militärische Abschuss von Luftfahrzeugen als Reaktion auf Luftraumverletzungen.[572] Bis dato eher theoretischer Natur[573] ist ein Abschuss zur Gefahrenabwehr, wenn ein Zivilluftfahrzeug bewusst und zweckgerichtet als Waffe eingesetzt wird.[574]

I. Abschüsse als Reaktion auf Luftraumverletzungen

In der Geschichte der Zivilluftfahrt waren die Abschüsse von Luftfahrzeugen durch Staaten bis in die 1990er Jahre hinein aufgrund von bloßen Luftraumverletzungen ein regelmäßiges Vorkommnis. Der Abschuss eines zivilen Flugzeugs

---

571 Vorliegend wird sich auf die Betrachtung von Abschüssen in Friedenszeiten beschränkt. Als der frühere Präsident George W. Bush nach dem Anschlag von 9/11 verkündete, dass sich die USA nun im „Krieg" gegen den Terrorismus befinde und damit den umgangssprachlichen Begriff „Krieg gegen Terrorismus" prägte, dazu http://www.sueddeutsche.de/politik/usa-bushs-kriegsrhetorik-hat-ausgedient-1.392897 (Stand: 20.12.2020) war es aus völkerrechtlicher Sicht einfach zu bewerten, dass sich auch die USA gerade in keinem pauschalem Krieg gegen den Terrorismus im völkerrechtlichem Sinne befand. Dazu auch unten E. VIII. 4.

572 Vgl. dazu *Horn*, Die Anwendung militärischer Gewalt auf zivile Passagierflugzeuge, S. 8 ff. Eine Legaldefinition der Luftraumverletzung gibt es im Chicagoer Abkommen nicht. Von einer solchen ist auszugehen, wenn ein Luftfahrzeug ohne Erlaubnis in einen fremden Luftraum eindringt, dazu *Schladebach*, Lufthoheit, S. 216; *Schladebach/Platek*, JuS 2010, S. 501; *Hobe*, in: *Ipsen*, Völkerrecht, S. 886 f.; *Hobe*, Völkerrecht, S. 505

573 Ein Abschuss zur Gefahrenabwehr, der nicht nur theoretisch, sondern praktisch durchgeführt wurde, ereignete sich am 24. Mai 2001 als die für Terrorismus stark sensibiliserten Israelis eine Cessna 152 mit nur dem Piloten an Bord in den isrealischen Luftraum eindrang. Dazu *Foont*, Shooting down Civilian Aircraft: Is there an International Law?, S. 714 f.

574 *Giemulla*, ZLW 2005, S. 43 ff.; *Foont*, Shooting down Civilian Aircraft: Is there an International Law?, S. 714 f.; vgl. hier auch die Ausführungen und aufgeführten Beispiele bei *Schladebach*, Lufthoheit, S. 266 ff.

wegen einer zumeist nur versehentlichen Grenzverletzung ist aus heutiger Sicht kaum mehr vorstellbar. Luftraumverletzungen können aus vielfältigen Gründen durch Zivilluftfahrzeuge auftreten, so zum Beispiel aufgrund von technischen oder manuellen Navigationsfehlern, ungünstigen Wetterbedingungen oder Vorfällen am Bord der Maschine wie das akute Auftreten von Krankheiten bei Crew oder Passagieren.[575]

Um das Prinzip einer Luftraumverletzung zu verstehen, bedarf es eines Blicks auf das Chicagoer Abkommen. Darin ist das Prinzip der Lufthoheit rechtsverbindlich festgelegt: Jeder Staat hat demnach in seinem Luftraum die absolute Hoheitsgewalt und weder staatliche noch zivile Luftfahrzeuge sind befugt, in fremden Luftraum ohne Erlaubnis einzufliegen.[576] Findet dennoch ein unerlaubtes Eindringen in fremdes Hoheitsgebiet außerhalb der bilateralen Luftverkehrsabkommen nach Art. 6 CA statt, so spricht man – unabhängig von den Gründen für das unerlaubte Eindringen – von einer völkerrechtswidrigen Luftraumverletzung, die den betroffenen Staat berechtigt Gegenmaßnahmen zu ergreifen.[577] Luftraumverletzungen können von jedem nichtstaatlichem Akteur gleichermaßen wie von einem staatlichen Akteur vorgenommen werden.[578]

II. Beispiele für Abschüsse aufgrund von Luftraumverletzungen

Wohl auch aufgrund der noch bis in die 1990er Jahre ungeklärten Rechtslage finden sich Beispiele für Luftraumverletzungen und ergriffene Gegenmaßnahmen in Form von militärischen Abschüssen in der Vergangenheit zahlreich: So sind

575 Dazu *Schladebach*, Lufthoheit, S. 216 f.; *Hailbronner*, ZLW 1973, S. 155; *Meyer/ Gommert*, ZLW 2000, S.158 ff.

576 *Schladebach*, Luftrecht, Rn. 171; *Schladebach/ Platek*, JuS 2010, S. 501; *Hobe*, in: *Ipsen*, Völkerrecht, S. 866 ff.; *Hobe*, Völkerrecht, S. 505.

577 *Schladebach*, Luftrecht, Rn. 171 f. Im Bereich des Eindringens von Militärflugzeugen in fremden Luftraum haben sich völkergewohnheitsrechtliche Grundsätze herausentwickelt, die auch den Abschuss als ulima ratio zulassen. In der Regel soll das Militärflugzeug zunächst durch Warnschüsse gewarnt werden und es ist immer der völkerrechtliche Verhältnismäßigkeitsgrundsatz zu wahren. Dazu *Schladebach*, Lufthoheit, S. 258 f.; *Hailbronner*, Der Schutz der Luftgrenzen im Frieden, S. 50 f.; *Schladebach*, Lufthoheit, S. 218 ff.

578 Dies ergibt sich aus dem Chicagoer Abkommen: Beispielsweise spricht Art. 6 Chicagoer Abkommen vom planmäßigem Fluglinienverkehr und dem Ein- und Überflug im fremden Luftraum und somit eindeutig von privaten Akteuren.

bereits in den 1950er Jahren Abschüsse von Zivilflugzeugen als Reaktionen auf Luftraumverletzungen aufgetreten. Einer der ersten ernstzunehmenden Luftzwischenfälle dieser Art begab sich am 29. April 1952 über dem Gebiet der DDR. [579] Eine französische Linienmaschine der Fluggesellschaft Air France wurde auf einem Flug von Frankfurt am Main von sowjetischen Jagdflugzeugen angeschossen.[580] Dabei wurden einige Passagiere der Maschine verletzt, dem Pilot gelang jedoch die Notlandung auf dem Flughafen Berlin Tempelhof. Die UdSSR begründete den Angriff damit, dass das französische Flugzeug die Bundesrepublik Deutschland verlassen und somit die ostdeutsche Lufthoheit verletzt habe.[581] Die Alliierte Hohe Kommission der drei Westmächte verurteilte dieses Verhalten bezüglich einer unbewaffneten Passagiermaschine in Friedenszeiten als völlig unzulässig und unzivilisiert.[582]

Trotz der scharfen Verurteilung folgten schnell weitere Abschüsse von Zivilflugzeugen. Unter anderem bereits im Jahr 1955 als eine israelische Verkehrsmaschine, die auf einem Flug von Wien nach Tel-Aviv vom Kurs abgekommen war, von bulgarischen Militärmaschinen beschossen wurde. Sie hatte sich ohne Genehmigung im bulgarischen Luftraum befunden. Die Maschine stürzte ab und keiner der 57 Insassen überlebte.[583] Während Israel den Abschuss Bulgariens als gravierendes völkerrechtliches Delikt bezeichnete und eine Verletzung der elementaren Verpflichtung zum menschenrechtskonformen Verhalten rügte, berief sich Bulgarien auf die Luftraumverletzung und die Tatsache, dass das nicht identifizierte Flugzeug der mehrfachen Aufforderungen zum Landen nicht nachgekommen sei.[584] Eine rechtliche Verantwortung treffe Bulgarien daher nicht.[585] Zur Klärung der Angelegenheit klagte Israel gemeinsam mit den

579 *Frankfurter Allgemeine Zeitung* vom 30.04.1952, S. 1; *Horn*, Die Anwendung militärischer Gewalt auf zivile Passagierflugzeuge, S. 8; *Hughes*, S. 601; *Finke*, Hüter des Luftraumes?, S. 48. *Hailbronner*, Schutz der Luftgrenzen, S. 37.

580 *Frankfurter Allgemeine Zeitung* vom 30.04.1952, S. 1; *Horn*, Die, Anwendung militärischer Gewalt auf zivile Passagierflugzeuge, S. 8; *Hughes*, S. 601; *Finke*, Hüter des Luftraumes?, S. S. 48; *Hailbronner*, Schutz der Luftgrenzen, S. 37.

581 *Horn*, Die Anwendung militärischer Gewalt auf zivile Passagierflugzeuge, S. 8.

582 *Hailbronner*, Luftpiraterie, S. 37.

583 *Horn*, Die Anwendung militärischer Gewalt auf zivile Passagierflugzeuge, S.10; IGH, Aerial Incdident of 27 July 1955 - Case, ICJ Pleadings 1959, S. 48 ff.

584 IGH, Aerial Incdident of 27 July 1955- Case, ICJ Pleadings 1959, S. 11.

585 *Avruch*, Boston College International and Comparative Law Review 8, 1985, S. 76; *Horn*, Die Anwendung militärischer Gewalt auf zivile Passagierflugzeuge, S. 8.

USA und dem Vereinigten Königreich Großbritannien und Nordirland vor dem IGH, der das Verfahren jedoch wegen fehlender Zuständigkeit nicht annahm.[586]

Besonders in den 1970er Jahren ereigneten sich weitere Abschüsse von zivilen Luftfahrzeugen durch kommunistische Staaten. Erschütterung und Bestürzung auf der ganzen Welt löste aber insbesondere der Abschuss einer südkoreanischen Boeing 747 über der Halbinsel Sachalin (sowjetischer Luftraum) am 1. September 1983 aus.[587] Das Flugzeug hatte sich auf dem Weg von Anchorage nach Seoul befunden, kam aber aus unerklärlichen Gründen 500 km vom eigentlichen Kurs ab und befand sich nun unerlaubt in sowjetischem Hoheitsgebiet.[588] Nachdem sowjetische Militärflugzeuge das süd-koreanische Flugzeug über zwei Stunden verfolgt hatten und das Aufnehmen von Funkkontakt gescheitert war, feuerten sie auf das Flugzeug eine Luft-Luft-Rakete ab. Die Boeing war zu diesem Zeitpunkt kurz davor, den sowjetischen Luftraum zu verlassen. Alle 269 Menschen, die sich im Flugzeug befanden, starben bei dem Absturz.[589] Nach Aussage der UdSSR sei das Flugzeug vorherigen Landeaufforderungen nicht nachgekommen, darüber hinaus habe man die Boeing für ein amerikanisches Aufklärungsflugzeug gehalten. Aufgrund der Unverletzlichkeit der Grenzen sei der Abschuss jedoch in jedem Fall zulässig gewesen, so die Ansicht der UdSSR zu dem Abschuss.[590] Das beschriebene Verhalten der UdSSR wurde von der Welt mit tiefer Betroffenheit aufgenommen. So vertrat die Bundesrepublik Deutschland den Standpunkt, dass der Abschuss einer zivilen Passagiermaschine in Friedenszeiten verabscheuungswürdig und selbst bei eindeutigen Grenzverletzungen nicht entschuldbar sei,[591] während der damalige US-Präsident Reagan den Abschuss eines unbewaffneten Zivilflugzeuges als Verbrechen gegen die Menschlichkeit beschrieb.[592] Gerade die Tatsache, dass sich die Boeing unmittelbar vor Verlassen des sowjetischen Hoheitsgebietes befand und die UdSSR dennoch den Abschuss auf eine Luftraumverletzung stützte, schien nicht

586 Vgl. dazu *Horn*, Die Anwendung militärischer Gewalt auf zivile Passagierflugzeuge, S. 12; IGH, Aerial Incdident of 27 July 1955- Case, ICJ Rep. 1959, S. 126-207.

587 So *Schladebach*, Luftrecht, Rn. 175; *Schladebach*, Lufthoheit, S. 224.

588 *Horn*, Die Anwendung militärischer Gewalt auf zivile Passagierflugzeuge, S. 16; *Nash Leich*, AJIL 78 (1984), S. 244; *Schladebach*, Luftrecht, Rn. 174.

589 *Horn*, Die Anwendung militärischer Gewalt auf zivile Passagierflugzeuge, S. 16; *Nash Leich*, AJIL 78 (1984), S. 244; *Schladebach*, Luftrecht, Rn. 174.

590 *Horn*, Die Anwendung militärischer Gewalt auf zivile Passagierflugzeuge, S. 16; *Schladebach*, Luftrecht, Rn. 174.

591 *Horn*, Die Anwendung militärischer Gewalt auf zivile Passagierflugzeuge, S. 17.

592 *Horn*, Die Anwendung militärischer Gewalt auf zivile Passagierflugzeuge, S. 17.

nachvollziehbar. Hier wurde die Unverhältnismäßigkeit und Dramatik des sinnlosen Todes zahlreicher Menschen sichtbar, die ihr Leben aufgrund einer bloßen Luftraumverletzung (Grenzverletzung) lassen mussten, ohne dass eine objektive Gefahr von ihnen ausging.[593]

Dem Abschuss über Sachalin folgten noch weitere Abschüsse aufgrund von Luftraumverletzungen. Am 24. Februar 1996 schoss die kubanische Luftwaffe zwei Flugzeuge einer Menschenrechtsorganisation ab, die von Florida aus kubanischen Flüchtlingen zur Hilfe kommen wollten.[594] Die beiden Maschinen befanden sich kurzzeitig im kubanischen Luftraum, wurden jedoch erst abgeschossen als sie sich wieder über internationalen Gewässern befanden.[595] Der US-amerikanische Kongress bezeichnete den Abschuss als absolut falsch, Kuba gestand aber keinen Fehler ein und leistete auch keine ex gratia Schadensersatzzahlungen an die Hinterbliebenen der Opfer des Abschusses.[596] Dennoch begleitete Kuba bei einem weiteren Zwischenfall kurze Zeit später, als ein US-amerikanisches Zivilflugzeug in den kubanischen Luftraum eingedrungen war, dieses lediglich militärisch aus dem Luftraum heraus und sah von weiteren Abschüssen ab.[597]

Das Chicagoer Abkommen regelte in der ursprünglichen Fassung vom 7. Dezember 1944 den Umgang mit Luftraumverletzungen durch Zivilluftfahrzeuge nicht. Nach dieser traurigen Historie von Abschüssen aufgrund von bloßen Luftraumverletzungen, können die Rechtslage und die Reaktionsmöglichkeiten auf bloße Luftraumverletzungen jedoch inzwischen als geklärt angesehen werden.[598] Dies begründet sich vor allem mit der Schaffung des Art. 3 bis CA im Jahr 1984 nach dem Abschuss über Sachalin.[599] Bei Luftraumverletzungen gilt Art. 3bis CA: Die Vertragsstaaten haben sich nach Art. 3bis (a) CA der Waffengewalt zu enthalten und dürfen das Leben der Personen an Bord nicht gefährden.[600] Liegt tatsächlich eine reine Luftraumverletzung vor und nicht eine

593 *Schladebach*, Luftrecht, Rn. 173; *Hailbronner*, Luftpiraterie, S. 36, 266 ff.

594 *Foont*, Shooting down Civilian Aircraft: Is there an International Law?, S. 712 ff.

595 *Foont*, Shooting down Civilian Aircraft: Is there an International Law?, S. 713.

596 *Foont*, Shooting down Civilian Aircraft: Is there an International Law?, S. 713.

597 *Foont*, Shooting down Civilian Aircraft: Is there an International Law?, S. 713.

598 *Bentzien*, Der unerlaubte Einflug, S. 174; *Hailbronner*, Der Schutz der Luftgrenzen im Frieden, S. 41; *Hobe*, in: *Ipsen*, Völkerrecht, S. 886 f.; *Foont*, Shooting down Civilian Aircraft: Is there an International Law?, S. 701; *Schladebach*, Lufthoheit, S. 219.

599 Siehe dazu die detaillierten Ausführungen unter D III.

600 Stattdessen kann die Landung des Luftfahrzeugs auf einen vom betroffenen Vertragsstaat bestimmten Flughafen verlangt werden, Art. 3 bis (b). Außerdem besteht die Möglichkeit unter Anwendung der im Anhang 2, Appendix 2 und Attachement A

irgendwie vom Luftfahrzeug ausgehende schwerwiegende Gefahr für Dritte, ist ein Abschuss des Luftfahrzeugs aufgrund der eindeutigen Formulierung des Art. 3bis CA inzwischen als eindeutig unzulässig zu bewerten.[601] Auf Abschüsse aufgrund von reinen Luftraumverletzungen soll in dieser Arbeit daher lediglich noch am Rande im Rahmen einer näheren Betrachtung der Anwendbarkeit des Art. 3bis CA auf Abschüsse zur Gefahrenabwehr eingegangen werden.

III. Abschüsse von Zivilluftfahrzeugen zur Gefahrenabwehr

Zumindest auf den ersten Blick scheint die Situation eine völlig andere, wird der Abschuss eines Zivilluftfahrzeugs nicht aufgrund einer bloßen Luftraumverletzung, sondern als Reaktion auf die Zweckentfremdung eines Luftfahrzeugs als Waffe vorgenommen. Von dem zweckentfremdeten Flugzeug geht hier eine massive Gefahr für Leben und körperliche Unversehrtheit vieler Menschen am Boden aus, während die Passagiere an Bord vermutlich mit großer Wahrscheinlichkeit bei der Flugzeugentführung ums Leben kommen werden. Man denke nur einmal an den Anschlag vom 11. September 2001 in den USA.[602] Welches Zerstörungspotenzial tatsächlich von einem zweckentfremdeten Flugzeug ausgeht, wurde bei diesen tragischen Anschlägen eindrücklich bewiesen.

Im Kern ist hier die Frage zu stellen, ob es zulässig ist, ein ziviles Passagierflugzeug abzuschießen und somit zahlreiche unschuldige Insassen an Bord zu töten, um das Leben vieler Menschen am Boden zu retten.[603]

(„Interception of Civil Aircraft") zum Chicagoer Abkommen festgelegten Vorgaben ein Luftfahrzeug abzufangen, dazu *Schladebach*, Lufthoheit, S. 239 ff.; *Kaiser*, ZLW 1992, S. 160. Das Abfangmanöver verfolgt dabei das Ziel das Luftfahrzeug aus dem Luftraum heraus zu leiten durch Annährung des Abfangjägers an das in Rede stehende Luftfahrzeug und die Aufnahme von Kontakt über verschiedene Wege. Detailliert zusammengefasst findet sich der Ablauf eines Abfangmanövers bei *Schladebach*, Lufthoheit, S. 241 f. Dazu auch *Williams*, Air Force L. Rev. 59 (2007), S. 135 ff.

601 *Schladebach*, Lufthoheit, S. 243; *Schladebach/Platek*, JuS 2010, S. 502; *Kaiser*, ZLW 1992, S. 160; *Schönwald*, AVR 50 (2012), S. 77. Luftraumverletzungen aufgrund des Einflugs in ein Sperrgebiet werden in Art. 9 c.) CA thematisiert: Demnach kann der Vertragsstaat verlangen, dass das Luftfahrzeug, das in ein Sperrgebiet einfliegt sobald wie möglich auf einem bezeichneten Flughafen innerhalb des Hoheitsgebietes des Vertragsstaates landet.

602 Dazu E. III. 2.

603 Siehe dazu *Wilkesmann*, NVwZ, 2002, S. 1322. In Deutschland hat das Bundesverfassungsgericht eine solche Abwägung von Leben gegen Leben für unzulässig erklärt, vgl. dazu BVerfG v. 15.2.2006 - 1 BvR 357/05, BVerfG NJW 2006, S. 751.

1. 11. September 1972 – Die Abschlussfeier der Olympischen Spiele in der Bundesrepublik Deutschland

Vor der Frage der Zulässigkeit eines Flugzeugabschusses zur Gefahrenabwehr stand bereits am 11. September 1972 die Bundesrepublik Deutschland. An diesem Tag sollte die Abschlussfeier der Olympischen Spiele in München stattfinden. Als sich bereits 70.000 Menschen, darunter auch viele hohe Politiker, im Stadion versammelt hatten, erreichte die Bundesrepublik die Meldung, dass in Stuttgart ein Passagierflugzeug entführt worden sei. Palästinensische Terroristen hätten den Plan, aus diesem Flugzeug Bomben über dem Stadion abzuwerfen. Mit den schrecklichen Ereignissen des kurz zuvor stattgefunden palästinensischen Attentats auf die israelischen Olympiateilnehmer im Hinterkopf, wurden Abfangjäger über das Olympiastadion und in Richtung einer sich dort befindlichen Passagiermaschine geschickt, die man für das entführte Flugzeug hielt. Der Abschuss wurde nicht befohlen, da es den Abfangjägern gelang, das Flugzeug abzudrängen und so vom Stadion zu entfernen. Kurze Zeit später nahm das Passagierflugzeug Funkkontakt auf und es stellte sich heraus, dass es sich bei der Maschine um ein finnisches Flugzeug handelte, welches wegen eines technischen Ausfalls vom Kurs abgekommen war und keinesfalls um Terroristen.[604]

2. Die Terroranschläge von 9/11 in den USA

Insbesondere kam die Frage nach der rechtlichen Zulässigkeit eines Abschusses von Passagiermaschinen zur Gefahrenabwehr weltweit nach den Ereignissen des 11. September 2001 auf, als Luftfahrzeuge erstmals tatsächlich als Waffe durch Terroristen der Terrororganisation Al Qaida genutzt wurden, um eine möglichst große Opferzahl zu erzielen.[605]

Am Morgen des 11. Septembers gelang es den Terroristen vier Flugzeuge in ihre Gewalt zu bringen. Bei den Maschinen handelte es sich um Passagierflugzeuge, in der sich jeweils über 60 Insassen befanden. [606] Zwei der Maschinen

---

604 Zu dem Vorfall: http://einestages.spiegel.de/external/ShowTopicAlbumBackground/a271/l0/l0/F.html#featuredEntry (Stand: 20.12.2020).

605 National Commission on Terrorist Attacks Upon the United States - The 9/11 Commission Report, S. 1 ff.; *Hobe*, Einführung in das Völkerrecht, S. 506; *Schäffer*, Der Schutz des zivilen Luftverkehrs vor Terrorismus, S. 31; zum detailliertem zeitlichen Ablauf der Anschläge auch *Price/Forrest,* Practical Aviation Security, S. 84 ff.

606 National Commission on Terrorist Attacks Upon the United States - The 9/11 Commission Report, S. 1 ff.; *Schäffer*, Der Schutz des zivilen Luftverkehrs vor Terrorismus, S.32; *Price/Forrest,* Practical Aviation Security, S. 84.

waren vom Flughafen Boston gestartet und sollten nach Los Angeles fliegen. Die anderen beiden Flugzeuge waren auf dem Weg von New Jersey nach San Francisco und von Washington nach Los Angeles. [607] Die beiden von Boston gestarteten Maschinen wurden eine dreiviertel Stunde nach dem Start von den Selbstmordattentätern in die beiden Türme des World Trade Centers, New York, gelenkt. [608] Die beiden 415 und 417 Meter hohe Hochhäuser stürzten nur knapp eine Stunde nach dem Anschlag in sich zusammen. Das in Washington entführte Passagierflugzeug wurde währenddessen in das Pentagon, Sitz des U.S. Verteidigungsministerium in Washington D.C., geflogen. Die vierte Maschine stürzte in der Nähe von Shanksville, Pennsylvania, nach einem Kampf der Passagiere mit den Entführern ab. Über 3000 Menschen kamen bei den Anschlägen ums Leben.[609]

Terroristische Anschläge auf die Luftfahrt hatten durch die Entfremdung von Flugzeugen als Massenvernichtungswaffe damit eine unvorstellbare Dimension und Opferzahl erreicht. Nach den Anschlägen veröffentlichte die USA den sog. „9/11 Commission Report" der US-National Commission on Terrorist Attacks Upon the United States, in dem beschrieben wurde, dass die US-Luftwaffe alarmiert war und die entführten Maschinen abschießen sollte. [610] Die Kampfpiloten

---

607 National Commission on Terrorist Attacks Upon the United States - The 9/11 Commission Report, S. 1 ff.; *Schäffer*, Der Schutz des zivilen Luftverkehrs vor Terrorismus, S.32; *Price/Forrest*, Practical Aviation Security, S. 84 f.

608 National Commission on Terrorist Attacks Upon the United States - The 9/11 Commission Report, S. 1 ff.; *Schäffer*, Der Schutz des zivilen Luftverkehrs vor Terrorismus, S.32; *Price/Forrest*, Practical Aviation Security, S. 84 f.

609 National Commission on Terrorist Attacks Upon the United States - The 9/11 Commission Report, S. 552.; *Schäffer*, Der Schutz des zivilen Luftverkehrs vor Terrorismus, S.32; *Price/Forrest*, Practical Aviation Security, S. 84 f.

610 National Commission on Terrorist Attacks Upon the United States - The 9/11 Commission Report, S. 17 ff.; *Hirsch*, in Giemulla/Rothe, Recht der Luftsicherheit, S. 83. Das US-Militär erhielt beispielsweise erst acht Minuten bevor der American Airlines Flight 11 in den nördlichen Turm geflogen ist Mitteilung, dass es sich um eine Flugzeugentführung handelte, so National Commission on Terrorist Attacks Upon the United States - The 9/11 Commission Report, S. 19. Mit 9/11 wurde weltweit die Strategie im Umgang mit Flugzeugentführern weg von möglichen Verhandlungen mit den Entführern hin zu einer auf aktivem Widerstand basierenden Strategie geändert. Zwischen 2001 und 2012 konnte die überwiegende Zahl der in dem Zeitraum aufgetretenen 35 Flugzeugentführungen von Sicherheitspersonal an Bord, Passagieren oder Crew-Mitgliedern gestoppt werden, dazu *Price/Forrest*, Practical Aviation Security, S. 86.

hatten jedoch die Flugzeuge nicht auffinden können. In den USA wurde zumindest von Seiten der Bevölkerung nicht in Frage gestellt, dass man die entführten Flugzeuge hätte abschießen sollen.[611] Zahlreiche europäische Staaten ahmten die USA nach und verankerten den präventiven Abschuss von zivilen Passagierflugzeugen in nationalem Recht als zulässig.[612]

3. 24. Mai 2001 – Abschuss Cessna 152 in Israel

Am 24. Mai 2001 ereignete sich einer der wenigen auffindbaren und tatsächlich durchgeführten Abschüsse eines zivilen Flugzeuges zur Gefahrenabwehr: An diesem Tag flog ein Schüler einer Pilotenschule vom Libanon aus mit einer Cessna 152 zunächst in eine militärische Sperrzone und sodann weiter in den israelischen Luftraum.[613] Die Israelis, die besonders sensibilisiert für Terroranschläge sind, versuchten zunächst mit der Maschine Kontakt aufzunehmen und gaben einen Warnschuss ab. Als die Maschine sich jedoch davon unbeeindruckt weiter in einen dicht besiedelten Bereich bewegte, schoss ein Abfangjäger die Cessna schlussendlich ab.[614] Die internationale Presse und ICAO haben diesen Abschuss nicht hinterfragt, da es sich wohl tatsächlich um einen Selbstmordflug bzw. Selbstmord-Attacke gehandelt habe.[615] Einen sicheren und eindeutigen Beleg dafür gibt es jedoch nicht. Wenig Aufmerksamkeit erhielt der Fall aber wohl deswegen, weil das Flugzeug als gestohlen galt und bei dem Abschuss nur eine Person, nämlich der Pilot der Cessna selbst, ums Leben kam.[616]

4. 8. Januar 2020 - Abschuss Passagiermaschine Ukraine International Airlines

Am 8. Januar 2020, wurde eine Passagiermaschine der Ukraine International Airlines circa sechs Minuten nach Take-Off in Teheran (Iran) mit insgesamt 176 Personen an Bord von einer iranischen Militärrakete getroffen und zum Absturz gebracht. Alle Insassen des Flugzeuges starben. Der Iran äußerte sich später widersprüchlich zu dem Vorfall und erklärte zunächst, dass die

611 So *Hirsch*, in Giemulla/Rothe, Recht der Luftsicherheit, S. 83.

612 *Schäffer*, Der Schutz des zivilen Luftverkehrs vor Terrorismus, S. 31; *Hirsch*, in Giemulla/Rothe, Recht der Luftsicherheit, S. 83. So auch in Deutschland mit dem Gesetz zur Neuregelung von Luftsicherheitsaufgaben vom 11. Januar 2005 (BGBl. I S. 78).

613 *Foont*, Shooting down Civilian Aircraft: Is there an International Law?, S. 714.

614 *Foont*, Shooting down Civilian Aircraft: Is there an International Law?, S. 715.

615 *Foont*, Shooting down Civilian Aircraft: Is there an International Law?, S. 715.

616 *Foont*, Shooting down Civilian Aircraft: Is there an International Law?, S. 715.

Passagiermaschine kurz nach dem Start in Teheran eine scharfe Kurve in Richtung einer Militärbasis in der Form eines feindlichen Flugs zu nehmen schien. Später erklärte der Iran, dass der Abschuss auf menschlichem Versagen beruhte und sprach eindringlich sein Bedauern und Beileid zu dem Vorfall aus, mit dem Versprechen, eine Strafverfolgung des Verursachers einzuleiten und eine Aufklärung des Falles zu bieten.[617] Da der Iran später von der These des Abschusses zur Gefahrenabwehr abgerückt ist, ist auf diesen Vorfall im Folgenden nicht weiter einzugehen.

IV. Nationale Regelungen zum Abschuss von Zivilluftfahrzeugen zur Gefahrenabwehr weltweit

Nach dem Anschlag bzw. den Anschlägen von 9/11 kam weltweit eine Diskussion um die Zulässigkeit von Abschüssen von Zivilluftfahrzeugen zur Gefahrenabwehr auf. Dabei sind die staatlichen Haltungen zur Frage äußerst unterschiedlich, von der Bejahung der Zulässigkeit eines Abschusses bis hin zur Ablehnung eines Abschusses. Nur wenige Staaten haben eine eindeutige Rechtsgrundlage geschaffen, um einen Abschuss zu rechtfertigen.[618] Zur Betrachtung einiger Beispiele und um die unterschiedlichen Positionen zur Frage der Zulässigkeit des Abschusses eines Zivilluftfahrzeugs zur Gefahrenabwehr näher zu verstehen eignet sich insbesondere die von *Weber*[619] erstellte Zusammenfassung der unterschiedlichen nationalen Regelungen zum Abschuss, die an dieser Stelle teilweise wieder gegeben werden soll:

---

617 Zum Vorfall allgemein http://www.b737.org.uk/incident_ur-psr.htm (Stand: 20.12.2020). Aktuell ist eine Investigation nach Annex 13 CA anhängig, die entsprechend der Norm innerhalb von zwölf Monaten seit dem Vorfall abgeschlossen sein muss. Dies ist bis dato noch nicht erfolgt und ICAO hat den Iran bereits auf die Notwendigkeit des Abschlusses der Untersuchungen hingewiesen, dazu https://www.icao.int/Newsroom/Pages/ICAO-Council-urges-Iran-to-complete-PS752-accident-investigation-Final-Report.aspx (Stand: 20.12.2020). Die ICAO hat als Reaktion auf den Zwischenfall bereits im März 2020 Änderungen an den ICAO-Standards und -Empfehlungen zu Risikobewertungen in Konfliktzonen und den damit verbundenen Verantwortlichkeiten angenommen, dazu https://www.icao.int/Newsroom/Pages/ICAO-Council-takes-action-on-PS752-and-conflict-zones.aspx (Stand: 20.12.2020).

618 *Weber*, in Giemulla/*Rothe*, Recht der Luftsicherheit, S. 145.

619 *Weber*, in Giemulla/*Rothe*, Recht der Luftsicherheit, S. 145 ff.

1. Australien

Eine eindeutige Ermächtigungsgrundlage zum Abschuss eines Zivilluftfahrzeugs zur Gefahrenabwehr gibt es in Australien nicht.[620] Da der innerstaatliche Einsatz der Streitkräfte in Australien an sehr hohe Einsatzschwellen geknüpft ist, erscheint ein Abschuss eines Flugzeuges zur Gefahrenabwehr eher unwahrscheinlich bis unzulässig.[621]

2. USA

In den USA besteht keine ausdrückliche Rechtsgrundlage für den Abschuss eines Zivilluftfahrzeugs, gleichwohl ist es unstreitig, dass der Präsident bei Vorliegen einer Bedrohung aufgrund seiner ihm in der Verfassung der Vereinigten Staaten gemäß Art. 2, 2 Abschnitt, Absatz 1 zuerkannten Position als Oberbefehlshaber über die Armee einen Abschuss eines Zivilluftfahrzeugs befehlen kann.[622] In der Geschichte kam dies angeblich schon zwei Mal vor, nämlich während der Kuba-Krise 1963 und nach den Anschlägen von 9/11, wobei es keine bekannten Daten zu Opfern und Maschine gibt.[623]

3. Deutschland

In Deutschland trat am 11. Januar 2005 zunächst das Gesetz zur Neuregelung von Luftsicherheitsaufgaben (BGBl. I S. 78) in Kraft, welches in § 14 Abs. 3 den präventiven Abschuss eines Flugzeuges vorsah, um eine von diesem drohende Gefahr abzuwenden.[624] Das Bundesverfassungsgericht entschied aber kurze Zeit später, dass eine solche Regelung aus verschiedenen Gründen verfassungswidrig sei: Zum einen aufgrund des Fehlens der Gesetzgebungskompetenz des Bundesgesetzgebers zur Anordnung eines militärischen Einsatzes gegen ein entführtes Flugzeug und zum anderen weil der Abschuss eines entführten Flugzeuges gegen die Garantie der Menschenwürde in Art. 1 GG verstieße.[625]

620 *Weber*, in Giemulla/*Rothe*, Recht der Luftsicherheit, S. 145.

621 *Robbers*, Stellungnahme, S. *41; Weber*, in Giemulla/*Rothe*, Recht der Luftsicherheit, S. 145.

622 *Robbers*, Stellungnahme, S. *39; Weber*, in Giemulla/Rothe, Recht der Luftsicherheit, S. 144.

623 *Robbers*, Stellungnahme, S. *40; Weber*, in Giemulla/Rothe, Recht der Luftsicherheit, S. 144.

624 Dazu BverfG Urteil vom 15. Februar 2006 - 1 BvR 357/05, BVerfG NJW 2006, S. 751.

625 Dazu das BverfG Urteil vom 15. Februar 2006 - 1 BvR 357/05, BVerfG NJW 2006, S. 751.

4. Frankreich

In Frankreich wurde bereits relativ frühzeitig, nämlich im Jahr 1975, durch das Dekret 75-930[626] eine Norm geschaffen, die den Abschuss eines Luftfahrzeugs erlaubt, von dem eine Bedrohung ausgeht.[627] Es ist davon auszugehen, dass in Frankreich ein Abschuss zur Gefahrenabwehr daher auch ohne großes Zögern bei Bedarf durchgeführt werden würde.[628]

5. Österreich

In Österreich hat das Bundesheer neben militärischen Aufgaben zur Landesverteidigung auch die Aufgabe, die verfassungsmäßigen Einrichtungen und die demokratische Freiheit der Österreicher im Land zu sichern.[629] Ausdrückliche Ermächtigungen zum Abschuss eines Zivilluftfahrzeugs finden sich in Österreich nicht, aber es wird davon ausgegangen, dass das Bundesheer einen Abschuss zur Abwehr schwerwiegender Gefahren vornehmen darf.[630] Dies bestätigend hat der Nationale Sicherheitsrat im Jahr 2007 entschieden, dass Piloten des Bundesheers von Terroristen entführte Passagiermaschinen abschießen können.[631]

6. Polen

In Polen ist seit 2005 ein Luftsicherheitsgesetz in Kraft, dass den Abschuss eines zu terroristischem Zweck entführten Flugzeuges auf Befehl des Verteidigungsministers erlaubt, wenn die Maschine nicht zur Landung gezwungen werden kann.[632]

---

626 Décret n°75-930 du 10 octobre 1975 relatif à la défense aérienne et aux opérations aériennes classiques menées au-dessus et à partir du territoire métropolitain, abrufbar unter https://www.legifrance.gouv.fr/loda/id/JORFTEXT000000853578/ (Stand: 20.12.2020).

627 *Weber*, in Giemulla/Rothe, Recht der Luftsicherheit, S. 145.

628 *Weber*, in Giemulla/Rothe, Recht der Luftsicherheit, S. 145.

629 So Art. 79 BVG. Dazu ausführlich *Weber*, in Giemulla/Rothe, Recht der Luftsicherheit, S. 146.

630 *Weber*, in Giemulla/Rothe, Recht der Luftsicherheit, S. 146.

631 Dazu *Schaer*, ZLW 2007, S. 551 f.; *Weber*, in Giemulla/Rothe, Recht der Luftsicherheit, S. 146.

632 *Froehlich*, ZLW 2007, 342; *Weber*, in Giemulla/Rothe, Recht der Luftsicherheit, S. 146.

7. Russland

In Russland findet sich ebenfalls eine eindeutige Ermächtigungsgrundlage zum Abschuss eines Zivilluftfahrzeugs zur Gefahrenabwehr in dem Gesetz über die Bekämpfung von Terrorismus.[633] Demnach kann der Präsident die Luftwaffe zum Abschuss einsetzen, wenn die Maschine nicht von Abfangjägern zur Landung bewegt werden kann.[634]

8. Zwischenergebnis

Bei den exemplarisch aufgezählten Staaten fällt auf, dass ein großer Teil einen Abschuss zur Gefahrenabwehr für zulässig erachtet. Zwar stützen sie dies nicht zwingend auf eine ausformulierte detaillierte Rechtsgrundlage, eine große Anzahl an Staaten erachtet einen Abschuss aber generell als zulässig.[635] Die wenigen Staaten, die einen Abschuss als unzulässig bewerten, so wie oben aufgezeigt Deutschland und Australien, begründen dies mit einer Unvereinbarkeit eines Abschusses mit eigenen nationalen Verfassungsprinzipien - jedoch wird eine Unzulässigkeit niemals unter Verweis auf Art. 3bis CA angenommen.

V. Völkerrechtliche Würdigung von Abschüssen von Zivilluftfahrzeugen zur Gefahrenabwehr

Unabhängig davon, ob Abschüsse zur Gefahrenabwehr nach nationalem Recht von einigen Staaten als zulässig oder unzulässig angesehen werden, stellt sich hier die Frage nach der völkerrechtlichen Zulässigkeit von staatlichen Abschüssen von Zivilluftfahrzeugen zur Gefahrenabwehr. Auf völkerrechtlicher Ebene kommen insbesondere zwei Verbotstatbestände in Frage, die einem Abschuss eines Zivilluftfahrzeuges zur Gefahrenabwehr entgegenstehen könnten. Es kommt hier zum einen ein Verstoß das völkerrechtliche Gewaltverbot sowie ein Verstoß gegen Art. 3bis CA in Betracht.

633 *Schyndel*, ZLW 2007, S. 342; *Giemulla*, LuftSiG, Abschnitt 3 Rn. 21; *Weber*, in Giemulla/Rothe, Recht der Luftsicherheit, S. 146.

634 *Schyndel*, ZLW 2007, S. 342; *Giemulla*, LuftSiG, Abschnitt 3 Rn. 21; *Weber*, in Giemulla/Rothe, Recht der Luftsicherheit, S. 146.

635 *Weber*, in Giemulla/Rothe, Recht der Luftsicherheit, S. 150.

1. Abschüsse als Verstoß gegen das völkerrechtliche Gewaltverbot

Fraglich ist, ob Abschüsse von zivilen Passagiermaschinen gegen das allgemeine und in Art. 2 Nr. 4 UN-Charta manifestiere Gewaltverbot verstoßen bzw. diesem überhaupt unterliegen.[636] Bei der Beantwortung dieser Frage sind zumindest zwei Fallgruppen von Abschüssen genauer zu beleuchten, bei denen ein Verstoß gegen das Gewaltverbot diskutiert werden muss:

1. **Fallgruppe:** Ein Staat schießt ein Zivilluftfahrzeug über fremdem Staatsgebiet oder über Gemeinschaftsräumen ab;
2. **Fallgruppe:** Ein Staat schießt ein Zivilluftfahrzeug über dem eigenen Staatsgebiet ab.

In beiden Fallgruppen muss darüber hinaus das Augenmerk noch auf flankierende Fragestellungen gelegt werden – so beispielsweise auf die Überlegung, ob eine Differenzierung vorzunehmen ist, wenn das abgeschossene Zivilluftfahrzeug oder die Insassen des Flugzeugs die Staatsbürgerschaft des abschießenden Staates tragen bzw. nicht tragen.[637]

Ein Verstoß gegen das völkerrechtliche Gewaltverbot kann bejaht werden, wenn die Tatbestandsvoraussetzungen des Gewaltverbots erfüllt sind.

a.) Einführung zum völkerrechtlichen Gewaltverbot

Zunächst ist das Gewaltverbot und dessen Ursprung näher zu betrachten. Das völkerrechtliche Gewaltverbot findet sich in Art. 2 Nr. 4 in der am 24. Oktober 1945 in Kraft getreten Charta der Vereinten Nationen. Dort heißt es: „*Alle Mitglieder unterlassen in ihren internationalen Beziehungen jede gegen die territoriale*

---

636 Ablehnend insb. *Schindler*, in Schindler/Hailbronner, Die Grenzen des völkerrechtlichen Gewaltverbots, S. 14; *Bentzien*, Der unerlaubte Einflug in fremdes Staatsgebiet, S. 14.

637 Aus luftrechtlicher Sicht kommt es für den Abschuss nicht auf die Frage an, welche Motive einem erlaubten oder unerlaubten Überflug zugrunde liegen: Zum einen differenziert Art. 3 (a.) bis CA nicht nach erlaubtem oder unerlaubtem Überflug im Rahmen des Verbots der Anwendung von Waffengewalt, sondern spricht ein pauschales Verbot aus. Zum anderen stellt jeder unerlaubte Überflug, egal aus welchem Motiv – also ob bewusst, versehentlich oder in einer Notsituation – stets eine Luftraumverletzung mit dem Recht zum Ergreifen von festgelegten Gegenmaßnahmen dar, da es im internationalen Luftrecht keine „friedliche Durchfahrt" gibt, dazu *Wilkesmann*, NVwZ 2002, S. 1320. Siehe dazu auch die Ausführungen unter A II.

Unversehrtheit oder die politische Unabhängigkeit eines Staates gerichtete oder sonst mit den Zielen der Vereinten Nationen unvereinbare Androhung oder Anwendung von Gewalt."[638] In der Norm ist ein eindeutig festgeschrieben, dass die Gewaltanwendung sich gegen die territoriale Unversehrtheit oder die politische Unabhängigkeit eines Staates zu richten hat oder sonst mit den Zielen der Vereinten Nationen unvereinbar zu sein hat.

Von dieser allgemeinen Festschreibung des universellen Gewaltverbots befand sich das Völkerrecht noch zu Beginn des 20. Jahrhunderts weit entfernt.[639] Lange Zeit, nämlich bis zum Westfälischen Frieden 1648, fand die aus dem römischen Recht stammende Lehre vom *bellum iustum* Anwendung, die besagt, dass ein Krieg mit gerechtem Grund für eine gerechte Sache rechtens sei und somit auch die damit verbundenen Gewaltanwendungen.[640] Die Lehre vom gerechten Krieg wurde sodann von der Überzeugung abgelöst, dass ein generelles *ius ad bellum* bestünde, also ein grundsätzliches und unbeschränktes Recht der souveränen Staaten zur Kriegsführung.[641] Erst die auf den Ersten Weltkrieg folgende und auf Bestrebungen Frankreichs und den USA zurückgehende Unterzeichnung des Briand-Kellogg-Pakts im Jahre 1928 stellte einen wesentlichen Schritt in der Entwicklung des völkerrechtlichen Gewaltverbots und der Abwendung vom Gedanken des *ius ad bellum* dar.[642] Denn im Briand-Kellogg-Pakt verzichteten

---

638 BGBl. 1973 II S. 430, 431: Deutschland ist der UN-Charta mit Gesetz vom 6. Juni 1973 beigetreten. Der authentische englische Text lautet: „*All members shall refrain in their international relations from the threat or use of force against territorial integrity or the political independence of any state, or in any other manner inconsistent with the purpose of the United Nations*", UNRIC Doc. 1945, Bd. 15, S. 336 ff.

639 Siehe dazu die Ausführungen von *Bothe*, in Vitzthum/ Proelß, Völkerrecht, 8. Abschnitt Rn. 3 ff. und *Hobe*, Einführung in das Völkerrecht, S. 250.

640 So u.a. *Cicero*, De officiis I, 36, 15; *Cicero*, De republica III, 23, 34/35; später in der christlichen Philosophie von Augustinus fortgeführt, in: *Augustinus*, De civitate die, Buch XIX, § 7. Dazu auch *Bothe*, in Vitzthum/ Proelß, Völkerrecht, 8. Abschnitt Rn. 3; *Menk*, Gewalt für den Frieden, S. 50, 56. Allgemein zum bellum iustum auch *Mantovani*, Bellum iustum; *Stark*, Kann es heute noch „gerechte Kriege" geben?; *Schmidt*, Bellum iustum; *Hentschel von Heinegg*, in: *Ipsen*, Völkerrecht, S. 1131 ff.; *Ipsen*, in: *Ipsen*, Völkerrecht, S. 27 f.

641 *Bothe*, in Vitzthum/ Proelß, Völkerrecht, 8. Abschnitt Rn. 3 ff.; *Brownlie*, International Law and the Use of Force by States, S. 20; *Wehberg*, Krieg und Eroberung im Wandel des Völkerrechts, S. 29; *Hentschel von Heinegg*, in: *Ipsen*, Völkerrecht, S. 1131 ff.

642 Zunächst zeichneten 11 Staaten das Abkommen, welches bis 1930 von 63 Staaten ratifiziert wurde. *Bothe*, in Vitzthum/ Proelß, Völkerrecht, 8. Abschnitt Rn. 6; *Dörr*, Use of Force, 607 ff.; *Ipsen*, Völkerrecht, § 51, Rn. 14.; *Hentschel von Heinegg*, in: *Ipsen*, Völkerrecht, S. 1135 ff.

die Vertragsparteien auf Krieg als Mittel zur Lösung internationaler Konflikte und schrieben ein weltweites Kriegsverbot sowie die Verpflichtung zukünftige Streitigkeiten friedlich zu lösen fest, wohlgemerkt ohne jedoch die Zulässigkeit von Selbstverteidigungshandlungen in Form von Gewalt in Frage zu stellen.[643] Der Briand-Kellogg-Pakt war aber in verschiedener Hinsicht problematisch: Da sich das Kriegsverbot im Briand-Kellogg-Pakt lediglich auf Kriegshandlungen bezog, wurde es vielfach umgangen, indem Handlungen, die eigentlich eine Verletzung des Paktes darstellten, einfach nicht mehr als Krieg deklariert wurden.[644] Außerdem wurde zwar das Kriegsverbot vertraglich festgelegt, es fehlte aber völlig an entsprechenden zugehörigen Sanktionsmechanismen zur Sicherung des Verbots.[645] Erst mit dem Ende des Zweiten Weltkriegs und der Gründung der Vereinten Nationen mit dem Ziel, *„künftige Geschlechter vor der Geißel des Krieges"* zu bewahren, wurde in der UN-Charta das allgemeine Gewaltverbot tatsächlich festgeschrieben.[646]

Nach der vorherrschenden Meinung ist das universelle völkerrechtliche Gewaltverbot auch völkergewohnheitsrechtlich anerkannt und als ius cogens zwingend zu beachten.[647] Obwohl dieser gewohnheitsrechtliche Bestand in der Vergangenheit – insbesondere nach der Intervention im Kosovo durch die Nato-Staaten im Jahr 1998 und der von den USA angeführten Intervention im Irak in 2003[648] – teilweise angezweifelt wurde, wurde von der Bewertung

643 *Hentschel von Heinegg*, in: *Ipsen*, Völkerrecht, S. 1135 ff.; *Hobe*, Einführung in das Völkerrecht, S. 49; *Bothe*, in Vitzthum/ Proelß, Völkerrecht, 8. Abschnitt Rn. 6; *Lesaffer*, Kellogg-Briand Pact, S. 579 ff.; *Menk*, Gewalt für den Frieden, S. 50, 56. Zum Briand-Kellogg-Pakt siehe auch allgemein *Buchheit*, Der Briand-Kellogg-Pakt von 1928.

644 *Bothe*, in Vitzthum/ Proelß, Völkerrecht, 8. Abschnitt Rn. 6; *Hentschel von Heinegg*, in: *Ipsen*, Völkerrecht, S. 1137 f.; siehe dazu auch *Wolfrum*, in Handbuch Vereinte Nationen, S. 129 ff.

645 So *Bothe*, in Vitzthum/ Proelß, Völkerrecht, 8. Abschnitt Rn. 6; *Hentschel von Heinegg*, in: *Ipsen*, Völkerrecht, S. 1138; *Wolfrum*, in Handbuch Vereinte Nationen, S. 131.

646 *Bothe*, in Vitzthum/ Proelß, Völkerrecht, 8. Abschnitt Rn. 7; *Menk*, Gewalt für den Frieden, S. 53 ff; *Wolfrum*, in Handbuch Vereinte Nationen, S. 131; *Hentschel von Heinegg*, in: *Ipsen*, Völkerrecht, S. 1138 ff.

647 *Hobe*, Einführung in das Völkerrecht, S. 53, S. 190 ff. *Dörr*, in: *Ipsen*, Völkerrecht, S. 667; *Dinstein*, S. 97; *Mössner*, Rechtsquellen, S. 225; *Kimminich*, Einführung in das Völkerrecht, S. 229; *Bin Cheng*, Destruction of KAL, S. 70; *Menk*, Gewalt für den Frieden, S. 53 ff. Dazu noch kritisch und hinterfragend *Wengler* im Jahr 1967, so *Wengler*, Gewaltverbot, S. 2.

648 *Schmitz-Elvenich*, Targeted Killing, S. 45.

als Völkergewohnheitsrecht niemals abgerückt.[649] So hat der IGH bereits im Nicaragua-Urteil[650] im Jahr 1986 explizit ausgeführt, dass sich das Gewaltverbot nicht durch eine ständige Nichtanwendung von Gewalt auszeichne. Vielmehr entfalte es gerade Wirksamkeit, weil es trotz Gewaltanwendungen niemals angezweifelt wurde.[651] Die allgemeine staatliche Rechtsüberzeugung zur Geltung des Gewaltverbots als Völkergewohnheitsrecht wurde und wird somit selbst durch tatsächliche Gewaltanwendungen nicht in Frage gestellt. Das Gewaltverbot als solches ist nach wie vor Bestandteil des allgemeinen Völkerrechts.[652]

b.) Der Inhalt des völkerrechtlichen Gewaltverbots

Obwohl die Geltung des Gewaltverbots spätestens seit Inkrafttreten der UN-Charta unstreitig ist und der Wortlaut von Art. 2 Nr. 4 UN-Charta auf den ersten Blick eindeutig wirkt, hat der Inhalt des Gewaltverbots und der Begriff der Gewalt die Völkerrechtslehre und völkerrechtliche Praxis immer wieder vor Probleme gestellt, sodass die einzelnen Tatbestandsmerkmale daher einer näheren Betrachtung bedürfen.[653]

---

649 As Voraussetzung für die Bildung von Völkergewohnheitsrecht wird zum einen Rechtsüberzeugung (opinio iuris) und zum anderen eine staatliche Übung (consuetudo) verlangt, vgl. dazu *Hobe*, Einführung in das Völkerrecht, S. 190 ff. *Oeter*, in: *Ipsen*, Völkerrecht, S. 954 f.; *Dinstein*, S. 97; *Mössner*, Rechtsquellen, S. 225; *Kimminich*, , Einführung in das Völkerrecht, S. 229; *Bin Cheng*, Destruction of KAL, S. 70.

650 IGH Nicaragua-Fall, ICJ Reports 1986, 147.

651 IGH Nicaragua-Fall, ICJ Reports 1986, 147; *Strüwer*, Zum Zusammenspiel von humanitärem Völkerrecht und Menschenrechten, S. 69; *Heintschel von Heinegg*, in: *Ipsen*, Völkerrecht, S. 1140 ff.. Durch die Rechtfertigungsversuche ihrer Gewaltanwendungen, sei nach Ansicht des IGH das Gewaltverbot in seinem Bestand sogar noch gestärkt worden, dazu u.a. *Schmitz-Elvenich*, Targeted Killing, S. 45.

652 *Bothe*, in Vitzthum/ Proelß, Völkerrecht, 8. Abschnitt Rn. 6; *Hobe*, Einführung in das Völkerrecht, S. 254; *Dahm/ Delbrück/ Wolfrum*, Völkerrecht, Bd. I/3, S. 822 ff.; *Oeter*, in: *Ipsen*, Völkerrecht, S. 954 f.; *Heintschel von Heinegg*, in: *Ipsen*, Völkerrecht, S. 1147 f. Dem entsprechend hat sich noch kein Staat darauf berufen, dass das Gewaltverbot keine Gültigkeit mehr besitze, so *Bothe*, in Vitzthum/ Proelß, Völkerrecht, 8. Abschnitt Rn. 6; *Hobe*, Einführung in das Völkerrecht, S. 254; *Dahm/ Delbrück/ Wolfrum*, Völkerrecht, Bd. I/3, 2. S. 822 ff. ; *Heintschel von Heinegg*, in: *Ipsen*, Völkerrecht, S. 1147 f.

653 Dazu insbesondere die Ausführungen von *Wengler*, Gewaltverbot, S. 2 ff. *Bothe*, in Vitzthum/ Proelß, Völkerrecht, 8. Abschnitt Rn. 10; *Schindler*, in Schindler/Hailbronner, Die Grenzen des völkerrechtlichen Gewaltverbots, S. 14 ff.; *Doeker*, in Handbuch Vereinte Nationen, S. 136. *Hobe* vertritt die Auffassung, dass der aus seiner Sicht offene Tatbestand des Gewaltverbots erst in Rahmen der Ausnahmen vom Gewaltverbot

(aa.) Der Begriff der Gewalt

Wesentliches Element des Tatbestandes des Gewaltverbots ist die Frage, ob eine in Rede stehende Handlung als Gewalt im Sinne des Gewaltverbots zu qualifizieren ist. Die Einordung von Handlungen als Gewalt im Sinne des Art. 2 Nr. 4 UN-Charta ist inzwischen als allgemein geklärt und unproblematisch anzusehen: Erfasst wird lediglich die *militärische Gewalt.*[654] Bereits die UN-Generalversammlung hat sich in zwei Resolutionen in 1970 und 1974 näher mit dem Gewaltverbot und der Definition des Gewaltbegriffs befasst.[655] Trotz der rechtlichen Unverbindlichkeit dieser Resolutionen sind sie als Ausdruck einer Rechtsüberzeugung wesentlich zur Deutung des Gewaltverbots heranzuziehen.[656] Schon in den Resolutionen der Generalversammlung wird die nunmehr herrschende Meinung eindeutig dargestellt, dass Gewalt im völkerrechtlichen Sinne nur die erwähnte *militärische* Gewalt erfasst.[657] Selbst empfindliche

---

Konkretisierung findet, jedoch heute durch diverse Ausnahmen immer mehr an Kontur verliere. Dazu *Hobe*, Einführung in das Völkerrecht, S. 254 f.

654 Dazu u.a. *Wengler*, Gewaltverbot, S. 18 ff.; *Schindler*, in ders/ Hailbronner, Grenzen, S. 20; *Derpa*, Das Gewaltverbot der Satzung der Vereinten Nationen und die Anwendung nicht militärischer Gewalt; *Dicke*, Die Intervention mit wirtschaftlichen Mitteln im Völkerrecht; *Doeker,* in Handbuch Vereinte Nationen, S. 136; *Bothe,* in Vitzthum/ Proelß, Völkerrecht, 8. Abschnitt Rn. 10; *Heintschel von Heinegg*, in: *Ipsen*, Völkerrecht, S. 1138 f.; *Randelzhofer/ Dörr*, Rn. 23 ff.; *Doeker,* in Handbuch Vereinte Nationen, S. 136.

655 So Res. 2625 [XXV] v. 24.10.1970 (Friendly Relations Declaration) und in der Res. 3314 [XXIX] v. 14.12.1974 (Aggressionsdefinition). Die Friendly Relations Declaration ist Ausdruck des geltenden Völkergewohnheitsrecht, dazu *Heintschel von Heinegg*, in: *Ipsen*, Völkerrecht, S. 1139 f.; *Keller*, Friendly Relation Declaration, in: MPEPIL-online, Rn. 36 ff.; grundsätzlich zu den beiden Resolutionen auch *Bothe,* in Vitzthum/ Proelß, Völkerrecht, 8. Abschnitt Rn. 10 sowie *Doeker,* in Handbuch Vereinte Nationen, S. 135 ff.

656 *Erler*, Rechtsfragen der ICAO, S. 166 ff.

657 Res. 2625 [XXV] v. 24.10.1970 (Friendly Relations Declaration) und in der Res. 3314 [XXIX] v. 14.12.1974 (Aggressionsdefinition). So auch die vorherrschende Meinung in der Literatur, siehe dazu u.a. *Faller*, Gewaltsame Flugzeugentführungen aus völkerrechtlicher Sicht, S. 68; *Bothe,* in Vitzthum/ Proelß, Völkerrecht, 8. Abschnitt Rn. 10; *Heintschel von Heinegg*, in: *Ipsen*, Völkerrecht, S. 1138 ff.; *Dinstein*, S. 87 f.; *Dörr*, Use of Force, in: MPEPIL-Online, Rn. 11; *Doeker,* in Handbuch Vereinte Nationen, S. 136 f. *Wengler*, Gewaltverbot, S. 15, 18 f. *Wengler* führte dazu bereits 1967 aus *„Das moderne völkerrechtliche Gewaltverbot verbietet nun offenbar grundsätzlich die Anwendung militärischer Gewalt gegen andere [...]", so Wengler*, Gewaltverbot, S. 15.

Einwirkungen auf Staaten, die nicht militärischer Natur sind, sowie sonstige Zwangsanwendungen zur Durchsetzung rechtlich begründeter Ansprüche fallen nicht unter das Gewaltverbot.[658] Unter die erfasste verbotene militärische Gewalt fällt nicht nur der Einsatz klassischer kinetischer Waffen – wie zum Beispiel der Einsatz von Schusswaffen oder Bomben – sondern es sind auch alle neuartigen Mittel, die eine vergleichbare Wirkung zu den traditionellen militärischen Waffen aufweisen – man denke hier beispielsweise einmal an Angriffe kritischer Infrastruktur durch Cyberangriffe mit erheblichem Zerstörungspotenzial, unter die Begrifflichkeit zu subsumieren.[659]

(bb.) Unterfallen von staatlichen Abschüssen unter den Begriff der Gewalt

Ebenso unproblematisch wie die Definition des Gewaltbegriffs ist die Frage, ob bei einem Abschuss eines Flugzeuges durch einen Staat das Merkmal der militärischer Gewalt zu bejahen ist: Dies ist bereits aufgrund der äußeren Umstände eindeutig der Fall, denn der Abschuss eines sich im Überflug befindlichen Luftfahrzeugs muss zwingend schon aufgrund der Flughöhe und Distanz zum Boden – Zivilluftfahrzeuge fliegen meist auf einer Flughöhe von ca. 3.000 bis 11.000 m[660] – mit mechanischen und militärischen Waffen wie Kampfflugzeugen oder Abfangraketen durchgeführt werden, da eine erhebliche Kraft und

658 *Wengler*, Gewaltverbot, S. 18 ff.; dazu auch *Schindler*, in ders/ Hailbronner, Grenzen, S. 20; sowie allgemein *Derpa*, Das Gewaltverbot der Satzung der Vereinten Nationen und die Anwendung nicht militärischer Gewalt; *Dicke*, Die Intervention mit wirtschaftlichen Mitteln im Völkerrecht; *Doeker*, in Handbuch Vereinte Nationen, S. 136. Nicht militärische Einwirkungen sind beispielsweise massive grenzüberschreitende Umweltverletzungen oder die Unterbrechung der Wasserzufuhr, vgl. dazu *Bothe*, in Vitzthum/ Proelß, Völkerrecht, 8. Abschnitt Rn. 10. Gerade durch die Friendly-Relation-Declaration wurde seitens der Vereinten Nationen deutlich zum Ausdruck gebracht, dass das völkerrechtliche Gewaltverbot auf direkte oder indirekte militärische Gewalt beschränkt ist und sonstiger Zwang, beispielsweise wirtschaftlicher oder politischer Zwang, lediglich unter das Interventionsverbot zu subsumieren ist, dazu *Heintschel von Heinegg*, in: *Ipsen*, Völkerrecht, S. 1139; *Randelzhofer/ Dörr*, Rn. 23 ff.; *Doeker*, in Handbuch Vereinte Nationen, S. 136.

659 So *Heintschel von Heinegg*, in: *Ipsen*, Völkerrecht, S. 1139. *Bothe ist* darüber hinaus der Auffassung, dass verbotene Gewalt eine gewisse Intensität aufweisen müsse, da bloße minimale militärische Grenzverletzungen nicht zwingend als Verstoß gegen das Gewaltverbot zu werten seien - jedoch sei die geforderte Intensitätsschwelle äußerst gering anzusetzen, *Bothe*, in Vitzthum/ Proelß, Völkerrecht, 8. Abschnitt Rn. 10.

660 Dazu u.a. *Rossow/ Wolf/ Horst*, Handbuch der Luftfahrzeugtechnik, S. 660.

Intensität benötigt wird, um ein Flugzeug im Überflug von außen mit einer Waffe zu erreichen und sodann noch empfindlich zu beschädigen und zum Absturz zu bringen.[661] Abschüsse müssen eine erhebliche Intensität aufweisen, damit sie die Beschädigung oder die Zerstörung des betroffenen Flugzeugs sowie den Tod der Passagiere und Insassen zur Folge haben können.[662] Die unter E. III aufgezeigten Abschüsse in der Vergangenheit zeigen allesamt, dass klassische kinetische Waffen zum Einsatz bei Abschüssen kamen – zumeist erfolgte der Abschuss durch Abfangjäger und Raketen. Aufgrund der beschriebenen benötigten massiven Einwirkung ist das Vorliegen von Gewalt i.S.d. Art. 2 Nr. 4 UN-Charta bei Abschüssen von Luftfahrzeugen durch Staaten sowohl im eigenen als auch im fremden Luftraum unproblematisch zu bejahen.

(cc.) Internationale Beziehungen - Territorialer Geltungsbereich des Gewaltverbots

Vor deutlich mehr Probleme stellt die Völkerrechtslehre und Praxis jedoch die Frage, wo eine Gewalthandlung vorgenommen werden muss, damit sie als verboten im Sinne des Art. 2 Nr. 4 UN-Charta angesehen werden kann. Bereits im Tatbestand des Art. 2 Nr. 4 UN-Charta wird ausgedrückt, dass das Gewaltverbot nur ein Verbot der Gewalt in „internationalen Beziehungen" darstellt.[663] Eine genaue Definition des Tatbestandsmerkmals der „internationalen Beziehungen" und somit auch Anhaltspunkt für den territorialen Geltungsbereich des Gewaltverbots sucht man in der UN-Charta jedoch vergeblich. Der Begriff der „internationalen Beziehungen" ist außerhalb der Rechtswissenschaften in unserer Umgangssprache vor allem durch die Politikwissenschaft besetzt: Diese befasst sich mit „Internationalen Beziehungen" als eigenen Teilbereich, bezieht jedoch dabei sehr weitreichend sowohl Beziehungen zwischen Staaten als auch zwischen nichtstaatlichen Akteuren ein, wenn die in Rede stehenden Handlungen grenzüberschreitende sind und irgendwie außenpolitischen Bezug oder

---

661 So hat beispielsweise die einfache Kugel einer Handfeuerwaffe, die in der Kabine eines Flugzeuges abgeschossen wird und kleine Löcher in die Flugzeugwand reißt – vorausgesetzt sie trifft nicht ausgerechnet den Tank, wesentliche Computertechnik oder zerstört ein Fenster – normalerweise nicht einmal einen merkbaren Druckabfall in der Kabine zur Folge. Dazu *Gresh/Weinberg*, Die Wissenschaft bei James Bond, S. 129.

662 *Faller*, Gewaltsame Flugzeugentführungen aus völkerrechtlicher Sicht, S. 68.

663 *Wengler*, Gewaltverbot, S. 23, 37 ff. Zur Bedeutung der staatlichen Souveränität im Völkerrecht u.a. *Stein/Von Buttlar/Kotzur*, Völkerrecht, Rn. 514 ff.; *Bothe*, in Vitzthum/ Proelß. Völkerrecht, 8. Abschnitt Rn. 11; *Dörr*, Rn. 21 ff.; *Heintschel von Heinegg*, in: *Ipsen*, Völkerrecht, S. 1144 ff.

außenpolitische Relevanz aufweisen.[664] Es käme in Frage, ein so weites Verständnis auch für das völkerrechtliche Gewaltverbot anzunehmen. Der sachliche Geltungsbereich des Gewaltverbots wäre sodann bei jedem irgendwie geartetem internationalem Bezug zu bejahen, bei dem grenzüberschreitende Interessen eines Staates betroffen sind. Bei einem solchen weiten Verständnis des Merkmals der „internationalen Beziehungen" könnte es im Rahmen des Abschusses von Zivilluftfahrzeugen beispielsweise genügen, wenn sich Staatsbürger eines dritten Staats als Fluggäste an Bord eines abgeschossenen Flugzeuges befinden oder ein Luftfahrzeug die Staatsbürgerschaft eines fremden Staates trägt. Eine solche Konstellation ist in dem globalen Flugverkehr der Regelfall. Eine so weite Anknüpfung über das Betroffensein fremder Staatsbürger bei einem Abschuss für die Bejahung eines Verstoßes gegen das Gewaltverbot ist jedoch mit dem Völkerrecht der UN-Charta und dem allgemeinen völkerrechtlichem Verständnis nicht zu vereinbaren. Bereits ein damit verbundener möglicher weiter Einbezug nichtstaatlicher Akteure an Hand des Begriffs „internationale Beziehungen" erscheint aus völkerrechtlicher Sicht äußerst problematisch.[665] Es ist gerade in

---

664 Dazu beispielsweise die kurze und aussagekräftige Übersicht von *Hacke*, in *Münkler*, Politikwissenschaft, S. 324 ff.; *Jetschke*, Internationale Beziehungen, S. 115 ff.; Der auf dem Gebiet der internationalen Politik bekannte Wissenschaftler *Sondermann* hat zur den internationalen Beziehungen bzw. Politik folgendermaßen ausgeführt: „*The study of international politics centers on the process and effects of interactions between foreign policy decisions, made by individuals and groups involving governmental institutions, in two or more states, and on the environment within which such interaction takes place.*" so *Sondermann*, The Linkage between Foreign Policy and International Politics, S. 10.

665 Nicht staatliche Handlungen können grundsätzlich nicht unter das völkerrechtliche Gewaltverbot subsumiert werden: Normen des Völkerrechts binden unmittelbar originäre (Staaten) und derivative Völkerrechtssubjekte, nicht aber Privatpersonen oder terroristische Vereinigungen, weshalb es nicht möglich ist, dass Privatpersonen wegen der fehlenden Völkerrechtssubjektivität unmittelbar einen Verstoß gegen das Gewaltverbot begehen können. Aktives und passives Subjekt einer Gewaltanwendung kann stets nur ein Staat sein. Dazu u.a. *Wengler*, Gewaltverbot, S. 36; *Kau* in Vitzthum/ Proelß Völkerrecht, 8. Abschnitt Rn. 3, 7 ff., 22; *Pintore*, Das präventive Selbstverteidigungsrecht im Lichte allgemeiner Rechtsgrundsätze, S. 21; *Randelzhofer*, in: Simma, The Charter, Art. 2 Abs. 4 Rn. 28. Jedoch können Handlungen Privater einem Staat zugerechnet werden, was wiederum einen Verstoß gegen das Gewaltverbot mit sich bringen kann, dazu u.a. *Hobe*, Einführung in das Völkerrecht, S. 265 ff. Will man Handlungen von Privaten, so wie bei dem Terroranschlag vom 11. September 2001, einem Staat zurechnen, so wird wohl eine effektive Kontrolle des Staates über die Terroristen und eine Steuerung durch den Staat selbst zu verlangen sein, dazu *Hobe*, Einführung in das Völkerrecht, S. 266; *Bruha*, Neuer Internationaler

diesem Kontext zu beachten, dass die Frage des Umgangs der Verletzung von Rechten fremder Staatsbürger durch einen Staat – gerade aufgrund des (klassischen) Verständnisses von Völkerrecht als Zwischenstaaten-Recht – bereits im Völkerrecht abschließend im Rahmen des sog. völkerrechtlichem Fremdenrechts und der Ausübung des diplomatischen Schutzes mit dem Rechtsinstrument der Staatenbeschwerde vor dem IGH geregelt ist und in verschiedenen völkerrechtlichen Normen ausdrücklich festgeschrieben wurde, so u.a. in den sog. ILC Articles on State Responsibility aus dem Jahr 2001 oder den ILC Draft Articles on Diplomatic Protection.[666] Ein Anknüpfen des Geltungsbereichs des Gewaltverbots (Internationale Beziehungen) an den rechtswidrigen Umgang von fremden Staatsbürgern oder Luftfahrzeugen ist daher nicht notwendig und

---

Terrorismus: Völkerrecht im Wandel? S. 71; *Stahn*, International Law at Crossroads? The Impact of September 11, ZaöRV 62, S. 219; *Tomuschat*, Der 11. September und seine rechtlichen Konsequenzen, EuRZ 2002, S. 542. Das in der Praxis der Vereinten Nationen entwickelte Zurechnungskonstrukt ist an späterer Stelle dieser Arbeit noch näher zu beleuchten.

666 Siehe dazu *Breuer*, AVR 55, 2017, S. 324 ff; *Kau* in Vitzthum/ Proelß Völkerrecht, 3. Abschnitt Rn. 277 ff. Diplomatischer Schutz ist ein altes völkerrechtliches Rechtsinstitut, das eingreift, wenn ein Staat die völkerrechtlich geschützten Rechte eines Angehörigen eines dritten Staates verletzt. Der Heimatstaat ist sodann unter der Voraussetzung, dass der innerstaatliche Rechtsweg durch das betroffene Individuum bereits final beschritten wurde und das Individuum seit der Verletzungshandlung die Staatsbürgerschaft fortdauernd inne hat berechtigt, diplomatischen Schutz auszuüben, dazu *Breuer*, AVR 55, 2017, S. 325; *Amerasinghe*, Diplomatic Protection, S. 23 ff.; *Dugard*, in: Wolfrum, Diplomatic Protection, Rn. 18 ff. Mit der Ausübung von diplomatischem Schutz macht ein Staat ein eigenes Recht geltend, obwohl sich die Verletzungshandlung gegen ein Individuum gerichtet hat. Dies hat der Ständige Internationale Gerichtshof hinreichend deutlich gemacht, u.a. im Fall Mavrommatis mit der Aussage *„By taking up the case of one of its subjects and by resorting to diplomatic action […] on his behalf, a State is in reality asserting its own rights – its right to ensure, in the person of its subjects, respect for the rules of international law.“*, StIGH, The Mavrommatis Palestine Concessions, Judgment of 30 August 1924 (Objection to the Jurisdiction of the Court), Series A No 2, S. 12. Bei der Ausgestaltung des innerstaatlichen Rechtes sind Staaten grundsätzlich frei, müssen jedoch das sog. völkerrechtliche Fremdenrecht beachten, nämlich solche Grenzen die sich aus völkerrechtlichem Vertrag oder Völkergewohnheitsrecht ergeben und den Fremden einen Mindeststandard an Rechten zusichern, dazu u.a. *Kau* in Vitzthum/ Proelß Völkerrecht, 3. Abschnitt Rn. 277; *Dahm/Delbrück/Wolfrum*, §§ 95 ff.

wäre als unsystematisch abzulehnen. Ein an die Politikwissenschaft angelehntes weites Verständnis der „internationalen Beziehungen" kommt somit nicht in Frage.

Die Bestimmung des territorialen und sachlichen Geltungsbereichs des Gewaltverbots im Rahmen der UN-Charta ist vielmehr aus den Grundsätzen des Völkerrechts und Telos der UN-Charta, insbesondere aus Art. 2 UN-Charta, abzuleiten[667]: Das Völkerrecht als Rechtsordnung folgt einer stets zu beachtenden und für nicht-völkerrechtlich geprägte Juristen teilweise schwierig verständlichen, ganz eigenen und von strukturellen Besonderheiten geprägten Logik, die im Rahmen dieser Arbeit an verschiedenen Stellen bereits skizziert wurde. Das allgemeine Völkerrecht ist ein Zwischenstaatenrecht, das fest definierte Völkerrechtssubjekte berechtigt und verpflichtet und seit Jahrhunderten von dem Prinzip der Staatensouveränität als Leitbild geprägt ist.[668] Dieses universelle und gewohnheitsrechtlich anerkannte Verständnis hat seine Kodifikation in der UN-Charta an verschiedenen Stellen gefunden. So wird bereits in Nr. 1 Art. 2 der UN-Charta einer der wesentlichen zu beachtenden Grundsätze der Vereinten Nationen und des allgemeinen Völkerrechts festgeschrieben. Dieser lautet: *„Die Organisation beruht auf dem Grundsatz der souveränen Gleichheit aller ihrer Mitglieder."* Die Grundannahme bei jeder Auslegung im Kontext der Charta muss also die Annahme der Gleichheit und der Souveränität der Staaten sein. Art. 2 Nr. 7 UN-Charta gibt eine weitere Richtung für die Auslegung des Geltungsbereichs des Gewaltverbots durch folgende Formulierung: *„Aus dieser Charta kann eine Befugnis der Vereinten Nationen zum Eingreifen in Angelegenheiten, die ihrem Wesen nach zur inneren Zuständigkeit eines Staates gehören, oder eine Verpflichtung der Mitglieder, solche Angelegenheiten einer Regelung auf Grund dieser Charta zu unterwerfen, nicht abgeleitet werden [...]."* Die Charta kann somit dort keine Anwendung mehr finden, wo im Wesen die innere Zuständigkeit eines Staates betroffen ist. Aus Art. 2 Nr. 1 und Nr. 7 UN-Charta in Verbindung mit der Formulierung „Internationalen Beziehungen" in Art. 2 Nr. 4 UN-Charta kann daher zumindest eine negative Abgrenzung stattfinden, wann das Gewaltverbot keine Anwendung finden darf: Nämlich bei allen Vorgängen, die rein in die inneren Angelegenheiten und Souveränität eines Staates fallen, selbst wenn diese Vorgänge irgendwie einen transnationalen oder zwischenstaatlichen

---

667 *Horn*, Die Anwendung militärischer Gewalt auf zivile Passagierflugzeuge, S. 38; *Goodrich/ Hambro/ Simons*, S. 45; *Kelsen*, UN, S. 13.

668 *Barcelona Traction*, ICJ Report 1970, 3,32; *Vitzthum* in Vitzthum/ Proelß Völkerrecht, 1. Abschnitt Rn. 1 ff; *Ipsen*, in: *Ipsen*, Völkerrecht, S. 34 f.

Bezug aufweisen.[669] Auch das Telos des Gewaltverbots untermauert ein solches Verständnis, denn das Gewaltverbot der UN-Charta bezweckt eine Friedenssicherung auf zwischenstaatlicher Ebene und soll grenzüberschreitende Konflikte zwischen Staaten vermeiden.[670] Vorgänge, die allein die Gebietshoheit im Inneren des eigenen Staates und die innere Souveränität betreffen, können daher nicht unter den Begriff der „internationalen Beziehungen" und den territorialen Geltungsbereich des Gewaltverbots subsumiert werden, weshalb Gewalthandlungen im eigenen Staatsgebiet nicht unter das Gewaltverbot fallen.[671] Insbesondere sind völkerrechtliche Verletzungshandlungen gegen fremde Individuen auf dem Staatsgebiet eines Staates abschließend und umfassend durch die Geltendmachung von diplomatischem Schutz erfasst und ein Einbeziehen von diesen würde der dargestellten Logik der Charta und des Völkerrechts widersprechen.[672]

---

669 *Wengler* lehnt aufgrund des Vorliegens innerer Angelegenheiten eines Staates beispielsweise die Subsumtion eines Bürgerkrieges unter das Gewaltverbot ab, da hier das Merkmal der „internationalen Beziehungen" nicht vorliege, dazu *Wengler*, Gewaltverbot, S. 29 ff. Auch wird bei Angriffen auf fremde Botschaften allgemein ein Verstoß gegen das Gewaltverbot abgelehnt, da Vertretungen im Ausland nicht dem Territorium des Entsendestaates zuzuordnen sind, dazu *Bothe,* in Vitzthum/ Proelß, Völkerrecht, 8. Abschnitt Rn. 12; *Hechtl*, Die offensive Defensive, S. 54; *Wilkesmann*, NVwZ 2002, S. 1320.

670 *Horn*, Die Anwendung militärischer Gewalt auf zivile Passagierflugzeuge, S. 40; *Hailbronner*, Schutz der Luftgrenzen, S. 47; *Wengler*, Gewaltverbot, S. 20, 29 ff.

671 Dazu u.a. *Horn*, Die Anwendung militärischer Gewalt auf zivile Passagierflugzeuge, S. 40; *Hailbronner*, Schutz der Luftgrenzen, S. 47; *Wengler*, Gewaltverbot, S. 20 ff., S. 31 ff.; *Heintschel von Heinegg*, in: *Ipsen*, Völkerrecht, S. 1146; Schönwald, AVR 50, 2012, S. 85; *Wilkesmann*, NVwZ, 2002, 1316 (1320); *Wilkesmann*, NVwZ 2002, S. 1320. *Wengler* führt im Jahr 1967 treffend allgemein zum Gewaltverbot und der Problematik etwaiger Verstöße aus: „*Damit sind wir nun an einem anderen und besonders delikaten Punkt der Tragweite des Gewaltverbots unter der Charta angekommen: Es gibt zahllose Möglichkeiten, wie ein Staat unter Missachtung des Völkerrechts die Interessen eines anderen Staates verletzen kann, ohne dass die Völkerrechtsverletzungen den Charakter eines bewaffneten Angriffs oder auch nur den Charakter „sonstiger" verbotener Gewaltanwendungen annehmen. […] Das moderne völkerrechtliche Gewaltverbot verbietet nun offenbar grundsätzlich die Anwendung militärischer Gewalt gegen andere, ohne die Möglichkeit solcher Gewaltanwendungen allein dadurch zu rechtfertigen, dass der andere völkerrechtliches Unrecht begangen habe, und dass die Gewaltanwendung die Herstellung des rechtmäßigen Zustandes bezwecke*", so *Wengler*, Gewaltverbot, S. 15.

672 *Breuer*, AVR 55, 2017, S. 325; *Amerasinghe*, Diplomatic Protection, S. 23 ff.; *Dugard*, in: Wolfrum, Diplomatic Protection, Rn. 18 ff.

Von dem Grundsatz, dass verbotene Gewalthandlungen in jedem Falle nur außerhalb des eigenen Staatsgebietes vorliegen können, ist lediglich eine Ausnahme zu finden, nämlich die in der Aggressionsdefinition thematisierte Anwendung von Gewalt gegen sog. Außenposten eines Staates. Im Bereich der Luftfahrt geht es hier um die Frage, ob ein Flugzeug, welches unter fremder Flagge fliegt, möglicherweise als Außenposten seines Heimatstaates angesehen werden könnte. Nach der Aggressionsdefinition der Generalversammlung zählen jedenfalls die zivile See- und Luftflotte, mithin also militärische Flotten, zu den Außenposten eines Staates[673], gegen die Gewalthandlungen auch auf dem eigenen Staatsgebiet vorgenommen werden können.[674] Bei dem Abschuss eines einzelnen Zivilflugzeugs ist ein Eingreifen der Aggressionsdefinition und die Klassifizierung als Außenposten jedoch aus zwei Aspekten abzulehnen: Zum einen geht der Wortlaut der Aggressionsdefinition begrifflich von „Luftflotte" aus und impliziert somit das Vorliegen einer Vielzahl an Flugzeugen, nicht jedoch eines einzelnen Flugzeuges, wie bei den hier in Rede stehenden Abschüssen von Zivilluftfahrzeugen.[675] Zum anderen sind zivile Luftfahrtzeuge ebenso wie Privatpersonen keine Völkerrechtssubjekte und insbesondere aufgrund ihres privatrechtlichen Einsatzes und Charakters nicht unter die in der Aggressionsdefinition ausdrücklich erwähnten militärischen Außenposten subsumierbar.[676] Einzelne fremde Zivilluftfahrtzeuge nicht als Außenposten zu behandeln entspricht auch dem bereits dargestelltem allgemeinen völkerrechtlichen Verständnis und dem Telos des Art. 2 UN-Charta. Somit können fremde Zivilluftfahrzeuge nicht als Außenposten angesehen werden, um so das Kriterium der Exterritorialität umgehen und einen Verstoß gegen das Gewaltverbot konstruieren zu können.[677]

---

673 Siehe dazu Art. 3 b lit. d Aggressionsdefinition der Res. 3314 [XXIX].

674 Vgl. dazu *Schweisfurth*, Völkerrecht, 9. Kapitel Rn. 287 f.

675 *Hechtl*, Die offensive Defensive, S. 54; *Bothe,* in Vitzthum/ Proelß, Völkerrecht, 8. Abschnitt Rn. 12.

676 *Hechtl*, Die offensive Defensive, S. 54; *Bothe,* in Vitzthum/ Proelß, Völkerrecht, 8. Abschnitt Rn. 12; *Schönwald*, AVR 50, 2012, S. 77 ff.

677 In der völkerrechtlichen Literatur sind die Ausführungen zum Geltungsbereich des Gewaltverbots oftmals sehr rudimentär. Es fällt auf, dass auf eine dezidierte Vollprüfung des Gewaltverbots nach Art. 2 Nr. 4 UN-Charta bei Gewalthandlungen im eigenen Staatsgebiet gerne verzichtet und mit einem „Erst-Recht-Schluss" gearbeitet wird: Es erfolgt direkt eine Prüfung des Art. 51 UN-Charta bzw. Art. 39 UN-Charta und der Frage, ob nicht ein „bewaffneter Angriff" bzw. eine „Aggression" ohnehin vorläge auf den wiederum mit einer gerechtfertigten Gewalthandlung „erst Recht" reagiert wurde, weshalb das Vorliegen einer vorherigen verbotenen Gewalt dahin stehen kann, so exemplarisch *Wengler*, Gewaltverbot, S. 7 ff.; *Schladebach*, Lufthoheit,

c.) 1. Fallgruppe – Der Abschuss eines Luftfahrzeugs über fremdem Staatsgebiet oder Gemeinschaftsräumen

Findet der Abschuss eines Zivilluftfahrzeugs durch einen Staat in fremdem Luftraum oder über Gemeinschaftsräumen statt, so ist der Geltungsbereich des Gewaltverbots (internationalen Beziehungen) leicht zu erkennen und ein Verstoß gegen Art. 2 Nr. 4 UN-Charta anzunehmen.[678] Wie oben bereits festgestellt ist im Falle des Abschusses zweifelsohne eine Gewalthandlung im Sinne des Art. 2 Nr. 4 UN-Charta zu bejahen. Außerdem ist auch das Kriterium der Exterritorialität gegeben und es liegt entsprechend dem Wortlaut der Norm eine

---

S. 230 ff. Dem scheint die Annahme zu Grunde zu liegen, dass es keine Rolle spielt, ob ein Fall der verbotenen oder nicht verbotenen Gewalt überhaupt gegeben ist, wenn das Selbstverteidigungsrecht ohnehin eine Gegengewalt rechtfertigt. *Wengler* führt zum Beispiel in einem vergleichbarem Kontext, nämlich der Gewaltanwendung gegen fremde Zivilpersonen auf eigenem Staatsgebiet aus: *„Welche Gewaltanwendung ist denkbar, die zwar Gewaltanwendung, aber nicht militärischer Angriff im Sinne des Art. 51 UN-Charta ist? Hierzu gehört nach ziemlich übereinstimmender Auffassung zunächst einmal eine Gewaltanwendung, die die Gebietshoheit und den hoheitlichen Apparat anderer Staaten nicht beeinträchtigt: Ein Staat, der fremde Zivilpersonen aus seinem Gebiet vertreibt, begeht keinen bewaffneten Angriff, auch wenn solche Behandlung der Ausländer evident völkerrechtswidrig ist. Ob derartiges auch unter Art. 2 Ziff. 4 als Gewaltanwendung im weiteren Sinne verboten ist und Gegengewalt in demselben weiteren Sinne rechtfertigt, das mag zunächst dahin gestellt bleiben; es rechtfertigt jedenfalls unter Art. 51 keine solche bewaffnete Reaktion des Heimatstaates, die ihrerseits nur als Selbstverteidigungsmaßnahme dieses Staates gegen einen „bewaffneten Angriff" begründet wäre."*, so *Wengler*, Gewaltverbot, S. 7. Ein solches Vorgehen über einen „Erst-Recht-Schluss" vermag jedoch nicht zu überzeugen, da bei dem direkten Übergang zur Prüfung des Selbstverteidigungsrechts nach Art. 51 UN-Charta die Frage übergangen wird, ob überhaupt eine Handlung (verbotene Gewalt) vorliegt, die einer Rechtfertigung bedarf. Da das Selbstverteidigungsrecht explizit ein Ausnahmerecht zum Gewaltverbot darstellt, ist ein solches Umgehen der vorherigen Prüfung des Vorliegens von verbotener Gewalt (Erst-Recht-Schluss) aufgrund der Einfachheit zwar attraktiv, jedoch unscharf und abzulehnen.

678 *Horn*, Die Anwendung militärischer Gewalt auf zivile Passagierflugzeuge, S. 40 f.; *Wilkesmann*, NVwZ, 2002, S. 1320. Dazu auch das von Horn auf S. 41 aufgeführte Beispiel eines Abschusses eines türkischen zivilen Luftfahrzeugs auf dem Territorium der Türkei durch syrische Kampfflugzeuge am 22.10.1989. Dazu auch *Hailbronner*, Schutz der Luftgrenzen, S. 98; *Kimminich*, Einführung in das Völkerrecht, S. 387. Auf die Frage, welche Staatsbürgerschaft hier Insassen und Flugzeug tragen ist wegen der Eindeutigkeit der Bejahung des Verstoßes gegen das Gewaltverbot an dieser Stelle nicht relevant.

gegen die territoriale Unversehrtheit gerichtete Gewalt vor.[679] Die militärische Einwirkung mit Waffengewalt und Abschuss, selbst auf ein von Privaten betriebenes und in deren Eigentum stehendes Luftfahrzeug, ist per se schon aufgrund des Waffeneinsatzes auf fremdem Territorium ein Verstoß gegen das Gewaltverbot. Denn beim Abschuss über fremdem Luftraum als grenzüberschreitenden Vorgang und Verletzungshandlung auf fremdem Staatsgebiet durch militärische Gewaltanwendung wird Gewalt im fremden Hoheitsgebiet angewandt und so die territoriale Integrität eines anderen Staates i.S.v. Art. 2 Nr. 4 UN-Charta verletzt.[680] Dies ist sowohl beim Abschuss über dem Hoheitsgebiet eines anderen Staats der Fall als auch bei Abschüssen in völkerrechtlichen Gemeinschaftsräumen wie der Antarktis oder der Hohen See.[681] Denn völkerrechtliche Gemeinschaftsräume unterstehen keiner spezifischen Gebietshoheit, sondern stellen ein eigenes völkerrechtliches Regime dar, wobei allen Staaten gleiche Rechte und Pflichten zustehen. Gewaltanwendungen in diesem Raum richten sich daher gegen die territoriale Unversehrtheit der Staatengemeinschaft als solcher.[682] Würde ein Staat ein Zivilluftfahrzeug außerhalb seines Staatsgebietes abschießen, läge nach dem Wortlaut des Art. 2 Nr. 4 UN-Charta eindeutig ein Verstoß gegen das Gewaltverbot vor, bereits *allein* aus dem zerstörerischen Waffeneinsatz auf fremdem Staatsgebiet. Es genügt hier der Einsatz gegen ein einzelnes betroffenes Flugzeug.[683] Betrachtet man jedoch die bereits ausführlich dargestellten Abschüsse von Luftfahrzeugen in der Geschichte der Luftfahrt, fällt auf, dass ein solcher Fall des Abschusses in fremdem Hoheitsgebiet in Friedenszeiten ein reines Gedankenspiel ist und für diese Arbeit keine praktische Relevanz aufweist.[684]

---

679 *Verdross/Simma*, Universelles Völkerrecht, S. 287; *Pintores*, Das präventive Selbstverteidigungsrecht im Lichte allgemeiner Rechtsgrundsätze, S. 22; *Randelzhofer*, in: Simma, The Charter, Art. 2 Abs. 4 Rn. 28; *Wilkesmann*, NVwZ, 2002, S. 1320.

680 *Horn*, Die Anwendung militärischer Gewalt auf zivile Passagierflugzeuge, S. 41; *Hailbronner*, Schutz der Luftgrenzen, S. 98; *Kimminich*, Einführung in das Völkerrecht, S. 387.

681 *Hailbronner*, Schutz der Luftgrenzen, S. 98; *Horn*, Die Anwendung militärischer Gewalt auf zivile Passagierflugzeuge, S. 42.

682 *Kimminich*, Einführung in das Völkerrecht, S. 387; *Hailbronner*, Schutz der Luftgrenzen, S. 100 ff.; *Horn*, Die Anwendung militärischer Gewalt auf zivile Passagierflugzeuge, S. 42.

683 *Bothe*, in Vitzthum/ Proelß, Völkerrecht, 8. Abschnitt Rn. 12; *Greenwood*, Comment, S. 213 f.; *Hechtl*, Die offensive Defensive, S. 54.

684 Es wird daher davon abgesehen, auf diesen Fall und mögliche Rechtfertigungen zum Beispiel durch Eingreifen des Selbstverteidigungsrechts weiter einzugehen.

d.) 2. Fallgruppe – Der Abschuss eines Luftfahrzeugs über dem eigenen Staatsgebiet

Die Abschüsse von Luftfahrzeugen, gleich aus welchem Motiv, werden in der Regel von Staaten durch Militärflugzeuge oder Militärraketen im eignen Hoheitsgebiet und Luftraum durchgeführt und gerade nicht über fremdem Staatsgebiet – so beispielsweise bei dem bereits beschriebenen Abschuss einer israelischen Verkehrsmaschine im Jahr 1955, der von zwei bulgarischen Militärmaschinen über bulgarischem Luftraum durchgeführt wurde.[685] Der Abschuss der Boeing 747 über Sachalin im Jahr 1983 ist ebenfalls von der Sowjetunion über dem eigenen Staatsgebiet von sowjetischen Kampfflugzeugen zu verantworten.[686] Da in diesen Fällen gerade keine Grenzüberschreitung und offensichtliche Exterritorialität in der Gewalthandlung gegeben ist, sondern nur auf dem eigenen Staatsgebiet agiert wird, ist der Geltungsbereich des Art. 2 Nr. 4 UN-Charta nicht betroffen, da bereits offensichtlich eine Exterritorialität der Gewalthandlung fehlt und eine Begrenzung im Inneren nicht erfolgt.[687]

2. Zwischenergebnis

Zusammenfassend ist festzustellen, dass ein Verstoß gegen das völkerrechtliche Gewaltverbot zwingend eine Exterritorialität voraussetzt und Abschüsse von Luftfahrzeugen im eigenen Staatsgebiet in keinem Fall einen Verstoß gegen das Gewaltverbot darstellen können. Eine Begrenzung im eigenen Staat und der eigenen Souveränität nach Innen durch das Gewaltverbot findet nicht statt. Ein Abschuss eines fremden oder eigenen Flugzeuges im eigenen Territorium

---

685 IGH, Aerial Incident of 27 July 1955 – Case, ICJ Pleadings 1959, S. 48 ff.

686 *Bing Cheng*, Destruction of KAL, S. 49 - 55.

687 *Faller*, Gewaltsame Flugzeugentführungen aus völkerrechtlicher Sicht, S. 68; Über die theoretischen Frage nach einem Verstoß gegen das Gewaltverbot hinausgehend, spielt hier auch die für die Praxis wichtige Frage eine Rolle, ob in dem Abschuss eines Zivilluftfahrzeugs ein „bewaffneter Angriff" zu sehen ist, der zur kollektiven oder individuellen Selbstverteidigung nach Art. 51 UN-Charta berechtigen könnte. In diesem Kontext wird auch die Frage relevant, ob ein solcher Angriff möglicherweise von privaten Akteuren durchgeführt werden kann bzw. wie eine Zurechnungskonstruktion wie im Fall 9/11 zur Annahme eines Angriffs notwendig wird. *Wengler* weist darauf hin, dass eine „Gewaltanwendung" und ein „bewaffneter Angriff" nicht im Verständnis identisch sind. So gibt es nach *Wengler* durchaus Fälle, die Gewalthandlung darstellen, die aber kein bewaffneter Angriff sind. Dazu *Wengler*, Gewaltverbot, S. 7; dazu auch *Wilkesmann*, NVwZ 2002, S. 1320.

ist in erster Linie innerstaatliches Handeln. Führt ein Staat Abschüsse im eigenen Staatsgebiet durch, um Verletzungen seiner Gebietshoheit oder den Schutz der Bevölkerung zu gewähren, so sind diese folglich als innere Angelegenheiten des betreffenden Staates zu sehen, die keinen Verstoß gegen das völkerrechtliche Gewaltverbot auslösen können.

VI. Der Art. 3bis Chicagoer Abkommen

Obwohl ein Verstoß gegen das Gewaltverbot zumindest beim in der Regel auf dem eigenen Staatsgebiet vorkommenden Abschuss eines Zivilluftfahrzeugs nicht bejaht werden kann, kann der Abschuss gegen Art. 3bis des Chicagoer Abkommens verstoßen. Art. 3bis (a.) Chicagoer Abkommen lautet:

> *„Artikel 3bis*
> *(a.) Die Vertragsstaaten anerkennen, dass sich jeder Staat der Anwendung von Waffen gegen im Flug befindliche Zivilluftfahrzeuge enthalten muss und dass im Falle des Abfangens das Leben der Personen an Bord und die Sicherheit des Luftfahrzeuges nicht gefährdet werden dürfen. Diese Bestimmung ist nicht so auszulegen, als ändere sie in irgendeiner Weise die in der Charta der Vereinten Nationen niedergelegten Rechte und Pflichten der Staaten."*[688]

1. Schaffung des Art. 3bis Chicagoer Abkommen

Nachdem im September 1983 der Abschuss der südkoreanischen Boeing 747 über der Halbinsel Sachalin und der Tod der Insassen weltweit große Betroffenheit ausgelöst hatte, bedurfte es – da man die Unzulässigkeit von Abschüssen von Zivilluftfahrzeugen zumindest im eigenen Staatsgebiet eines Staates nicht international gültig aus dem allgemeinen Völkerrecht (Gewaltverbot) ableiten kann – einer internationalen Klärung der Problematik.[689] Unmittelbar nach dem Abschuss über Sachalin schaltete sich dennoch bzw. gerade in Anbetracht der fehlenden völkerrechtlichen Rechtsgrundlage zunächst der Sicherheitsrat der UN ein und diskutiere eine Resolution, die den Abschuss verurteilen sollte. Wie erwartet legte jedoch die UdSSR ihr Veto im Sicherheitsrat ein und die Resolution scheiterte.[690] Nach dem Scheitern der Resolution wurde eine Sondersitzung

---

688 Dazu Abkommen über die Internationale Zivilluftfahrt vom 7. Dezember 1944 (BGBl. 1956 II S. 411) zuletzt geändert durch Protokoll vom 10. Mai 1984 (BGBl. 1996 II S. 210, 1999 II S. 307) (Übersetzung).

689 *Horn*, Die Anwendung militärischer Gewalt auf zivile Passagierflugzeuge, S. 16; *Nash Leich*, AJIL 78 (1984), S. 244; *Schladebach*, Luftrecht, Rn. 174 f.

690 *Schladebach*, Luftrecht, Rn. 175; *Schönwald*, AVR 50 (2012), S. 78 ff.; *Schladebach*, Lufthoheit, S. 230 ff.

der ICAO-Vollversammlung einberufen, die sich mit der Zulässigkeit von Abschüssen von Zivilluftfahrzeugen befassen sollte. Bereits im Jahr 1973 hatte die ICAO die Anwendung von Gewalt auf Passagiermaschinen als nicht völkerrechtskonform eingestuft, nachdem eine libysche Passagiermaschine von einem israelischen Kampfflugzeug abgeschossen wurde.[691] Diese Einschätzung hatte jedoch nur unverbindlichen Empfehlungscharakter für die Vertragsstaaten, was man nun ändern wollte.[692] So verabschiedete die ICAO-Vollversammlung am 10. Mai 1984 ein Protokoll[693], in dem erstmals ein ausdrückliches Verbot der Anwendung von Waffengewalt auf Zivilflugzeuge normiert wurde.[694] Es handelte sich dabei um die Einfügung des Art. 3bis in das Chicagoer Abkommen.[695] Im Protokoll heißt es, dass die Generalversammlung bei ihrem Treffen in Montreal am 10. Mai 1984 erkannt habe, dass aus grundlegenden Erwägungen der Menschlichkeit die Sicherheit von Personen am Bord eines Zivilluftfahrtzeugs sichergestellt werden müsse.[696] Ebenfalls habe die Generalversammlung erkannt, dass die Mitgliedsstaaten der ICAO den grundsätzlichen Wunsch hegen würden, das Prinzip des Nicht-Waffengebrauchs gegen sich im Flug befindliche Zivilluftfahrzeuge zu bestätigen. [697]

2. Regelungsgehalt des Art. 3bis Chicagoer Abkommen

Nach dem 1984 eingefügten Art. 3bis (a.) CA ist jeder Staat verpflichtet, sich der Anwendung von Waffengewalt gegen sich im Flug befindliche Zivilluftfahrzeuge zu enthalten und das Leben und die Sicherheit der sich an Bord befindlichen Personen nicht zu gefährden. Art. 3bis (a.) CA trifft in dem Verbot keine Unterscheidung, ob sich ein Luftfahrzeug dabei im eigenen oder fremden Luftraum

691 *Horn*, Die Anwendung militärischer Gewalt auf zivile Passagierflugzeuge, S. 24.

692 *Horn*, Die Anwendung militärischer Gewalt auf zivile Passagierflugzeuge, S. 25 f.; *Erler*, Rechtsfragen der ICAO, S. 168 f.

693 Gesetz zu dem Protokoll vom 10. Mai 1948 zur Änderung des Abkommens vom 7. Dezember 1944 über die Internationale Zivilluftfahrt (9. Änderung des Abkommens über die Internationale Zivilluftfahrt) vom 9. Februar 1996, BGBl. II S. 210.

694 *Horn*, Die Anwendung militärischer Gewalt auf zivile Passagierflugzeuge im Friedensvölkerrecht und ihre Rechtsfolgen, S. 29; *Schladebach*, Luftrecht, Rn. 175.

695 *Schladebach*, Luftrecht, Rn. 175; *Schönwald*, AVR 50 (2012), S. 78 ff.; *Schladebach*, Lufthoheit, S. 230 ff.

696 So PROTOCOL relating to an Amendment to the Convention on International Civil Aviation.

697 So PROTOCOL relating to an Amendment to the Convention on International Civil Aviation.

eines Staates befindet oder ob der Überflug erlaubt oder unerlaubt erfolgte und erfasst somit pauschal alle sich in der Luft befindlichen Flugzeuge.[698] Art. 3bis (b.) CA führt selbst ausdrücklich die Handlungen auf, die ein Staat vornehmen darf, wenn ein Fall des unerlaubten Überflugs vorliegt. Demnach sind die Vertragsstaaten lediglich dazu berechtigt, ein Flugzeug, das sich unerlaubt im Hoheitsgebiet befindet, zur Landung aufzufordern und dem Flugobjekt sonstige Anweisungen zu erteilen, um die Verletzung zu beenden. Die so erteilten Anweisungen müssen mit den einschlägigen Regeln des Völkerrechts und den einschlägigen Bestimmungen des Chicagoer Abkommens im Einklang stehen. Obwohl Flugzeuge somit bei Vorliegen vernünftiger Gründe zur Landung gezwungen werden dürfen, ist die unmittelbare Anwendung von Waffengewalt auf Zivilluftfahrzeuge nach Art. 3bis (a.) CA unzulässig.[699] *Abeyratne* vertritt die Auffassung, dass Art. 3bis CA nur fremde Flugzeuge erfasse, also nur solche, die nicht im betroffenen („abschießenden“) Staat registriert seien.[700] Dies wird damit begründet, dass das Chicagoer Abkommen von der gesamten Logik gerade darauf gerichtet sei, die internationalen Beziehungen zwischen Staaten zu regeln, aber nicht die Staaten im Inneren, also außerhalb von internationalen Beziehungen, binden zu wollen.[701] Diese Ansicht ist insoweit charmant, da sie den oben zum allgemeinen Völkerrecht und der UN-Charta dargestellten Prinzipien der Souveränität der Staaten in innerstaatlichen Angelegenheiten stringent folgt. Das Chicagoer Abkommen ist in seiner Rechtsnatur jedoch ein einfaches internationales Abkommen, das auch durch Vereinbarung in die Souveränität im Inneren der unterzeichnenden Staaten eingreifen kann. Dass Art. 3bis (a.) CA – anders als die folgenden Ziffern der Norm – keinerlei Differenzierungen zum Beispiel zur Art des Überflugs oder Bindung der Norm an Staatsgrenzen trifft, sonst aber sehr detailliert differenziert und austariert ist, bestärkt die Annahme eines allgemeinen Verbots, das auch und gerade die Souveränität im Inneren einschränken soll: Wäre eine Beschränkung gewollt gewesen, so ist davon auszugehen, dass der Normgeber diese auch formuliert hätte. Dies wird auch durch das Protokoll zur ICAO-Generalversammlung am 10. Mai 1984 untermauert, in

698 *Schönwald*, AVR 50 (2012), S. 77; *Schladebach*, Lufthoheit, S. 230 ff.

699 *Hirsch*, in Giemulla/Rothe, Recht der Luftsicherheit, S. 82; *Hobe*, Einführung in das Völkerrecht, S. 505; *Schönwald*, AVR 50 (2012), S. 77.

700 *Abeyratne*, Aviation Security Law, S. 200. Ablehnend *Schönwald*, AVR 50 (2012), S. 77. *Schönwald* verweist auf den Zweck des Chicagoer Abkommens, die Zivilluftfahrt insgesamt sicherer und freier zu machen und erläutert, dass Art. 3 bis CA stets und unabhängig vom „Tatort“ einschlägig ist, so *Schönwald*, AVR 50 (2012), S. 77.

701 *Abeyratne*, Aviation Security Law, S. 200.

welchem ausdrücklich auf den primären Erwägungsgrund für Art. 3bis CA hingewiesen wird, nämlich aus grundlegenden Erwägungen der Menschlichkeit die Sicherheit von Personen an Bord eines Zivilluftfahrtzeugs sicherzustellen.[702] Für grundlegende Erwägungen der Menschlichkeit kann es aber keine Rolle spielen, in welchem Staat ein Flugzeug registriert ist und ob innerstaatliche Angelegenheiten betroffen sind oder nicht. Auch stand bei Schaffung von Art. 3bis CA im Raum, ob die Formulierung „Flugzeuge eines anderen Vertragsstaates" in die Norm aufgenommen und diese somit im Anwendungsbereich eingegrenzt werden sollte. Hiervon wurde aber bewusst abgesehen, da man einen Schutz auch auf Flugzeuge aus Nicht-Vertragsstaaten erstrecken wollte.[703] Art. 3bis (a.) CA soll also auch die Luftfahrzeuge mit eigener Staatsangehörigkeit eines Staates und insbesondere Luftfahrzeuge im eigenen Luftraum einbeziehen.

Art. 3bis (a.) CA enthält ein ausdrücklich formuliertes Gebot, dass sich jeder Staat der Anwendung von Waffen gegen im Flug befindliche Zivilluftfahrzeuge enthalten muss und dass im Falle des Abfangens das Leben der Personen an Bord und die Sicherheit des Luftfahrzeuges nicht gefährdet werden dürfen. Dieses Gebot und das damit verbundene Verbot eines Abschusses, gelten pauschal für alle sich im Flug befindlichen Zivilluftfahrzeuge und binden die Staaten auch im Inneren gegenüber Flugzeugen, die im eigenen Land registriert sind.

Trotz des deutlich formulierten Verbots des Art. 3bis (a.) CA wird von einigen Seiten vertreten, dass gewohnheitsrechtlich bei einer Luftraumverletzung gewaltsame Gegenmaßnahmen auch in Form von Abschüssen quasi als Ultima Ratio zulässig seien.[704] Vor Zulässigkeit eines solchen Abschusses müssten aber zunächst bestimmte Verhaltensregeln eingehalten werden.[705] So müsste nach Abbruch des Funkkontakts zwischen dem betroffenen Flugzeug und dem Fluglotsen auch von aufsteigenden Abfangjägern Funkkontakt mit dem Piloten gesucht werden und das Flugzeug zum Landen oder Abdrehen aufgefordert werden. Scheiterte eine Funkkontaktaufnahme müssten die gleichen Aufforderungen mit den gebräuchlichen internationalen Zeichen wiederholt werden. Erst

---

702 So PROTOCOL relating to an amendment to the Convention on International Civil Aviation.

703 *Abeyratne*, Aviation Security Law, S. 200.

704 So *Prill*, Präventivhaft zur Terrorismusbekämpfung, S.135 f.; *Schladebach*, Luftrecht, Rn. 176 f.; *Schladebach*, Lufthoheit, S. 230 ff.

705 *Schladebach*, Luftrecht, Rn. 176; *Schladebach*, Lufthoheit, S. 230 ff.; *Wilkesmann*, NVwZ 2002, S. 1320.

dann dürften Warnschüsse abgegeben und schlussendlich das Flugzeug abgeschossen werden.[706]

Die Bildung von einer gewohnheitsrechtlichen Ausnahme zu Art. 3bis (a.) bis CA ist jedoch abzulehnen. Zum einen würde eine solche Annahme den Regelungsgehalt der Norm völlig unterlaufen und Art. 3bis CA hätte nur noch die Bedeutung einer unverbindlichen politischen Deklaration.[707] Zum anderen ist gerade eine für die Bildung von Gewohnheitsrecht[708] benötigte umfassende Rechtsüberzeugung der Staatengemeinschaft aufgrund der den Abschüssen in der Vergangenheit stets gefolgten ablehnenden Reaktion der Staatengemeinschaft und der Bestätigung der Wirkung des Art. 3bis CA durch die Generalversammlung in der Resolution A 33-1 vom 5. Oktober 2001 nicht ersichtlich.[709] Es kann gerade nicht die für die Bildung von Gewohnheitsrecht benötigte Rechtsüberzeugung bejaht werden und daher ist die Ansicht eines gewohnheitsrechtlich zulässigen Abschusses als ultima ratio abzulehnen. Die Eindeutigkeit der in Art. 3bis CA gefundenen Regelung hat der UN-Sicherheitsrat auch in seiner Resolution 1067 vom 26. Juli 1996 mehr als deutlich gemacht. Darin kommt zum Ausdruck, dass die Anwendung von Waffengewalt gegen Zivilluftfahrzeuge gegen die grundlegenden Prinzipien der Menschlichkeit verstößt und unzulässig ist. Von dieser Auffassung ist der Sicherheitsrat selbst nach den Ereignissen nach dem 11. September 2001 nicht abgewichen, sondern hat die Staaten lediglich dazu aufgefordert, den Missbrauch von Flugzeugen zu verhindern und die Täter zu bestrafen.[710] Es kann also qua fehlender Übung und Rechtsüberzeugung nicht davon gesprochen werden, dass Gewohnheitsrecht einen Abschuss von Zivilluftfahrzeugen zur Gefahrenabwehr erlauben würde. Grundsätzlich ist somit davon auszugehen, dass der Abschuss von Zivilluftfahrzeugen sowohl im eigenen als auch fremden Staatsgebiet gegen die völkerrechtliche Regelung des Art. 3bis (a.) CA verstößt.[711]

706 *Schladebach*, Luftrecht, Rn. 176; *Schladebach*, Lufthoheit, S. 230 ff.; *Schönwald*, AVR 50 (2012), S. 78 f.; *Wilkesmann*, NVwZ 2002, S. 1320.

707 *Giemulla*, in ZLW 2005, S. 45; *Schladebach*, Lufthoheit, S. 237.

708 *Vitzthum*, in Vitzthum/ Proelß, Völkerrecht, 1. Abschnitt Rn. 131 ff.

709 *Hobe*, in: *Ipsen*, Völkerrecht, S. 886 f.; *Hirsch*, in Giemulla/Rothe, Recht der Luftsicherheit, S. 82; *Abeyratne*, Aviation Security Law, S. 2 f.

710 *Hirsch*, in Giemulla/Rothe, Recht der Luftsicherheit, S. 82 f.; Resolution A 331 v. 5.10.2001; *Hobe*, in: *Ipsen*, Völkerrecht, S. 886 ff.; *Abeyratne*, Aviation Security Law, S. 2 f.

711 *Giemulla*, in ZLW 2005, S. 44, 48.

3. Rechtfertigung von Flugzeugabschüssen nach Art. 51 UN-Charta

Art. 3bis (a.) CA sagt in Satz 2 ausdrücklich, dass das Verbot des Art. 3bis (a.) CA nicht so ausgelegt werden darf, dass die in der UN-Charta niedergelegten Rechte und Pflichten verändert würden.[712] Aus dieser Formulierung wird teilweise gefolgert, dass ein Verstoß gegen Art. 3bis (a.) CA durch das Selbstverteidigungsrecht des Art. 51 UN-Charta gerechtfertigt werden könne und daher eine Prüfung des Art. 51 UN-Charta vorzunehmen sei.[713] Dies mag auch damit zu tun haben, dass der Sicherheitsrat nach den Angriffen von 9/11 in den Resolutionen 1368 (2001) und 1373 (2001) grundsätzlich bekräftigt hat, dass das naturgegebene Recht zur individuellen oder kollektiven Selbstverteidigung anerkannt wird. Dabei gehen die Resolutionen jedoch zumindest nicht explizit darauf ein, ob im Falle des 9/11 Anschlags tatsächlich ein Fall des Art. 51 UN-Charta zu bejahen ist und ein bewaffneter Angriff vorlag.[714] Nicht geklärt ist, wie der Verweis in Art. 3bis (a.) CA eigentlich zu verstehen ist.

---

712 *„Diese Bestimmung ist nicht so auszulegen, als ändere sie in irgendeiner Weise die in der Charta der Vereinten Nationen niedergelegten Rechte und Pflichten der Staaten.“*, so der eindeutige Wortlaut der Norm. Siehe dazu auch die Ausführungen von *Horn*, Die Anwendung militärischer Gewalt auf zivile Passagierflugzeuge, S. 29.

713 Regelmäßig wird auf den Verweis auf die UN-Charta und die grundsätzliche Bedeutung dahinter nicht näher eingegangen. Siehe dazu zum Beispiel *Schönwald*, AVR 50 (2012), S. 78 sowie *Schladebach*, Lufthoheit, S. 237 und *Hobe*, in: *Ipsen*, Völkerrecht, S. 886 f. Alle Autoren gehen selbstverständlich von einer Anwendbarkeit des Art. 51 UN-Charta aufgrund des Verweises des Art. 3bis (a.) CA aus, ohne diesen näher zu analysieren oder zu hinterfragen. Schönwald führt dazu beispielsweise nur aus: *„Dieser Satz stellt fest dass die in der SVN niedergelegten Rechte und Pflichten der Staaten durch das Waffenanwendungsverbot nach Art. 3bis Abs. a S.1 Chicagoer Abkommen in keiner Weise abgeändert werden. Somit ist auch das Selbstverteidigungsrecht nach Art. 51 SVN grundsätzlich anwendbar.“*, so *Schönwald*, AVR 50 (2012), S. 78. Dies ist umso verwunderlicher, da die Norm des Art. 51 UN-Charta dem zivilrechtlich geprägtem Luftfahrtrecht mit seinen privaten Akteuren doch in vielen Punkten wesensfremd ist. Dogmatisch konsequenter ist hier beispielsweise *Foont*, der zwar auch einen Verweis auf Art. 51 UN-Charta annimmt, schlussendlich aber davon ausgeht, dass jedem Staat ein allgemeines Selbstverteidigungsrecht zustehe, welches bei einer von einem Zivilluftfahrzeug ausgehenden Bedrohung eingreife, dazu *Foont*, Shooting Down Civilian Aircraft: Is there an International Law?, S. 711.

714 Der Gesamtkontext der Resolutionen lässt diesen Schluss jedoch naheliegend sein. Die Resolution 1368 (2001) lautet dazu: *„Recognizing the inherent right of individual or collective self-defence in accordance with the Charter, [...]“*. Resolution 1368 (2001),

a.) Natur des Verweises in Art. 3bis (a.) CA – Umfang des Eingreifen des Selbstverteidigungsrechts nach Art. 51 UN-Charta

Grundsätzlich ist daher zunächst die Frage zu stellen, welche Bedeutung der Verweis auf die UN-Charta in Art. 3bis (a.) CA hat. Bleibt man hier sehr eng am Wortlaut, so könnte die Verweisung lediglich allgemein darauf hinweisen, dass die Auslegung des Art. 3bis (a.) CA im Einklang mit den Rechten und Pflichten der UN-Charta erfolgen muss. Der allgemeine und im Kontext des Regelwerks der UN nicht unübliche allgemeine Verweis auf die UN-Charta könnte also eine rein deklaratorische Auslegungshilfe der Norm an sich sein. Dies würde durchaus Sinn ergeben, da Vertragsparteien der UN-Charta und des Chicagoer Abkommens nicht zwingend – wenn jedoch auch tatsächlich – identisch sein müssen. In der Tat erscheint es jedoch lebensnaher, den Verweis so zu verstehen, dass das in Art. 3bis (a.) CA normierte Verbot nicht unbeschränkt gelten soll, sondern möglicherweise eine Rechtfertigung von Abschüssen von Flugzeugen aus den Rechten und Pflichten der UN-Charta abgeleitet werden darf. Damit wäre der Verweis nicht ein allgemeines Bekenntnis zu den Werten der UN-Charta, sondern vielmehr ein expliziter Verweis rein auf die in der UN-Charta selbst normierten Rechtfertigungen. Mit einer solchen Interpretation könnte ein Verstoß gegen Art. 3bis (a.) CA durch das Selbstverteidigungsrecht nach Art. 51 UN-Charta gerechtfertigt sein.[715] Eine solche Interpretation ist insoweit naheliegend, da – wie oben herausgearbeitet – der Abschuss eines Zivilluftfahrzeugs durch einen Staat zumindest als Gewalt, wenn auch nicht als verbotene Gewalt, i.S.d. völkerrechtlichen Gewaltverbots zu qualifizieren ist und es liegt auch nahe, dass ein Zivilluftfahrzeug geeignet ist einen bewaffneten Angriff nach Art. 51 UN Charta durchzuführen.[716] Zwar sind auch andere völkerrechtliche

abrufbar unter http://unscr.com/en/resolutions/doc/1368 (Stand: 20.12.2020). In der Resolution 1373 (2001) heißt es: „*Reaffirming the inherent right of individual or collective self-defence as recognized by the Charter of the United Nations as reiterated in resolution 1368 (2001), […]*", abrufbar unter http://unscr.com/en/resolutions/doc/1373 (Stand: 20.12.2020).

715 Dazu u.a. *Schönwald*, AVR 50 (2012), S. 78; *Schladebach*, Lufthoheit, S. 237; *Foont*, Shooting Down Civilian Aircraft: Is there an International Law?, S. 711.

716 Die Rechtfertigung von Gewalthandlungen ist in der UN-Charta als individuelles und kollektives Selbstverteidigungsrecht der Staaten in Art. 51 UN-Charta geregelt. Art. 51 UN-Charta ist die einzige unmittelbar in der UN-Charta normierte Rechtfertigung für Gewaltanwendungen ohne vorherige Beteiligung des Sicherheitsrates und die Norm könnte grundsätzlich auch bei dem Abschuss eines Zivilluftfahrzeugs zur Gefahrenabwehr eingreifen, dazu u.a. *Pintores,* Das präventive Selbstverteidigungsrecht im

Rechtfertigungsgründe zur Vornahme von Gewalthandlungen gegen Zivilluftfahrzeuge, wie die rechtfertigende Pflichtenkollision oder ein völkerrechtliches Notwehrrecht, denkbar, diese lassen sich aber nicht unmittelbar aus der Charta ableiten und scheiden somit wegen des insoweit doch ausdrücklichen Verweises auf die UN-Charta in Art. 3bis (a.) CA als Rechtfertigung aus.[717]

Liest man aus Art. 3bis (a.) S. 2 CA einen Verweis auf Art. 51 UN-Charta heraus, stellt sich die Frage, ob der allgemeine Verweis auf die Rechte und Pflichten der UN-Charta als Rechtsfolgen- oder Rechtsgrundverweisung zu verstehen ist. Bei der Annahme einer Rechtsgrundverweisung müsste die Norm des Art. 51 UN-Charta in allen Tatbestandsmerkmalen erfüllt sein, damit ein Rechtfertigungsgrund greift. Bei der Rechtsfolgenverweisung hingegen ergeben sich die tatbestandlichen Voraussetzungen aus der verweisenden Norm und lediglich die Rechtsfolge ergibt sich aus der Norm, auf die verwiesen wird.[718] Eine Entscheidung der Frage würde sich erübrigen, wenn die tatbestandlichen Voraussetzungen des Selbstverteidigungsrechts nach Art. 51 UN-Charta im Falle des Abschusses zur Gefahrenabwehr ohnehin vollumfänglich vorlägen und somit die Voraussetzungen zur Annahme einer Rechtsgrundverweisung erfüllt wären. [719]

S. 1 des Art. 51 UN-Charta lautet folgendermaßen: *„Diese Charta beeinträchtigt im Falle eines bewaffneten Angriffs gegen ein Mitglied der Vereinten Nationen keineswegs das naturgegebene Recht zur individuellen oder kollektiven*

Lichte allgemeiner Rechtsgrundsätze, S. 26; *Crawford*, International Law Commission, Art. 21 §, S. 166.

717 *Giemulla*, in ZLW 2005, 32 (44, 48); *Schönwald*, AVR 50 (2012), S. 78. Anders und abzulehnen: *Foont*, Shooting Down Civilian Aircraft: Is there an International Law? S. 711. *Foont* sieht zwar die Verweisung auf Art. 51 UN-Charta, schlussfolgert aber aus der Norm, dass jedem Staat ein allgemeines Selbstverteidigungsrecht zustehe. Ein Abschuss eines Zivilluftfahrzeugs könne demnach bei jeder von diesem ausgehender Bedrohung aufgrund des allgemeinen Selbstverteidigungsrechts gerechtfertigt werden. Diese weite Interpretation ist jedoch mit dem eindeutigen Wortlauts des Art. 3bis Chicagoer Abkommens mit konkreter Bezugnahme auf die UN-Charta und dessen Schaffung im historischen Kontext nicht in Einklang zu bringen.

718 *Vogel*, Juristische Methodik, S. 70.

719 Zur Unterscheidung von Rechtsfolgen- und Rechtsgrundverweisung *Vogel*, Juristische Methodik, S. 70. Eine ähnliche Problematik um die Frage nach dem Vorliegen von Rechtsgrund- oder Rechtsfolgenverweisung findet sich im Rahmen des Enteignungsrechts und dem allgemeinen Verweis in Art. 1 Zusatzprotokoll der Europäischen Menschenrechtskonvention auf das allgemeine Völkerrecht, dazu *Gelinsky*, Der Schutz des Eigentums gem. Art. 1 des Ersten Zusatzprotokolls zur Europäischen Menschenrechtskonvention, S. 109.

Selbstverteidigung, bis der Sicherheitsrat die zur Wahrung des Weltfriedens und der internationalen Sicherheit erforderlichen Maßnahmen getroffen hat."[720]

Art. 51 UN-Charta statuiert, dass im Falle eines bewaffneten Angriffs das naturgegebene Recht zur Selbstverteidigung nicht beeinträchtigt wird. Bereits aus dem gewählten Begriff „naturgegeben" lässt sich ein Grundverständnis des Normgebers ablesen: Das Recht zur Selbstverteidigung ergibt sich nach Ansicht der Verfasser der Charta keineswegs erst aus der Charta selbst, sondern ist ein allgemeines naturgegebenes Recht der Staaten. Grundsätzlich ist im Rahmen der UN-Charta und im Geltungsbereich des Völkerrechts allgemein – das Gewaltverbot ist als solches Teil des ius cogens – jegliche militärische Gewaltanwendung eines einzelnen Staates gegen einen anderen Staat verboten.[721] Das Selbstverteidigungsrechts nach Art. 51 UN-Charta ermöglicht es bei Vorliegen eines bewaffneten Angriffs eine erlaubte Gegengewalt vorzunehmen.[722] Art. 51 UN-Charta lässt sich nach seinem Wortlaut und nach seiner Entstehungsgeschichte als Notwehrrecht verstehen, das zumindest solange eingreift, bis der Sicherheitsrat erforderliche Maßnahmen zur Wahrung des Weltfriedens und der internationalen Sicherheit getroffen hat.[723] Damit das Selbstverteidigungsrecht nach Art. 51 UN-Charta eingreift, müssen folgende Tatbestandsmerkmale vorliegen:

(1.) Zunächst muss eine Selbstverteidigungslage in Form eines gegenwärtigen, rechtswidrigen und bewaffneten Angriffs, der einem Staat zugerechnet werden kann, also zumindest mittelbar von einem Staat ausgeht, vorliegen.[724]

(2.) Darüber hinaus muss auch ein nach der UN-Charta unzulässiges Verhalten gegen ein Mitglied der Vereinten Nationen vorliegen, welches nach

---

720 Die englische Fassung lautet: „*Nothing in the present Charter shall impair the inherent right of individual or collective self-defence if an armed attack occurs against a Member of the United Nations, until the Security Council has taken measures necessary to maintain international peace and security.*", so Art. 51 UN-Charta.

721 *Ruffert/Walter*, Institutionalisiertes Völkerrecht, Rn. 395; *Bautze*, Völkerrecht, S. 81; *Schönwald*, AVR 50 (2012), S. 78.

722 *Bothe*, in Vitzthum/ Proelß Völkerrecht, 8. Abschnitt Rn. 18; *Bautze*, Völkerrecht, S. 81; *Schönwald*, AVR 50 (2012), S. 78; *Hilpold*, JA 2006, S. 234.

723 *Ruffert/Walter*, Institutionalisiertes Völkerrecht, Rn. 396; *Vitzthum* in Vitzthum/ Proelß, Völkerrecht, 1. Abschnitt Rn. 54; *Hilpold*, JA 2006, S. 234.

724 *Hobe*, in: Schöbner – Völkerrecht, S. 45; *Bothe*, in Vitzthum/ Proelß, Völkerrecht, 8. Abschnitt Rn. 19; *Bautze*, Völkerrecht, S.81 f.

Eingreifen des Rechtfertigungstatbestands des Art. 51 UN-Charta eine erlaubte Gegengewalt darstellt.[725]

(3.) Schlussendlich stellt sich die Frage, welchen Umfang ein sich aus Art. 51 UN-Charta ergebendes Selbstverteidigungsrecht hat, insbesondere was eine verhältnismäßige Verteidigungshandlung ist.[726]

b.) Selbstverteidigungslage – Gegenwärtiger, rechtswidriger bewaffneter Angriff

(aa.) Definition des bewaffneten Angriffs

Zunächst ist zu klären, was unter einem bewaffneten Angriff und einer Angriffshandlung im Sinne des Art. 51 UN-Charta zu verstehen ist. Eine wesentliche Definitionshilfe lässt sich dabei in den vom IGH im Jahr 1986 im Nicaragua-Urteil getroffenen Aussagen sowie in der Aggressionsdefinition von 1974 finden.[727] Ein bewaffneter Angriff muss danach mittels Waffengewalt gegen einen anderen Staat durchgeführt werden und von gewisser Intensität und Wirkung sein.[728] Dabei kann die Waffengewalt von klassischen Streitkräften ausgehen, aber auch in der Intensität gleichwertige Handlungen können als bewaffneter Angriff verstanden werden.[729] Es muss sich aus den Gesamtumständen jedoch stets eine Verwendungsabsicht als Waffe ergeben.[730] Um das Vorliegen einer Angriffshandlung zu konkretisieren kann insbesondere die Aggressions-Definition der Generalversammlung helfen: In Art. 3 der Resolution über die Definition der Aggression finden sich exemplarisch aufgezählte Angriffshandlungen wie

---

725 *Bothe,* in Vitzthum/ Proelß Völkerrecht, 8. Abschnitt Rn. 18; *Bautze,* Völkerrecht, S. 81; *Schönwald*, AVR 50 (2012), S. 78.

726 *Giemulla*, in ZLW 2005, S. 32 ff.

727 IGH Nicaragua-Fall, ICJ Reports 1986, 147; *Hobe*, in: Schöbner – Völkerrecht, S. 46.; *Bautze,* Völkerrecht, S. 82; UN-Generalsversammlung, Resolution über die Definition der Aggression vom 14.12.1974, Res. 3314 [XXIX]; *Schladebach*, Lufthoheit, S. 237; *Brownlie*, International Law, S. 735 ff.

728 IGH Nicaragua-Fall, ICJ Reports 1986, 147; Dazu *Wengler*, Gewaltverbot, S. 9 f.; *Hobe*, in: Schöbner – Völkerrecht, S. 45; *Schönwald*, AVR 50 (2012), S. 78; *Schladebach*, Lufthoheit, S. 237.

729 *Hobe*, in: Schöbner – Völkerrecht, S. 46; *Schönwald*, AVR 50 (2012), S. 78; *Schladebach*, Lufthoheit S. 237 ff.

730 Siehe dazu auch *Hobe*, in: Schöbner – Völkerrecht, S. 46; *Schönwald*, AVR 50 (2012), S. 78; *Schladebach*, Lufthoheit, S. 237.

beispielsweise die Invasion durch Streitkräfte (a.), Bombenangriffe (b.) oder das Entsenden bewaffneter Banden (g.).[731]

(bb.) Angriffshandlung – Zweckentfremdung eines Luftfahrzeugs als Waffe

Es stellt sich die Frage, ob ein bewaffneter Angriff angenommen werden kann, wenn Luftfahrzeuge bewusst als Waffe eingesetzt werden sollen, um eine möglichst große Zerstörung durch den Aufprall des Flugzeuges zu erzeugen. Ereignet hat sich eine solche Zweckentfremdung als Waffe bei den Anschlägen am 11. September 2001. Nach diesen hat der Sicherheitsrat in der Resolution 1368 (2001) vom 12. September 2001 und der Resolution 1373 (2001) vom 28. September 2001 bekräftigt, dass das naturgegebene Recht der Selbstverteidigung im Kontext von 9/11 grundsätzlich anerkannt wird.[732] Aufgrund dieser Bekräftigung und dem Kontext der den Anschlägen folgenden Ereignisse wird geschlussfolgert, dass der Sicherheitsrat den Einsatz von Flugzeugen als Waffe beim Steuern in Hochhäuser als von Afghanistan ausgehenden bewaffneten Angriff eingeordnet habe, der geeignet war das Selbstverteidigungsrecht nach Art. 51 UN-Charta auszulösen. Die Frage des Vorliegens eines bewaffneten Angriffs habe sich somit erübrigt.[733] Betrachtet man jedoch insbesondere die Resolution 1373 (2001) genauer, so fällt auf, dass sich zwar ein Verweis auf das Selbstverteidigungsrecht im Text der Resolution findet und in der Resolution die Bedrohung des Weltfriedens und der internationalen Sicherheit angenommen wurde, auf die Frage des Vorliegen eines Angriffs wird aber nicht explizit eingegangen.[734]

---

731 Resolution vom 14. Dezember 1974, Res. 3314 (XXIX); *Hobe*, in: Schöbner – Völkerrecht, S. 46; *Heidelmeyer*, Die Definition der Aggression – ein Instrument für den Sicherheitsrat, S.111 f.; *Schladebach*, Lufthoheit, S. 237 ff.

732 In der Resolution 1368 (2001) heißt es dazu einleitend: „*Recognizing the inherent right of individual or collective self-defence in accordance with the Charter, […]*". Resolution 1368 (2001), abrufbar unter http://unscr.com/en/resolutions/doc/1368 (Stand: 20.12.2020).

733 *Hobe*, in: Schöbner – Völkerrecht, S. 46; *Schönwald*, AVR 50 (2012), S. 78; *Schladebach*, Lufthoheit, S. 237 ff.

734 In der Resolution 1373 (2001) heißt es: „*Reaffirming the inherent right of individual or collective self-defence as recognized by the Charter of the United Nations as reiterated in resolution 1368 (2001),[…]*". In dieser Resolution wird jedoch eindeutig als Handlungsgrundlage auf Kapitel VII der UN-Charta abgestellt und in dem 9/11 Attentat eine Bedrohung des Weltfriedens und der internationalen Sicherheit angenommen, so Resolution 1373 (2001), abrufbar unter http://unscr.com/en/resolutions/doc/1373 (Stand: 20.12.2020).

Die Tatbestandsmerkmale des bewaffneten Angriffs in ähnlich gelagerten Fällen bedürfen daher noch einmal einer kurzen Betrachtung: Da die bewusste Zweckentfremdung eines Flugzeuges als Waffe zur Erzielung einer großen Zerstörung, zum Beispiel durch das Anfliegen von Gebäuden oder kritischer Infrastruktur, eine ebenso zerstörerische Wirkung wie der Einsatz von Bomben hat, kann hier aufgrund der Parallelen zu den Beispielen für Angriffshandlungen der Aggressionsdefinition eine Angriffshandlung im Sinne von Art. 51 UN-Charta angenommen werden. In einem solchen Fall liegt auch die geforderte Verwendungsabsicht als Waffe vor. Insbesondere die Anschläge von 9/11 haben eindeutig die zerstörerische Wirkung von zweckentfremdeten Flugzeugen bewiesen. Ein bloßer unerlaubter Überflug eines Flugzeuges ohne zerstörerische Absichten oder ein nicht zweckgerichtetes Anfliegen von Gebäuden oder Infrastruktur genügt jedoch zur Bejahung nicht, da u.a. keine Verwendungsabsicht als Waffe bejaht werden kann.[735]

Wesentlich für die Bejahung des Vorliegen eines bewaffneten Angriffs als Voraussetzung des Selbstverteidigungsrechts ist es darüber hinaus jedoch auch, dass die Angriffshandlung von einem Staat ausgeht. Die Angriffshandlung muss einem Staat also zumindest zurechenbar sein.

(cc.) Ein von Staaten ausgehender Angriff mittels Zivilluftfahrzeug

Das Kriterium der staatlichen Zurechenbarkeit ist bei Terroranschlägen mit Flugzeugen und allgemein von einem Zivilluftfahrzeug ausgehender Gefahr problematisch. Soll ein Zivilflugzeug als Waffe zweckentfremdet werden, geht diesem zumeist eine Flugzeugentführung voraus. Solche Entführungen werden aber in der Regel von nichtstaatlichen Akteuren, also Zivilpersonen und terroristischen Vereinigungen, begangen. Ein Eingreifen des Art. 51 UN-Charta

---

735 *Hobe*, in: Schöbner – Völkerrecht, S. 46; *Schönwald*, AVR 50 (2012), S. 78; *Schladebach*, Lufthoheit S. 237 ff.; *Herdegen*, Völkerrecht, § 34 Rn. 16. Die Begriffe des „bewaffneten Angriffs" und ein Verstoß gegen das Gewaltverbot sind nicht identisch. So wird in der völkerrechtlichen Literatur beispielsweise diskutiert, ob beim gewaltsamen Vertreiben militärischer Truppen, die unbemerkt in das Staatsgebiet eines fremden Staates eingedrungen sind, ein Angriff des verteidigenden Staates auf diese Truppen vorliegt. Ein Verstoß gegen das Gewaltverbot scheitert nach der herrschenden Ansicht in der Literatur hier an der Exterritorialität, während ein bewaffneter Angriff sich in der Regel dadurch auszeichnet, dass er auf dem eigenen Staatsgebiet des angegriffenen Staates gegen selbigen durchgeführt wird, dazu *Wengler*, Gewaltverbot, S. 9 f.

kommt jedoch nur bei einem von einem Staat ausgehenden Angriff in Frage.[736] Bei den Anschlägen vom 11. September 2001 wurde eine Zurechnung von privaten Handlungen zu einem Staat durch ein geschicktes Unterlassenskonstrukt erreicht: Zwar wurde der Anschlag bzw. die Anschläge von Terroristen der Terrororganisation Al-Qaida vorgenommen, die USA konnte sich aber trotzdem bei ihrem Vorgehen gegen Afghanistan auf diese Anschläge berufen und insbesondere den eigenen damit verbundenen Verstoß gegen das Gewalt- und Interventionsverbot rechtfertigen. Damit die USA sich bei ihrem darauffolgenden Vorgehen gegen Afghanistan erfolgreich auf das vordergründliche Handeln von Al-Qaida berufen konnte, bedurfte es einer Zurechnungskonstruktion.[737] Anknüpfungspunkt stellte hier die Untätigkeit Afghanistans bezüglich ihrer Aufgaben im Rahmen der Terrorismusbekämpfung dar. Anknüpfungspunkt war also die Duldung der Terroristen und das Bieten eines sicheren Rückzugraumes für Terroristen in Afghanistan.[738] Nach der Friendly-Relations-Declaration der Generalversammlung vom 24. Oktober 1970 hat jeder Staat die Pflicht in seinem Hoheitsgebiet Aktivitäten zu unterbinden, die auf die Begehung von Terrorakten in anderen Staaten gerichtet sind.[739] Obwohl Beschlüsse der Generalversammlung im Allgemeinen nicht rechtsverbindlich sind, kann der Inhalt der Friendly-Relations-Declaration zumindest als Auslegungshilfe herangezogen werden.[740] Gegen diese Pflicht hatte Afghanistan jedoch verstoßen, was in den Anschlägen von 9/11 fußte.

Ein solche Zurechnung über ein staatliches Unterlassen ist grundsätzlich auch bei der Zweckentfremdung von Luftfahrzeugen als Waffe möglich, wie die Anschläge von 9/11 und das Vorgehen der USA gegen Afghanistan bereits gezeigt haben. Eine solche Zurechnung wird jedoch in der Regel schwierig zu

---

736 Dazu u.a. *Bothe,* in Vitzthum/ Proelß, Völkerrecht, 8. Abschnitt Rn. 19; *Bautze,* Völkerrecht, S.81 f.; *Schladebach*, Lufthoheit, S. 238 f.; *Hobe*, in: Schöbner – Völkerrecht, S. 46; *Schönwald*, AVR 50 (2012), S. 78.

737 *Giemulla*, in ZLW 2005, 32 (44); *Schladebach*, Lufthoheit, S. 238 f.; *Hobe*, Einführung in das Völkerrecht, S. 341; *Frowein*, ZaöRV 62 (2002), S. 887. Zur Definition der Aggression siehe auch die Resolution der UN-Generalversammlung vom 14. Dezember 1974, Res. 3314 (XXIX) sowie *Heidelmeyer,* Die Definition der Aggression – ein Instrument für den Sicherheitsrat, S. 108 ff.

738 *Hobe*, Einführung in das Völkerrecht, S. 252; *Giemulla*, in ZLW 2005, 32 (44).

739 *Zöller*, Terrorismusstrafrecht, S. 121; "The Declaration on Principles of International Law concerning Friendly Relations and Co-operation among States" vom 24. Oktober 1970, Res. 2625 (XV).

740 *Zöller*, Terrorismusstrafrecht, S. 121.

konstruieren sein und ist insbesondere in den wenigen Entscheidungssekunden vor einem Abschuss zur Gefahrenabwehr wohl kaum überprüfbar, da einer solchen Prüfung komplexe Erwägungen zugrunde liegen. Ist man zu einer Zurechnung jedoch nicht in der Lage, so scheidet eine Rechtfertigung nach Art. 51 UN-Charta infolge des Fehlens eines Angriffs aus, da im Einklang mit den Grundsätzen des Völkerrechts ein Angriff nur von Völkerrechtssubjekten bejaht werden kann.

(dd.) Gegenwärtigkeit des Angriffs - Präventive Gefahrenabwehr nach der Caroline-Formel

Gelingt eine Zurechnung einer von einem Zivilluftfahrzeug ausgehenden Bedrohung zu einem Staat, muss für eine Rechtfertigung nach Art. 51 UN-Charta der Angriff des Weiteren begonnen haben oder zumindest unmittelbar bevorstehen. Abschüsse von Flugzeugen zur Gefahrenabwehr müssen denklogisch stattfinden, bevor das Luftfahrzeug eine tatsächliche Zerstörung angerichtet hat, da sie sonst leerlaufen würden. Damit ist der Abschuss ein Akt präventiver Selbstverteidigung. In der Völkerrechtslehre wird die Möglichkeit einer präventiven Selbstverteidigung regelmäßig bejaht.[741] Nach der von Webster im Jahr 1984 entwickelten und noch heute angewandten Caroline-Formel, ist präventive Selbstverteidigung nur zulässig, wenn eine unmittelbare und deutliche Notwendigkeit zur Selbstverteidigung besteht und keine Zeit mehr ist, mit der Verteidigungshandlung abzuwarten („*instant, overwhelming, leaving no choice of means and no moment for deliberation*").[742] An den Kriterien der Caroline-Formel ist auch der Abschuss eines Zivilluftfahrzeugs zur Gefahrenabwehr zu messen. Dies bringt aber verschiedene praktische Probleme mit sich: Zunächst stellt sich die Frage, wann im Falle einer von einem Luftfahrzeug ausgehenden Bedrohung gegen das Flugzeug tatsächlich eine solche unmittelbare und deutliche Notwendigkeit zur Selbstverteidigung besteht. Reicht zum Beispiel der dringende, jedoch falsche Verdacht einer Gefahr, wie bei dem vermeintlichen Flugzeugattentat auf die

---

741 *Schladebach*, Lufthoheit, S. 246; *Stein/ von Buttlar/ Kotzur*, Völkerrecht, Rn. 827 ff.; *von Arnauld*, Völkerrecht, 8. Abschnitt Rn. 19.

742 *Hobe*, Einführung in das Völkerrecht, S. 334, 337 ff.; *Zöller*, Terrorismusstrafrecht, S. 122; *Bautze*, Völkerrecht, S. 83. Der Name „Caroline" stammt von einem Flussdampfer, den die Briten im Jahr 1837 zerstörten, da er eine Waffenlieferung US-amerikanischer Sympathisanten an kanadische Aufständische geladen hatte, dazu *Bautze*, Völkerrecht, S. 83; *Herdegen*, Völkerrecht, § 34 Rn. 18; *Schladebach*, Lufthoheit, S. 248.

Olympiaabschlussfeier am 11. September 1972[743], aus oder muss eine absolute Sicherheit über den Angriff und seine unmittelbare Durchführung bestehen? Weiter stellt sich auch die Frage, ob zum Eingreifen des Rechtfertigungsgrundes bereits Sicherheit über das Vorliegen eines staatlichen Angriffs bestehen muss, also eine Zurechnung des Verhaltens zu einem Staat im Moment des Angriffes bereits zu bejahen sein muss. Bei den aufgeworfenen Fragen ergeben sich damit diverse praktische Umsetzungsprobleme: Im akuten Falle der Entführung eines Zivilluftfahrzeugs ist es kaum möglich zu prüfen, von wem die Entführung ausgeht und ob eine Zweckentfremdung als Waffe geplant ist. Vielmehr leben terroristische Anschläge erfahrungsgemäß von einem Überraschungsmoment und dem schnellen Auftreten einer Attacke. Zeit für Reaktionen und Analyse eines Anschlages bleibt in der Regel nicht, da der Angriff bereits kurz nach Beginn auch schon wieder endet. In so kurzer Zeit und vor Eintreten des mit dem Anschlag bezweckten Erfolgs ist es fast nicht überprüfbar, ob ein Terroranschlag wirklich vorliegt, aus welchem Staat die Terroristen stammen und ob möglicherweise ein Verstoß gegen die „Friendly-Relations-Declaration" durch Unterlassen vorliegt, der einem Staat zurechenbar wäre, um somit die Anwendbarkeit des Art. 51 UN-Charta und die Prüfung der Caroline-Formel zu bedingen. Durch die oben erwähnten Resolutionen des Sicherheitsrates und die Konstruktion im Rahmen des Angriffs der USA auf Afghanistan nach 9/11 haben die Vereinten Nationen somit ein neues Problemfeld geschaffen: Während bis zu diesem Zeitpunkt ein Angriff durch Privatpersonen unter Einsatz eines Luftfahrzeuges nicht als Angriff im völkerrechtlichem Sinne gewertet wurde, ist dieses Konstrukt des Angriffs durch Unterlassen im Kontext der Luftfahrt nunmehr in der Welt. Die Verweisung des Art. 3 bis CA auf die UN-Charta hat dadurch an praktischer Relevanz gewonnen. Die Voraussetzungen eines Angriffs i.S.d. Art. 51 UN-Charta können im Akutfall einer von einem beispielsweise entführten Flugzeug ausgehenden Gefahr nicht hinreichend vor dem Abschuss geprüft werden. Auch wenn man ein präventives Selbstverteidigungsrecht nach Art. 51 UN-Charta im Falle des Missbrauchs eines Flugzeuges als Waffe theoretisch bejahen kann, ist nicht ersichtlich, wie die Prüfung des Eingreifens des Tatbestandes der Norm in der Praxis aufgrund des Zeitmangels realisiert werden soll. Schon allein aufgrund der faktischen Schwierigkeiten der Prüfung der Vorliegen der Kriterien der Caroline-Formel ist hier äußerst restriktiv die Bejahung einer zulässigen präventiven Verteidigungshandlung anzunehmen.

743 Dazu oben E. III. 1.

(ee.) Zu rechtfertigende unzulässige Gewalthandlung

Da bei Abschüssen auf dem eigenen Staatsgebiet aufgrund der fehlenden Exterritorialität keine völkerrechtlich verbotene Gewaltanwendung im Sinne der UN-Charta vorliegt, stellt sich die Frage, ob es dann nicht grundsätzlich widersprüchlich ist Art. 51 UN-Charta anzuwenden: Liegt keine verbotene Gewalthandlung nach der UN-Charta vor, so bedarf es auch keiner Rechtfertigung nach Art. 51 UN-Charta.[744]

Wie bereits dargestellt stellt der Abschuss eines Zivilluftfahrzeuges wegen der fehlenden Exterritorialität gerade keinen Verstoß gegen das völkerrechtliche Gewaltverbot dar. Ohne eine verbotene und von Art. 51 UN-Charta erfasste Verletzungshandlung ergibt auch das Eingreifen einer Rechtfertigung keinen Sinn und das Eingreifen von Art. 51 UN-Charta ist folglich abzulehnen.[745]

c.) Zwischenergebnis

Im Falle des Abschusses eines als Waffe zweckentfremdeten Flugzeugs zur Gefahrenabwehr kann der Tatbestand des Art. 51 UN-Charta somit zumindest aufgrund des Fehlens einer zu rechtfertigenden verbotenen Gewalt nicht erfüllt sein.

Eine Rechtfertigung eines Verstoßes gegen Art. 3bis (a.) CA kann somit nicht angenommen werden, wenn davon ausgegangen wird, dass die Verweisung auf die Rechte und Pflichten aus der UN-Charta eine Rechtsgrundverweisung ist.

---

744 Bejahend *Wilkesmann*, NVwZ 2002, S. 1320. Anders ist die Ausgangslage, wenn der Abschuss auf fremden Staatsgebiet erfolgt ist und ein Verstoß gegen das Gewaltverbot per se bejaht werden kann. In diesem Fall ist auch – soweit man die oben erläuterte Problemstellung der präventiven Verteidigungshandlung erfolgreich umgehen kann – eine Rechtfertigung der Gewalthandlung nach Art. 51 UN-Charta denkbar. Siehe dazu auch *Bothe*, in Vitzthum/ Proelß Völkerrecht, 8. Abschnitt Rn. 18; *Bautze*, Völkerrecht, S. 81; *Schönwald*, AVR 50 (2012), S. 78.

745 *Schladebach* erörtert zwar grundsätzlich die Frage der Anwendbarkeit des Art. 51 UN im Rahmen des Art. 3bis CA. Dabei umgeht er aber die hier grundsätzlich aufgeworfene Frage, welche verbotene Handlung Art. 51 UN-Charta eigentlich rechtfertigen solle, in dem er einfach ohne stichhaltige Prüfung der Rechtsnatur der Verweisung in Art. 3bis (a.) CA auf ein vermeintliches Verbot des Waffeneinsatzes verweist, welches auch von Art. 51 UN-Charta erfasst sei, siehe dazu *Schladebach*, Lufthoheit, S. 237 ff. Diese dogmatisch unsaubere Argumentation vermag nicht zu überzeugen, denn ein allgemeines Verbot der Waffengewalt kennt das Völkerrecht nicht und es ist abwegig davon auszugehen, dass Art. 51 UN-Charta den Zweck habe per se gar nicht verbotene Handlungen zu rechtfertigen.

Daher muss hier zwingend die Diskussion geführt werden, ob der Verweis in Art. 3bis (a.) S. 2 CA als Rechtsfolgenverweisung aufgefasst werden darf und somit eine Heranziehung der Tatbestandsmerkmale des Art. 51 UN-Charta nur partiell erfolgen kann.

d.) Entscheidung: Rechtsnatur des Verweises des Art. 3bis (a.) S. 2 CA

Es ist davon auszugehen, dass im Regelfall beim Abschuss eines Luftfahrzeugs zur Gefahrenabwehr der Tatbestand des Art. 51 UN-Charta zumeist nicht erfüllt sein wird und eine Rechtfertigung über die Norm bei Annahme einer Rechtsgrundverweisung daher abzulehnen wäre.[746]

Etwas anderes könnte sich ergeben, wenn der Verweis des Art. 3bis (a.) S. 2 CA als Rechtsfolgenverweisung zu verstehen wäre und Art. 51 UN-Charta somit nicht in allen Tatbestandsvoraussetzungen erfüllt sein müsste.[747] Gegen die Annahme einer Rechtsfolgenverweisung spricht, dass Art. 3bis (a.) S. 2 CA lediglich sehr allgemein auf die Pflichten und Rechte der UN-Charta verweist, aber nicht unmittelbar auf Art. 51 UN-Charta selbst. Solche allgemeinen Verweise auf die Beachtung der UN-Charta sind im Kontext der UN nicht unüblich, wohl eher jedoch als allgemeine Auslegungshilfen zu verstehen.[748] Gegen die Annahme einer Rechtsfolgenverweisung spricht des Weiteren, dass Art. 3bis (a.) S. 2 CA selbst keine eigenen möglichen tatbestandlichen Voraussetzungen der Rechtfertigung eines Flugzeugabschusses enthält und somit für die Annahme einer Rechtsfolgenverweisung zu unbestimmt ist. Für die Annahme zumindest einer partiellen Rechtsfolgenverweisung spricht auch nicht, dass ohne die Annahme einer solchen der Verweis völlig leerliefe. Denn zum einen hat die Ermahnung an die Rechte und Pflichten der UN-Charta grundsätzliche Bedeutung – man

746 Denkbarer Fall des Eingreifens im Falle einer Rechtsgrundverweisung wäre lediglich der Abschuss eines Zivilluftfahrzeuges in einem fremden Luftraum zur Gefahrenabwehr, da hier eine zu rechtfertigende Gewalthandlung angenommen werden kann. Da dieser Fall jedoch der praktischen Relevanz entbehrt, wird auf eine nähere Beleuchtung verzichtet. Ablehnend zahlreiche Stimmen in der Literatur, die annehmen, dass ein Zivilflugzeugabschuss unter den Tatbestand des Art. 51 UN-Charta subsumiert werden kann, dazu *Kaiser*, ZLW 1992, S. 160; *Schladebach*, Lufthoheit, S. 237

747 Zur Rechtfolgenverweisung siehe *Vogel*, Juristische Methodik, S. 70.

748 So z.B in in der Agressions-Definition der GV, dort heißt es: „*Bearing in mind that nothing in this Definition shall be interpreted as in any way affecting the scope of the provisions of the Charter with respect to the functions and powers of the organs of the United Nations [...]*" Generalversammlung Resolution vom 14. Dezember 1974, Res. 3314 (XXIX).

kann also nicht postulieren, dass der Verweis leer laufe – und zum anderen gibt es auch für das Eingreifen des Art. 51 UN-Charta einen möglichen zu diskutierenden Anwendungsfall.[749] Auch dies spricht eher für die Annahme einer Rechtsgrundverweisung. Betrachtet man den historischen Kontext und Ziel der Schaffung der Norm des Art. 3 bis CA, erscheint ein restriktives Verständnis des Verweises sinnvoll: Es darf gerade nicht Tür und Tor für möglichen Missbrauch geöffnet werden und das Motiv hinter Art. 3bis CA, nämlich Waffengewalt gegen Luftfahrzeuge umfassend zu unterbinden, unterlaufen werden. Eine Rechtfertigung dürfte daher nur ein absoluter Ausnahmefall sein. Die Annahme einer Rechtsfolgenverweisung mit dem Ergebnis, dass das Selbstverteidigungsrecht des Art. 51 UN-Charta nur der Idee nach Anwendung findet – so beispielsweise unter möglichem Verzicht auf das Kriterium des Angriffs und damit verbundenes staatliches Handeln oder der Verzicht auf eine zu rechtfertigende verbotene Gewalt – würde die Grundsätze des allgemeinen Völkerrechts und der UN-Charta unterlaufen. Insbesondere darf hier nicht vergessen werden, dass der Verweis des Art. 3bis (a.) S. 2 auf die Rechte und Pflichten der UN-Charta verweist. Unstreitig ist garantiertes Recht der UN-Charta auch die Souveränität der Staaten sowie das Nicht-Eingreifen in die inneren Angelegenheiten der Staaten, so Art. 2 Nr. 1 und Nr. 7 der UN-Charta. Die von vielen Seiten angenommene partielle Anwendung des Art. 51 UN-Charta in der Form einer Rechtsfolgenverweisung steht eindeutig im Widerspruch zu den wesentlichen Rechten der UN-Charta und ist daher auch aus diesem Grund abzulehnen. Der Verweis ist somit aufgrund der Mehrheit der guten Argumente dafür als Rechtsgrundverweisung zu verstehen.

e.) Ergebnis

Die Rechtfertigung des Verstoßes gegen Art. 3bis (a.) CA über das Selbstverteidigungsrecht scheidet grundsätzlich aus. Dies steht teilweise im Widerspruch zu den aufgezeigten nationalen Gesetzgebungen von Vertragsstaaten des Chicagoer Abkommens, die teilweise den Abschuss von Luftfahrzeugen zur Gefahrenabwehr als zulässig erachten. Es stellt sich somit die Frage, ob Art. 3bis (a.) CA überhaupt eine praktische Relevanz und Beachtung in der Staatengemeinschaft

749 Hierbei handelt es sich um den theoretisch über Art. 51 UN-Charta zu rechtfertigenden Verstoß sowohl gegen das Gewaltverbot als auch gegen Art. 3bis (a.) CA im Fall des Abschusses eines Luftfahrzeuges im fremden Staatsgebiet. Eine Rechtfertigung würde hier jedoch wohl in der Regel an den fehlenden Voraussetzungen der präventiven Selbstverteidigung scheitern.

eingeräumt werden kann. Gegen die Relevanz spricht bereits, dass zahlreiche Staaten den Abschuss eines Zivilluftfahrzeuges nach nationalem Recht als zulässig erachten,[750] jedoch kein Staat auffindbar ist, der in die Überlegungen zur Zulässigkeit des Abschusses zur Gefahrenabwehr Art. 3bis CA einbezieht oder sich zumindest über die Norm Gedanken machen würde. Dass Art. 3bis (a.) CA wohl kaum einem Akteur präsent ist, bestätigten auch die beiden Sicherheitsexperten der ICAO, *LeFoyer* und *Berti*, nach deren Sicht sich die Mitgliedsstaaten und die ICAO eigentlich keine Gedanken über das Eingreifen des Art. 3bis CA in den vorgenannten Fällen machen würden.[751] Dieses Desinteresse wird auch dadurch untermauert, dass bis dato noch kein Mitgliedsstaat der ICAO eine Neufassung des Art. 3 bis CA verlangt hat.[752] Art. 3bis CA führt somit ein Schattendasein im internationalem Luftrecht ohne große internationale Beachtung. Die fehlende Eindeutigkeit des Verweises des Art. 3bis (a.) S. 2 CA trägt hier wohl auch nicht dazu bei, dass die Norm eine größere praktische Relevanz erhalten wird. Art. 3bis CA lässt nur einen eindeutigen Schluss zu: Abschüsse von Flugzeugen im eigenen Staatsgebiet – selbst zur Gefahrenabwehr – sind nicht mit dem Regelungsgehalt des Art. 3bis (a.) CA vereinbar. Es wäre daher wünschenswert, wenn Art. 3bis (a.) CA überarbeitet und ausdrücklich eine Klarstellung zum Eingreifen eines Selbstverteidigungsrechts oder der Zulässigkeit eines Abschusses als Ultima Ratio nach Völkerrecht erhalten würde. Da jedoch die Staatengemeinschaft höchst divergierende Ansichten zur Zulässigkeit von Abschüssen von Luftfahrzeugen zur Gefahrenabwehr hat, erscheint es wenig realistisch, dass Art. 3bis (a.) CA eine Überarbeitung erfahren wird. Vielmehr ist davon auszugehen, dass die Norm weiterhin ein Schattendasein führen wird. Der Abschuss eines Luftfahrzeuges zur Gefahrenabwehr nach nationalem Recht wird in der Regel aufgrund des Verstoßes gegen Art. 3bis (a.) CA als völkerrechtswidrig zu bewerten sein. Wenn die Staatengemeinschaft jedoch die Norm des Art. 3bis (a.) CA schlichtweg weiterhin ignoriert, wie teilweise durch die nationalen Gesetzgebungen zum Abschuss eines Luftfahrzeuges zur Gefahrenabwehr,[753] hat dieser theoretische Verstoß gegen das Völkerrecht in der Praxis wenig Bedeutung.

---

750 Dazu oben E. IV.

751 Dazu *LeFoyer/Berti*, Interview ICAO vom 7. November 2017.

752 *Giemulla*, in ZLW 2005, 33 (45 ff.); *Hirsch*, in Giemulla/Rothe, Recht der Luftsicherheit, S. 82; so auch die aktuelle Einschätzung zur praktischen Relevanz in *LeFoyer/Berti*, Interview ICAO vom 7. November 2017.

753 Siehe dazu die Ausführungen unter E IV.

VII. Exkurs: Der „Krieg" gegen Terrorismus

Durch die Anschläge der letzten Jahre und die Erstarkung des internationalen Terrorismus wie auch die Bejahung des Eingriffs des Art. 51 UN-Charta bei von Privaten ausgeführten Handlungen über das Konstrukt von staatlich zurechenbarem Unterlassen, stellt sich die Frage, ob sich die Welt in einem neuen Krieg befindet, nämlich im Krieg gegen den Terrorismus.[754] Würde man einen Wandel in der Kriegsführung mit neuem Feind, nämlich pauschal dem Feind „Terrorismus", bejahen, so könnten wir uns möglicherweise auch im Anwendungsbereich des Kriegsvölkerrechts befinden, wenn wir von Abschüssen von Luftfahrzeugen sprechen. Eine Bejahung dessen würde diese vorliegende Arbeit, die sich ja gerade auf eine Betrachtung in Friedenszeiten beschränkt, grundlegend in Frage stellen und soll daher kurz angerissen werden. Befindet sich also die Staatengemeinschaft im Krieg gegen den Terrorismus und muss Kriegsvölkerrecht angewandt werden? Klassische kriegerische Konflikte sind davon geprägt, dass Territorialstaaten gegeneinander durch den Einsatz von Armeen mit Kombattantenstatus sowie den Einsatz von Luftfahrzeugen mit eindeutigen Hoheitsabzeichen nach den Regeln der Haager Landkriegsordnung[755] gegeneinander Krieg führen.[756] Das völkerrechtliche Kriegsrecht bestimmt im Kern die Frage der Zulässigkeit der Anwendung von Waffengewalt und Schädigungen im Falle eines Krieges, in der Völkerrechtslehre heute eher als „bewaffneter internationaler Konflikt" bezeichnet,[757] zwischen zwei Staaten.[758] Im Völkerrecht gibt es verschiedene Kriegsbegriffe, die unterschiedlich starke Hürden an die Bejahung eines bewaffneten Konflikts anlegen. So wird teilweise schon bei Vorliegen von Feindseligkeiten ein Krieg bejaht, teilweise aber erst bei Bejahung eines subjektiven Kriegsführungswillens der involvierten Staaten.[759] Die Normen des

---

754 Dazu ausführlich die Betrachtung in *Föh*, Die Bekämpfung des internationalen Terrorismus nach dem 11. September 2001, S. 185 ff. sowie *Mégret*, „Krieg"? – Völkerrechtssemantik und der Kampf gegen den Terrorismus, KJ 35 (2002), S. 167,177.

755 Dazu auch *Föh*, Die Bekämpfung des internationalen Terrorismus nach dem 11. September 2001, S. 185; *Bothe*, in Vitzthum/ Proelß, Völkerrecht, 8. Abschnitt Rn. 56 f.

756 *Föh*, Die Bekämpfung des internationalen Terrorismus nach dem 11. September 2001, S. 185 ; *Ploeger*, in Rothe/Giemulla, Handbuch der Luftsicherheit, S. 344.

757 Dazu *Kimminich*, Einführung in das Völkerrecht, S. 420; *Föh*, Die Bekämpfung des internationalen Terrorismus nach dem 11. September 2001, S. 185.

758 *Föh*, Die Bekämpfung des internationalen Terrorismus nach dem 11. September 2001, S. 185; *Bothe*, in Vitzthum/ Proelß, Völkerrecht, 8. Abschnitt Rn. 61 f.

759 *Bothe*, in Vitzthum/ Proelß, Völkerrecht, 8. Abschnitt Rn. 61 f.; ausführlich dazu auch *Kimminich*, Einführung in das Völkerrecht, S. 420 f.; *Verdross* beispielsweise definierte

Kriegsvölkerrechts sind nach klassischem Völkerrecht nur anwendbar, wenn sich mindestens zwei Staaten als Konfliktparteien gegenüber stehen.[760] Bei bewaffneten Auseinandersetzungen im Inneren eines Staates hat sich aber in der Vergangenheit eine Aufweichung davon durchgesetzt in der Form, dass die Reglungen des Kriegsvölkerrechts auch bei diesen Konflikten anerkannt werden, um humanitäre Mindeststandards zu etablieren. Voraussetzung dafür ist aber das Anerkenntnis als kriegsführende Partei, die sodann praktisch wie ein Staat behandelt wird.[761] Eine Anwendung von Kriegsrecht aber pauschal auch im Kampf gegen den internationalen Terrorismus ist bis dato noch nicht bejaht worden. Daran ändert auch nichts, dass der frühere Präsident der USA, George W. Bush, nach den Anschlägen von 9/11 verkündete, dass sich die USA im „Krieg“ gegen den Terrorismus befände[762]. Mit dieser These hat Bush freilich im Volksmund durchaus einen neuen Kriegsbegriff geprägt, der den Kampf gegen Terrorismus einschließt.

Auch *Rothe*[763] hat im Kontext mit den Anschlägen vom 11. September 2001 die Frage aufgeworfen, ob wir uns im Krieg oder im Frieden befinden. Zwar ist die Frage nach einem neuen Kriegsbegriff unserer Zeit kulturhistorisch, philosophisch und gesellschaftlich höchst interessant, es lässt sich aber sagen, dass dies für eine strikt völkerrechtliche und juristische Betrachtung wenig relevant ist. Wie oben ausgeführt, wird beim Eingreifen beispielsweise des Selbstverteidigungsrechtes nach Art. 51 der UN-Charta stets die Frage nach einem Angriff gestellt. Ein Angriff kann wie bereits ausführlich besprochen strikt nur von Staaten durchgeführt werden. Dass wir uns nach dem allgemeinen Sprachgebrauch

---

Krieg als einen völkerrechtlichen Gewaltzustand unter Abbruch der friedlichen Beziehungen, *Verdross*, Völkerrecht, S. 432 f.

760 *Bothe*, in Vitzthum/ Proelß, Völkerrecht, 8. Abschnitt Rn. 121.; *Kimminich*, Einführung in das Völkerrecht, S. 419 ff.

761 *Bothe*, in Vitzthum/ Proelß, Völkerrecht, 8. Abschnitt Rn. 121; *Kimminich*, Einführung in das Völkerrecht, S. 422.

762 http://www.sueddeutsche.de/politik/usa-bushs-kriegsrhetorik-hat-ausgedient-1.392897 (Stand: 20.12.2020). Auch im 9/11 Commission Report ist diese Rhetorik zu finden und es wird davon gesprochen, dass Al Qaida den USA den Krieg erklärt habe, dazu National Commission on Terrorist Attacks Upon the United States - The 9/11 Commission Report, S. 47 ff. Zum „Anti-Terror-Krieg“ auch die Ausführungen von *Föh*, Die Bekämpfung des internationalen Terrorismus nach dem 11. September 2001, S. 185 ff..

763 *Rothe*, in Rothe/Giemulla, Handbuch der Luftsicherheit, S. 369.

nunmehr in einem generellen Krieg gegen den Terrorismus befinden[764], gibt staatlichen Akteuren an sich noch keine Rechtfertigung gegen das Interventionsverbot oder das Gewaltverbot zu verstoßen. Dies kann nur gerechtfertigt sein, wenn tatsächlich ein irgendwie gearteter bewaffneter Angriff eines Staates bejaht werden kann, auch wenn dieser nur wie in den oben genannten UN-Resolutionen über einen Kniff in der Zurechnung, nämlich über ein Unterlassen von Afghanistan im Rahmen der Terrorismusbekämpfung und somit einem indirekten Angriff durch Unterlassen, erreicht werden kann.[765] *Rothe* verweist darauf, dass die NATO nach 9/11 am 2. Oktober 2001 das Vorliegen eines Bündnisfalles nach Art. 5 des Nordatlantikvertrages festgestellt habe[766], und dies zeige, dass die *„Staatengemeinschaft mehrheitlich einen Angriff wie den des 11. Septembers 2001 als [...] eine Form kriegerischer Aggression“* betrachte. Das Vorliegen einer Aggression, die nach 9/11 durchaus bejaht wurde, hat jedoch keinen Einfluss darauf, dass ein Krieg im völkerrechtlichen Sinne gegen den Terrorismus nicht bejaht werden kann. Aber selbst bei der Frage eines Abschusses eines Zivilluftfahrzeuges in Kriegszeiten muss man sich in Erinnerung rufen: Würde ein Krieg bejaht werden, so würden die völkerrechtlichen Grundsätze des Kriegsrechts und insbesondere der Grundsatz des Schutzes der Zivilbevölkerung bei Kampfhandlungen eingreifen.[767] Nach dem Prinzip der Immunität der Zivilbevölkerung, dürfen auch in Kriegszeiten Angriffe nur gegen militärische Ziele gerichtet werden und nicht gegen die Zivilbevölkerung.[768] Ein Abschuss eines Zivilluftfahrzeugs wäre daher selbst in Kriegszeiten äußerst kritisch zu sehen und zumeist als völkerrechtwidrig einzuschätzen.

---

764 Bzw. befunden haben. Die USA ist gerade von diesem Begriff abgewichen, dazu u.a. http://www.sueddeutsche.de/politik/usa-bushs-kriegsrhetorik-hat-ausgedient-1.392897 (Stand: 20.12.2020). Allgemein *Föh*, Die Bekämpfung des internationalen Terrorismus nach dem 11. September 2001, S. 185 ff.; *Bruha*, Neuer Internationaler Terrorismus: Völkerrecht im Wandel?, in: Koch, Terrorismus – Rechtsfragen der äußeren und inneren Sicherheit, 2002, S. 60.

765 Dazu die Ausführungen unter E VI. 3 b.

766 *Rothe*, in Rothe/Giemulla, Handbuch der Luftsicherheit, S. 369.

767 *Kimminich*, Einführung in das Völkerrecht, S. 419, 445; *Bothe*, in Vitzthum/ Proelß, Völkerrecht, 8. Abschnitt Rn. 66.

768 *Kimminich*, Einführung in das Völkerrecht, S. 445; *Bothe*, in Vitzthum/ Proelß, Völkerrecht, 8. Abschnitt Rn. 66.

VIII. Die praktische Relevanz von Abschüssen zur Gefahrenabwehr

Abschüsse von Zivilluftfahrzeugen zur Gefahrenabwehr sind zwar in den letzten Jahren viel diskutiert worden, zu einem solchen ist es aber in den letzten 20 Jahren fast nie gekommen, sieht man von dem Abschuss der Cessna in Israel in 2004 ab.[769] Die Frage stellt sich daher, ob der Abschuss zur Gefahrenabwehr überhaupt noch faktisch praktische Relevanz hat. Flugzeugentführungen zum Zwecke der Zweckentfremdung als Waffe sind seit 9/11 und der Einführung der sicheren Cockpittüren sowie diverser privatrechtlicher Vorschriften zum stets zwingenden gemeinsamen Aufenthalt von mehr als zwei Piloten im Cockpit in den USA kein wirkliches Bedrohungspotenzial der Zivilluftfahrt mehr.[770] Insbesondere der Einsatz eines Flugzeuges als Waffe ist mit den sicheren Cockpittüren, wenn nicht ausgeschlossen, so jedoch sehr unwahrscheinlich geworden. Die möglichen Anwendungsfälle für Abschüsse von Zivilluftfahrzeugen zur Gefahrenabwehr gehen damit gegen Null. Des Weiteren stellt sich die Frage, ob bei akuten Anschlägen überhaupt ein Abschuss zur Gefahrenabwehr realisierbar wäre: Bei den Anschlägen von 9/11 besteht Einigkeit, dass ein Abschuss seitens der USA durchgeführt worden wäre, wenn die Möglichkeit dazu bestanden hätte. Die Attacken kamen jedoch so plötzlich und unerwartet, dass ein Abschuss nicht hatte umgesetzt werden können.[771] Auch die oben beschriebenen Fälle von von Piloten ausgeführten Selbstmordanschlägen zeigen, dass diese stets so plötzlich und überraschend kamen, dass ein Eingreifen und ein Retten der Maschinen gar nicht mehr möglich gewesen sind, wenn ein Sinkflug bereits eingeleitet war.[772] Mithin ist wohl auch ein präventiver Abschuss eines Zivilluftfahrzeugs zur Gefahrenabwehr eher eine theoretische Frage.

IX. Exkurs: Air Policing am Beispiel der NATO

Relevanter als die Abschüsse zur Gefahrenabwehr sind Maßnahmen des sog. Air Policing. Auch wenn diese im Kontext dieser Arbeit nicht ausdrücklich Thema sind, orientieren sich diese doch an den in Art. 3bis (b.) CA gemachten Vorgaben zum Verhalten gegenüber Zivilluftfahrzeugen. Air Policing soll am Beispiel der von der Nato geübten Praxis zumindest kurz erwähnt werden.

---

769 *Foont*, Shooting down Civilian Aircraft: Is there an International Law?, S. 712.

770 So die These von*LeFoyer/Berti*, Interview ICAO vom 7. November 2017.

771 Dazu E. III. 2.

772 Dazu oben D. VIII.

Unter „Air Policing“ ist der Einsatz von Abfangjägern (Flugzeugen) in Friedenszeiten zu verstehen, um die Unverletzlichkeit und Sicherheit eines Luftraums zu gewährleisten. Dabei sind verschiedene Maßnahmen im Rahmen von „Air Policing“ möglich, so z. B. eine Sichtidentifizierung, ein Abdrängen in der Luft oder die Aufforderung zum Landen eines eindringenden Luftfahrzeuges.[773] „Air Policing“ ist von der sog. „Air Defence“ abzugrenzen: Im NATO Handbuch heißt es in Kap. 33 dazu, dass die „Air Defence“ alle Mittel und Möglichkeiten umfasst, potenziellen Bedrohungen aus der Luft oder feindlichen Handlungen aus der Luft entgegen zu wirken. Diese ist dauerhaft Aufgabe in Friedens-, Krisen- und Konfliktzeiten und soll die Integrität des NATO-Luftraums gewähren.[774] Verbunden ist dies mit einem System zur Erfassung, Verfolgung und Identifizierung von fliegenden Objekten, um gegebenenfalls mit Waffensystemen und Abfangjägern, die fliegenden Objekte zu stoppen.[775] Die damit beschriebene Luftverteidigung stellt eine klassische militärische Operation dar und erstreckt sich über verschiedene Phasen und Ausprägungsformen eines bewaffneten Konfliktes.[776] „Air Policing“ kann somit eher i.S. einer „Wahrung der Souveränität im Luftraum mit luftpolizeilichen Maßnahmen“[777] im Vorfeld eines zwischenstaatlichen Konfliktes verstanden werden statt als klassische militärische Maßnahme.

Bis zum Ende des kalten Krieges erstreckte sich „Air Policing“ entsprechend des in dieser Zeit maßgeblichen Verständnisses primär auf Eindringen von

773 *Ploeger*, in Rothe/Giemulla, Handbuch der Luftsicherheit, S. 345; zum Air Policing umfassend auch https://www.nato.int/cps/en/natohq/topics_132685.htm (Stand: 20.12.2020).

774 So NATO Handbuch S. 275, abrufbar unter https://www.nato.int/docu/handbook/2006/hb-en-2006.pdf (Stand: 20.12.2020). Die NATO unterhält dafür u.a. die dauerhafte Mission „NATO Integrated Air and Missile Defence“ (NATO IAMD), um den Luftraum der NATO zu schützen, dazu https://www.nato.int/cps/en/natohq/topics_8206.htm?selectedLocale=en (Stand: 20.12.2020); *Ploeger*, in Rothe/Giemulla, Handbuch der Luftsicherheit, S. 345.

775 NATO Handbuch S. 275 f., abrufbar unter https://www.nato.int/docu/handbook/2006/hb-en-2006.pdf (Stand: 20.12.2020); *Ploeger*, in Rothe/Giemulla, Handbuch der Luftsicherheit, S. 346.

776 *Ploeger*, in Rothe/Giemulla, Handbuch der Luftsicherheit, S. 347. Zur Definition einer Militärmission siehe auch *Woyke/ Varwick*, Handwörterbuch Internationale Politik, S. 491 f.

777 So *Ploeger*, in Rothe/Giemulla, Handbuch der Luftsicherheit, S. 343.

fremden staatlichen Akteuren in den Luftraum und darauf folgende Verhaltensmuster zur Beendigung eines Eindringens.[778]

X. Zwischenergebnis

Es ist durchaus erschreckend, wie lang die ICAO und die Staatengemeinschaft gebraucht haben, bis mit der Einführung der Regelung des Art. 3bis CA den aufgetretenen militärischen Abschüssen von Zivilluftfahrzeugen aufgrund von bloßen Luftraumverletzungen ein Ende gesetzt wurde. Dabei zeigte sich die ICAO nicht zuletzt wegen des starren Pochens auf Grenzen und Hoheitsgewalt im Luftraum, aber auch wegen des stetig brodelnden Ost-West-Konflikts, lange Zeit handlungsunfähig und es wurden erst zahlreiche Abschüsse und unschuldige Opfer abgewartet, bis man endlich handelte und Art. 3bis CA kodifizierte. In Art. 3bis CA wurden staatliche Gewaltanwendung und somit auch der Abschuss aus grundlegenden humanitären Erwägungen für völkerrechtlich unzulässig erklärt. Führt man sich einmal vor Augen, dass in über 40 Jahren durch militärische Abschüsse von Zivilluftfahrzeugen hunderte Opfer nur aufgrund von bloßen Grenzverletzungen gefordert wurden, so kann man kaum Verständnis für das späte Handeln der Staatengemeinschaft aufbringen. Dennoch hat die ICAO es mit dem, wenn auch späten Handeln geschafft, dass der Abschuss aufgrund von Grenzverletzungen kaum mehr denkbar ist. Eine Effektivität im Handeln kann der ICAO dabei also nicht abgesprochen werden und in diesem Sinne hat Art. 3bis CA seine Dienste getan.

Verwunderlich ist es aber in unserer heutigen Zeit und nach 9/11, dass Art. 3bis CA so gut wie keine bzw. keine Beachtung auf der internationalen Ebene bei der Frage des Abschusses zur Gefahrenabwehr gefunden hat und findet. Zwar haben sich viele Staaten intensiv mit der Frage des Abschusses von Zivilluftfahrzeugen zur Gefahrenabwehr nach nationalem Recht beschäftigt, dabei wurde die Regelung des Art. 3bis CA aber weder berücksichtigt noch irgendwie hinreichend thematisiert. Dies erfolgte selbst nicht in dem ausführlichen Urteil des Bundesverfassungsgerichts in Deutschland zu dieser Frage im Jahr 2006. Gerade durch die Zurechnungskonstruktion der Vereinten Nationen nach 9/11 und der daraus allgemein gefolgerten Bejahung eines Angriffs Afghanistans auf die USA hat die UN den Art. 3bis CA noch weiter aufgeweicht, da das

778 *Ploeger*, in Rothe/Giemulla, Handbuch der Luftsicherheit, S. 345. Zum Zweck des Air Policing auch umfassend https://ac.nato.int/page5931922/-nato-air-policing (Stand: 20.12.2020).

im Artikel enthaltene Verbot nun theoretisch durchaus durch Rechtfertigung unterlaufen werden kann – wohlgemerkt ist eine Rechtfertigung von Abschüssen zur Gefahrenabwehr, zumindest wenn man den Ansätzen dieser Arbeit folgt, fast nicht denkbar. Dies steht im Widerspruch zur Haltung der meisten Staaten zu Abschüssen zur Gefahrenabwehr, die sich zu einem solchen Abschuss grundsätzlich befugt sehen. Da Art. 3bis CA faktisch ignoriert wird, stellt sich die Frage nach einer Relevanz der Norm und ob es Sinn hat, die Norm neu zu fassen. Da dies aber noch kein Vertragsstaat überhaupt jemals gefordert hat, wird Art. 3bis CA wohl weiter ein Schattendasein fristen. Nichtsdestotrotz wäre eine Schärfung des Art. 3bis CA im Hinblick auf die Rechtfertigung von Abschüssen, wenn dies auch nicht zu erwarten ist, so doch wünschenswert.

F. Zusammenfassung, Fazit und Blick in die Zukunft

"I confess that in 1901 I said to my brother Orville that man would not fly for fifty years. Two years later we ourselves made flights. This demonstration of my impotence as a prophet gave me such a shock that ever since I have distrusted myself and avoided all predictions."

(Wilbur Wright, Gebrüder Wright)

Das Flugzeug gilt als das sicherste Verkehrsmittel der Welt. Die internationale Zivilluftfahrt weist ein hohes Sicherheitsniveau auf. Die Passagiere wiegen sich in Sicherheit. Diese heutige Sicherheit ist vor allem der internationalen Zusammenarbeit und der Tätigkeit der ICAO als wesentlichem Akteur der Zivilluftfahrt zu verdanken und war in der Vergangenheit, gerade bis in die 1970er Jahre, keine Selbstverständlichkeit. Insbesondere durch die ICAO konnte bis zum Ende der 1970er Jahre das Tokioter, Haager und Montrealer Abkommen und der Annex 17 des Chicagoer Abkommens geschaffen werden und somit weltweit auf die Zivilluftfahrt zugeschnittene Deliktstatbestände etabliert, die gerichtlichen Zuständigkeiten geklärt und so Strafbarkeitslücken geschlossen werden. Auch konnten durch den Annex 17 weltweit einheitliche Standards im Bereich der Prävention von Sabotageakten geschaffen werden, die bis heute regelmäßig und schnell an die Bedrohungslagen angepasst werden. Die ICAO übt seit Gründung im Jahr 1944 bis heute eine große Einflussnahme weltweit auf die Luftfahrtbranche aus und bringt staatliche Akteure, Airlines, Flughäfen und Industrie zusammen, um so ein funktionierendes System der Luftsicherheit zu gewährleisten. Dabei kann sich die ICAO einige Erfolge auf die Fahne schreiben: Über 70 Jahre waren beispielsweise dominante Gefahren für die Zivilluftfahrt die Flugzeugentführungen in verschiedenen Facetten. Erst nach dem Anschlag von 9/11 und der ebenso einfachen wie genialen Idee der internationalen Einführung der sicheren Cockpittüren im Annex 17 gehen heute von Flugzeugentführungen kaum mehr Bedrohungen aus. Ein Anschlag im Ausmaß von 9/11, ermöglicht mit entführten Flugzeugen, ist kaum denkbar. Zwar haben es die Staatengemeinschaft und die ICAO geschafft, Flugzeugentführungen wirksam zu begegnen, die Zivilluftfahrt sieht sich aber noch immer mit verschiedenen Bedrohungen konfrontiert. Eine absolute Sicherheit gibt es auch heute nicht, vielmehr ist festzustellen, dass Bedrohungen der Zivilluftfahrt nicht verschwinden, sondern sich nur stetig wandeln und so stets aufs Neue auf Bedrohungsszenarien reagiert werden muss. Aktuelle Bedrohungen, auf die reagiert werden muss, sind insbesondere, wie sich insbesondere durch die im Jahr 2016 verübten Anschläge an den Flughäfen von Brüssel und Istanbul gezeigt hat, Anschläge im Flughafenbereich. Auch gab es in den letzten Jahren immer wieder Bombenanschläge auf Flugzeuge. Die von Flughafen- und Airlinepersonal ausgehenden Bedrohungen sind als sog. Insider-Threats eine ernstzunehmende Gefahr, da bekannt ist, dass Flughafenmitarbeiter bereits vielerorts alle denkbaren Gegenstände in den Sicherheitsbereich schmuggeln, die dort eigentlich nicht hingehören (so Waffen, Drogen etc.) und somit zahlreiche Mitarbeiter nicht als vertrauenswürdig einzustufen sind. Hinzu kommt, dass die Radikalisierung und Instrumentalisierung von Mitarbeitern durch Terroristen durch die verknüpfte Welt von Facebook, Instagram und von sozialen Medien sowie der Möglichkeit über Künstliche Intelligenz gezielt Profiling zu betreiben und Adressaten ausfindig zu machen viel einfacher geworden ist. Zwei Bedrohungen der Zivilluftfahrt, die ihr Zerstörungspotenzial erst noch in der Zukunft zeigen werden und nur teilweise von der ICAO und Staatengemeinschaft ernst genug genommen werden, sind Cyberanschläge und mit Drohnen verübte Anschläge.

Auch wenn Zukunftsprognosen immer schwierig und oft falsch sind, ist es nur eine Frage der Zeit, wann es den ersten tödlichen Anschlag aus dem Cyberspace auf Flugzeuge geben und wann die erste mit Sprengstoff beladene Drohne ein Flugzeug beschädigen oder zerstören wird. Die von Cyberattacken ausgehende Gefahr für die Luftsicherheit ist erheblich, insbesondere wenn NextGen sich nicht nur in den USA, sondern weltweit durchsetzen wird und Flugzeuge ihren autarken Systemstatus über physische Netzwerktrennung nach und nach verlieren und immer umfassender mit dem Boden und weltweit vernetzt werden. Dass wir auf Cyberangriffe nicht vorbereitet sind, zeigt insbesondere das vernichtende Ergebnis des erwähnten Berichts des GOA vom Oktober 2020 über den Umgang der FAA mit Cyberbedrohungen. Der Annex 17 sollte daher möglichst schnell um verpflichtende Bestimmungen zur Etablierung eines Risikomanagementsystems zur Begegnung von Cyber-Threats ergänzt werden. Auch ist es nur eine Frage der Zeit, wann der erste Bombenanschlag auf ein Flugzeug mithilfe einer Drohne verübt wird. Gar nicht auszumalen, welche Angst und Schrecken ein solcher Anschlag mit sich bringen wird und wie sehr die Bevölkerung weltweit sowie die Luftfahrtindustrie dadurch verunsichert werden könnte. In Anbetracht der Tatsache, dass Drohnen leicht bedienbar und verfügbar sind, ist für Terroristen ein mit Drohnen verübter Anschlag leicht zu realisieren und hat große symbolische Wirkung. Erschreckend ist es in diesem Zusammenhang, dass sowohl die 10. als auch 11. Auflage des Annexes 17 noch immer keine Bestimmungen zu Drohnen beinhalten und die ICAO Drohnen primär als Problem der Flugsicherheit, also als Problem für die ungestörten technischen

Abläufe, sieht. Dies entspricht aber dem ganz typischen Verhaltensmuster der ICAO, das sich wie ein roter Faden im Bereich des Umgangs mit Gefahren durch die Geschichte zieht: Effektive Reaktionen auf Bedrohungsszenarien der ICAO sind immer nur dann zu finden, wenn sich eine Bedrohung realisiert hat. Immer erst nach einem großen oder mehreren kleinen Schrecken wurden in der Vergangenheit Straftatbestände geschaffen oder präventive Kontrollsysteme etabliert. Da sich ein Anschlag mit Drohnen noch nicht realisiert hat, ist die fehlende Erwähnung in der 10. und 11. Auflage des Annexes 17 also eigentlich keineswegs verwunderlich, sondern nur konsequent – auch wenn Experten weltweit Drohnen als massives Sicherheitsrisiko für die Zivilluftfahrt einschätzen.

Dennoch darf man die Erfolge und Leistungen der ICAO nicht schmälern. Die Etablierung einheitlicher weltweiter Standards im Bereich der Luftsicherheit ist höchst beeindruckend und der Erfolg, nämlich die faktisch bestehende Sicherheit von Flügen, gibt der ICAO Recht, auch wenn potenzielle Gefahren wie Drohnen und Cyberattacken über der Luftsicherheit wie ein Damoklesschwert schweben. Insbesondere der Annex 17 greift die aktuellen Bedrohungsszenarien, mit denen sich die Luftfahrt konfrontiert sieht, beinahe umfassend auf und ist ein sehr gelungener Rahmenplan, der allen Akteuren der Luftsicherheit einen einheitlichen Mindeststandard vorschreibt. Damit wird weltweit und somit nicht nur in den ohnehin sehr fortschrittlichen europäischen Staaten oder den USA ein hohes Grundniveau an Luftsicherheit garantiert. Dass 192 Nationalstaaten ihre eigenen Befugnisse und Entscheidungskompetenzen im Bereich der Luftsicherheit abgeben und sich an internationalen Standards des Annexes 17 orientieren, ist eine enorme Leistung, insbesondere in Anbetracht der Tatsache, welche Probleme beispielsweise die EU bei der Verabschiedung von Richtlinien bei gerade mal 27 Mitgliedsstaaten hat. Die ICAO und das internationale Luftsicherheitsrecht sind somit ein Musterbeispiel an internationaler und effektiver Zusammenarbeit und stellen ein Rechtsgebiet dar, welches von Anfang an international kodifiziert wurde. Roosevelts Appell, *"Let us rather work together in order that the skies of the world can be exploited by man for all mankind"*[779], bei der Konferenz in Chicago 1944, wurde erfolgreich umgesetzt.

Auch Abschüsse von Flugzeugen aufgrund von Luftraumverletzungen als staatliche Gewaltakte wurden in Folge dieser erfolgreichen Zusammenarbeit – wenn auch reichlich spät – durch die ICAO adressiert. Dies gelang durch die Schaffung des Art. 3bis CA, der die weltweite (Rechts-)Überzeugung von der

779 *Sochor*, The Politics of International Aviation, S. 8.

Unrechtmäßigkeit und Verabscheuungswürdigkeit eines Abschusses eines Zivilluftfahrzeugs aus humanitären Gründen widerspiegelt.

Die Notwendigkeit der Schaffung des Art. 3bis CA ergab sich aus der dargestellten völkerrechtlichen Regelungslücke im Bereich der Abschüsse von Zivilluftfahrzeugen auf dem eigenen Staatsgebiet. Gerade aufgrund der fehlenden Exterritorialität der Gewalthandlung kann ein Verstoß gegen das völkerrechtliche Gewaltverbot und eine Völkerrechtswidrigkeit im Falle des Abschusses auf dem eigenen Staatsgebiet nicht angenommen werden. Art. 3bis CA ist insbesondere als Reaktion auf die verabscheuungswürdigen Abschüsse von Zivilluftfahrzeugen aufgrund bloßer Grenzverletzungen geschaffen worden und ist in diesem Kontext eindeutig als Erfolg der ICAO zu bezeichnen: Der Abschuss von Zivilluftfahrzeugen aufgrund von bloßen Grenzverletzungen gehört aus heutiger Sicht der Vergangenheit an und ist de facto kaum mehr vorstellbar.

Gerade mit dem Terroranschlag von 9/11 hat sich jedoch weltweit gezeigt, dass zumindest der Abschuss von Zivilluftfahrzeugen noch immer ein Thema ist, das die Staatengemeinschaft bewegt. Wenn auch nicht mehr als Reaktion auf Luftraumverletzungen, so doch zur Abwehr von Gefahren, die von einem als Waffe entfremdeten Zivilluftfahrzeug ausgehen. Zahlreiche Staaten haben nach 9/11 den Abschuss eines Zivilluftfahrzeugs zur Gefahrenabwehr in ihren nationalen Gesetzen als zulässig verankert. Dabei ist es verwunderlich, dass weltweit nach 9/11 die Frage der Zulässigkeit des Abschusses von Zivilluftfahrzeugen zur Gefahrenabwehr aus verschiedenen Aspekten zwar ausführlich diskutiert wurde, aber in diesen Diskussionen die Norm des Art. 3bis CA keine wirkliche Erwähnung gefunden hat. Und dies, obwohl Art. 3bis CA vom Wortlaut grundsätzlich alle Fälle eines Abschusses von Zivilluftfahrzeugen auch auf dem eigenen Staatsgebiet eindeutig einschließt und reguliert. Die Ignoranz der Staatengemeinschaft bezüglich Art. 3bis CA im Rahmen der Regelung und Positionierung zu Abschüssen von Zivilluftfahrzeugen zur Gefahrenabwehr nach nationalem Recht ist paradox, aber auch dass die ICAO bis jetzt nicht selbst auf die Beachtung der Norm und den bestehenden Diskussionsbedarf zu Art. 3bis CA gepocht hat.

Wohl aufgrund der wenigen Beachtung, die Art. 3bis (a.) CA in der Staatengemeinschaft und Völkerrechtslehre geschenkt wird, ist der auffindbare Diskurs über die Norm und mögliche Ausnahmen zum Verbot qualitativ und quantitativ eher enttäuschend. Es verwundert, dass der in Art. 3bis (a.) enthaltene Verweis auf die Rechte und Pflichten der UN-Charta („*Diese Bestimmung ist nicht so auszulegen, als ändere sie in irgendeiner Weise die in der Charta der Vereinten Nationen3 niedergelegten Rechte und Pflichten der Staaten.*“) in der Literatur und die Frage nach der Rechtsnatur des Verweises nicht näher betrachtet wird. Vielmehr wird oftmals schlichtweg das (partielle) Eingreifen des Art. 51 UN-Charta als Rechtfertigung eines Abschusses zur Gefahrenabwehr diskutiert, also eine partielle Rechtsfolgenverweisung, ohne nähere Prüfung des Verweises vorab vorgenommen zu haben. Die besseren Gründe sprechen jedoch dafür den Verweis des Art. 3bis (a.) CA als Rechtsgrundverweisung anzusehen: In diesem Fall kann eine Rechtfertigung des Abschusses eines als Waffe zweckentfremdeten Flugzeuges auf eigenem Staatsgebiet zur Gefahrenabwehr nicht aus Art. 51 UN-Charta abgeleitet werden, da eine nach der Norm zu rechtfertigende *verbotene Gewalt* aufgrund der fehlenden Exterritorialität gar nicht vorliegt.[780] Es ist also davon auszugehen, dass Art. 3bis CA auch den Abschuss eines Luftfahrzeuges auf dem eigenen Staatsgebiet zur Gefahrenabwehr untersagt und eine Rechtfertigung unter Bezug auf das Selbstverteidigungsrecht nach Art. 51 UN-Charta ausscheidet.

Da sich die Staatengemeinschaft jedoch selbst im Widerspruch zu Art. 3bis CA aufgrund der oftmals vorherrschenden Meinung der Zulässigkeit von Abschüssen zur Gefahrenabwehr positioniert, wäre es zumindest einer Überlegung wert, ob es nicht an der Zeit wäre, Art. 3bis CA zu überarbeiten und gerade in Bezug auf mögliche Rechtfertigungsgründe weiter auszuformulieren. Dass dies wirklich erfolgen wird, ist jedoch nicht als sehr wahrscheinlich einzustufen, da die Mitgliedsstaaten zum einen divergierende Ansichten zur Zulässigkeit von Abschüssen von Luftfahrzeugen zur Gefahrenabwehr haben und zum anderen Art. 3bis CA schlichtweg im Kontext des Abschusses zur Gefahrenabwehr ignorieren. Dem entsprechend haben auch bis dato weder die ICAO noch ihre Mitgliedsstaaten eine Anpassung des Art. 3bis CA verlangt. Einmal mehr zeigt sich hier, dass das Völkerrecht – wenn auch noch so erfolgreich im Bereich des Luftsicherheitsrechts – ein Tiger ohne Zähne sein kann und eindeutige Rechtsnormen von der Staatengemeinschaft ignoriert bzw. bei Bedarf so zurecht gebogen werden, wie es dieser gerade passt. Glücklicherweise stellt sich bei Abschüssen zur Gefahrenabwehr aber ohnehin die Frage, ob diese überhaupt praktische Relevanz haben. Bestätigte Abschüsse zur Gefahrenabwehr sind weltweit kaum auffindbar und damit im Zusammenhang stehende Flugzeugentführungen kaum mehr eine reale Bedrohung für die Luftfahrt – es liegt die Vermutung nahe, dass die

780 Die Bejahung des Eingreifens des Tatbestand des Art. 51 UN-Charta wäre darüber hinaus – wie in dieser Arbeit ausgeführt – wohl auch aufgrund der oftmals kaum zu konstruierenden staatlichen Zurechenbarkeit der Angriffshandlung und aufgrund des Fehlens der Voraussetzungen zur präventiven Anwendung des Selbstverteidigungsrechtes nach der Caroline-Formel abzulehnen.

Diskussion um den möglichen Abschuss von Zivilluftfahrzeugen zur Gefahrenabwehr hitziger geführt wurde, als dies infolge fehlender praktischer Relevanz tatsächlich nötig gewesen wäre. Ein Abschuss zur Gefahrenabwehr wird wohl, trotz Ignorierens des Art. 3bis CA und trotz weltweiter Schaffung von Art. 3bis CA widersprechender Normen im nationalen Recht verschiedener Staaten, die absolute Ausnahme bleiben.

Da die Luftfahrtbranche stetig steigende Passagierzahlen vorweist und bis zum Jahr 2050 mit einem Ansteigen der Passagierzahlen auf 16 Milliarden Passagiere pro Jahr gerechnet wird, ist zu erwarten, dass sich das Luftsicherheitssystem, das wir heute kennen, und die Bedrohungslandschaft noch einmal erheblich verändern werden. Hier bleibt zu hoffen, dass die gewohnte Zusammenarbeit der Staaten und die Arbeit der ICAO weiterhin so erfolgreich bleiben und das gewohnte Sicherheitsniveau im Bereich der Luftsicherheit aufrechterhalten werden kann. Wünschenswert wäre es, wenn sich die ICAO in der Zukunft noch etwas flexibler in der Reaktion auf neue Bedrohungsszenarien zeigen würde und auch schon dann stärker tätig wird, wenn sich eine Bedrohung noch nicht realisiert hat. Wie sich die Zukunft der Luftfahrt und Luftsicherheit entwickeln wird, bleibt abzuwarten.

Anlage - Interview ICAO vom 7. November 2017

Interview vom 7. November 2017 mit Sylvain LeFoyer (Deputy Director, Aviation Security and Facilitation ICAO) und Steven Berti (Chief, Aviation Security Policy Section ICAO) über die ICAO und Sicherheit im Bereich der Zivilluftfahrt

Interview Einführung

Die ICAO hat als wesentlicher Akteur bereits zu den Anfängen der Zivilluftfahrt das Luftsicherheitsrecht geprägt und maßgeblich die Kodifizierung der heutigen austarierten gesetzlichen Vorgaben zur Sicherheit der Zivilluftfahrt hervorgebracht. Auch heute hat die ICAO eine große Einflussnahme und bringt staatliche Akteure, Airlines, Flughäfen und Industrie zusammen, um die Sicherheit des Luftverkehrs stetig weiter zu entwickeln. Es ist daher äußerst spannend, eine Einschätzung der ICAO zu den Bedrohungen der Zivilluftfahrt und der Zukunft der Sicherheit selbiger zu erhalten, auch um die Herangehensweise der ICAO an Gefahren und Herausforderungen besser verstehen zu können.

Am 7. November 2017 durfte ich, um eine Einschätzung der ICAO erhalten zu können, mit Sylvain LeFoyer (Stellvertretender Direktor im Bereich Sicherheit und Leichtigkeit der Luftfahrt bei der ICAO)[781] und Steven Bertie (Leiter des Bereichs Sicherheitspolitik der ICAO)[782], die leitende Mitarbeiter im Bereich der Sicherheitspolitik der ICAO sind, ein Gespräch führen und deren Einschätzung zur Luftsicherheit und der Rolle der ICAO erhalten. Das Interview ist wörtlich im Folgenden dokumentiert und der Abdruck in dem folgenden Originalwortlaut in dieser Arbeit wurde freundlich von der ICAO genehmigt und frei gegeben.

November 7th 2017 – Interview with Sylvain LeFoyer, Deputy Director, Aviation Security and Facilitation ICAO, and Steven Berti, Chief, Aviation Security Policy Section ICAO, on ICAO and security in civil aviation

781 Sylvain LeFoyer, offzieller Titel bei der ICAO: Deputy Director, Aviation Security and Facilitation ICAO.

782 Steven Bertie, offzieller Titel bei der ICAO: Chief, Aviation Security Policy.

Heil: **Since founding the ICAO in 1947 the security threats for civil aviation changed significantly over the years – for instance waves of hijacking till the late 1960s or aircraft bombings till the 1990s: From your point of view - What are the current security threats civil aviation got to deal with? How would you describe the risk environment civil aviation is facing?**

LeFoyer: In fact there are two things to mention to answer your question: First the attacks that we've been seeing around the world taking place on the outside area of the airport. Like the recent attacks in Brussels and Istanbul.

As hijacking for example is not too much up to date anymore. Also former aircraft bombings are more complicated due to the security measures in place.

Nowadays terrorist are trying to attack where they can do so without much sophistication or preparation, that's why they are attacking the less protected side of the airport, which is the outside.

We are also facing some threats related to IEDs (improvised electronic/explosvie devices). You may have noticed during the last month that some countries have taken restrictive measures to prevent people from getting on board with electronic devices. The US has taken those measures, just like UK and China. There is the fear of an attack with explosives hidden in electronic devices or on the passengers.

Heil: **People are currently prevented from bringing electronic devices on board because of the fear of IEDs – Can cyberattacks be aligned in relation with this threat?**

LeFoyer: No, only because of potential explosives hidden in electronic devices.

Heil: **So it has nothing to do with preventing people from bringing in their laptop to not hack the flight system?**

LeFoyer: No. Not yet.

Berti: Well, what you have to see in general is, that there is always a displacement of threats.

When we see one threat, we address it by putting in trace counter measures to address the threat. So we addressed for example the 9/11 attacks by introducing reinforced cockpit doors to prevent people from going into the cockpit and hijacking. So hijacking is very rare these days. Instead terrorists are looking for easier attacks, softer targets. That shows we have been successful in this point. They realize that aviation is well protected, so they go for easier 'softer' targets. For example with IEDs, terrorists know we have certain counter measures to detect bombs, so they find different ways to disguise those explosives, so they become more difficult to detect. To this we have to react again: So it's kind of a cat and mouse game between terrorist primary and us trying to protect of them.

Heil: **I wasn't aware that airport shootings or airport attacks and IEDs are defining the current risk situation significantly. I was considering that for example cyber-attacks and drones would be the main current security threats ICAO is focusing on. Can I conclude that cyberattacks are no acute threat at the moment?**

LeFoyer: Actually cyber security is a topic we are considering seriously as a threat. There is a dedicated working group at ICAO consisting of experts from states analyzing the threats coming from cyber-attacks. And airlines and airports also already address cyber-security. At the moment cyber-attacks are not considered as a very high risk, but we are still monitoring this threat.

Heil: **Better technologies and stronger communication network like the NextGen which is implemented in the US at the moment or other networks between States, Airlines and ICAO are for sure an achievement and play a profound role in our current security situation – but isn't this connected communication network on the same time a potenzial threat and gate for hackers to get in?**

LeFoyer: I wouldn't call that a threat, I would call it a vulnerability. The fact that more and more systems are connected, makes it more easy for cyber-attacking. That is something we are considering seriously, for now consequences we can see from failures of systems or attacks are massive disruption in airport or airlines operation. For now we don't see that the safety or security of passengers is at risk from this kind of failures or attacks. But the more systems you connect you for sure create more room for cyber-attacks.

Heil: **And do you see a high risk for aviation security coming from unmanned aerial vehicles, so drones?**

LeFoyer: Today drones are more a safety than a security concern. The fact that a lot of people have small drones flying everywhere without knowing the rules and respecting the rules is a high safety risk. And we know that terrorist groups are considering this way to attack aircrafts and airports or other places. But today they have not reached the point of sophistication or uttering to do so. But drones could be a serious threat in the future.

In general, when it comes to cyber-attacks and drones we don't say it is not a threat, we just say it is not the threat which is giving us the highest concerns at the moment. But we do monitor both closely.

ICAO have a panel of experts which is dedicated on the safety of air navigation aspects of drones for example, the related security aspects are also considered in this Panel.

Heil: **Thank you! So threats with the highest concerns right now are airport attacks and IEDs – isn't this both a thing you could easily control with stricter screenings or more screening or security check points?**

LeFoyer: That is one thing we do. We always recommend new techniques for screening to better detect explosives. But when it comes to setting up new security check points to prevent airport attacks, there is the problem that with every new security check point you create a queue of people getting through the checkpoint. This queue is a new target for terrorist attacks. So screening is not the solution for everything. One very important thing is intelligence. Aviation security is a chain starting with the work of intelligence services to detect what is going on outside of the airports and prevent attacks from happening. When it comes to airports there are different layers of security, one of these layers is the checkpoint.

Heil: **Different security checkpoints and zones working quite efficiently at Tel Aviv airport. Is the idea behind Tel Aviv Ben Gurion airport, who is consisting of different security zones and screening points one thing you would recommend other countries to set up too?**

LeFoyer: Ben Gurion is very special and a concept you can't easily apply to airports you find in other countries. Like airports in Germany and France consist of several terminals, parking spaces etc. and they provide loads of spaces for attacks. The structure behind the construction side of most airports is not comparable to Tel Aviv airport and this system wouldn't work everywhere.

Heil: **In 2015 and 2016 there have been two cases of airport workers, who used civil airplanes to smuggle large number of guns, so for criminal cases – Are threats coming from airport- or airlines staff and a part of the current risk environment too?**

LeFoyer: Yes. We call those threats coming from staff "insider threats" and we are considering them as threats on a very high level, because airport or aircraft staff is for example subject to bribery, to threats or to radicalization. There are guidance for airport security helping airlines and airports to check if staff working for them is reliable. In 2015 the incident of the Germanwings crashing into the French Alps was one case we know for sure was caused by the pilot. In other cases we don't know for sure, but we suspect that the pilots have been involved in incidents. And we know that at several airports employees are smuggling drugs, gold or weapons into airport security restricted area. Which leads to the concern of when staff is able to smuggle drugs or weapons, it's also possible that they put explosives on aircrafts. That is why we as ICAO are recommending that every person working on an airport or for airlines has to go through a security screening before entering the security restricted area of an airport. Security screenings for staff is already an ICAO standard and part of Annex 17, but it is sometimes questionable how member states apply that standard.

Heil: **How is ICAO and AVSEC dealing with new risk- or threat potentials?**

LeFoyer: ICAO consists of member states and the secretary of ICAO mainly supports the work of the states in elaborating standards and recommended practices. So for this we have working groups in aviation security. One of those working group is the working group on threat and risks and is considering all security risks. If they find emerging risks or see remaining threats, the working group updates the global picture of threat and risks, called global risk context statement. This global picture of the current risk situation is handed to the member states. Each member state is in charge then to make its own risk assessment to analyze if their security measures are sufficient or if they have to develop new security measures. The working groups also provide member states guidelines on how to deal with threats.

Heil: **And when it comes to existing standards of ICAO – how do you make sure member states fulfill the ICAO security standards?**

LeFoyer: To check the security level and security measures at the airport we do audits. We check if member states have put in place the appropriate regulatory system, the oversight system, the training system etc. So we audit the state. If we find a state doesn't comply with our standards we do a risk report and notify the findings. The state has to do a corrective action plan to correct and adapted the appropriate security framework then.

Berti: It's also worth pointing out that ICAO sets the baseline for security measures. We have a standard that all the 192 member states have to fulfill, but this does not mean that states don't go beyond that. Many states do go way beyond the minimum standards and adapt stricter, tougher measures. Our job is to make sure that all states comply the minimum standard. If there are new emerging risks we have to react to, the ICAO implements recommendations into Annex 17 Chicago Convention and we set new security standards with that. Annex 17 provides those minimum standards we've been talking about.

Heil: **How close is ICAO working with stakeholders from industry?**

LeFoyer: We do work very close with industry, like for example with the international airport organization (ACI : Airport Council International) and the organization for the airlines (IATA : International Air Transport Association). We include experts from industry into the panels and working groups to make sure to get the proper input from this side. We also have contact with equipment manufacturers, but they are not part of working groups.

Heil: **How important are airlines and airports in the process of applying a more efficient security system?**

LeFoyer: Airports and Airlines are in closer contact with passengers and staff than we are. So for us it is important to be in touch with airports and airlines and get feedback of them. As our goal is to set up recommended practices and standards which are applicable. So the experience of airports and airlines are very valuable in this respect.

Heil: **Since 9/11 16 years have passed now, after this horrible attack there have been over 10 extreme quiet years with kind of no or no bigger attacks of civil aviation. In the last 4 years there has been an increase of unlawful acts against civil aviation, like the airport shootings in Brussels and Istanbul you mentioned – Is the number of attacks increasing and are we going to face more attacks over the next years?**

LeFoyer: In the years after 9/11 there were some significant attempts, so maybe "calm years" might not be the right word. Like there was a liquid plot which lead to the ban of liquids in the cabin, there was the Yemen-printer plot, that lead to massive disruption in the air cargo industry, there was the underwear bomber and the shoe bomber. So there were different serious attempts in the decade after 9/11, but luckily they didn't lead to casualties nor massive damages. That interest for terrorists against civil aviation lead to higher security measures, reinforced screenings, new security regulations.

What we see now and in the last couple of years is a rising of instability of some regions in the world what leads to a rising amount of terror attacks all over the world. So there has been an general increase of terrorism due to the instable security level worldwide. We see street shootings, bombings et cetera but not particularly focused on aviation. But nonetheless aviation is still a valuable target for terrorism.

Berti: Aviation as a target is protected on a very high level and more protected than any other potenzial target. This is also why terrorism has moved its attacks to places less protected. Airport shootings are one attempt to come at least as close to aviation as possible. You can see that terroristic organizations like Al Qaida changed their focus on more frequently attacks on soft targets..

Heil: **One part of my doctoral thesis is focused on aviation shootings by armed forces, for example to defend terrorist attacks like 9/11. Art. 3 bis Chicago Convention was implemented in the 1990s and is stating that shooting an aviation is strictly prohibited. Is there still a discussion going on in ICAO on this topic?**

LeFoyer: Each state has the right and the duty to protect themselves when they are attacked and every country got its' own rules on how defend themselves. A hijacked aircraft falls under this right to self-defense from my point of view. One thing we see as a threat is aircrafts who might be shot accidentally by states when they are confused as military aircrafts or terrorism attacks in conflict zones. The plane MH 17 which was shot over Ukraine might have been confused with a military aircraft accidentally. That is a threat we are facing. There are recommendations by ICAO for airlines on avoiding conflict zones.

Heil: **Do you know of any discussion going on to maybe change Art. 3 bis Chicago Convention –for instance I have the opinion that Art. 3 bis Chicago Convention does only allow self-defense and aircraft shootings when the vessel and attack is linked to a state?**

LeFoyer: As far as we know there haven't been any discussion in ICAO over the last years about Art. 3 bis Chicago Convention or that it should be change anyhow. We are not the legal department, but we are not aware that any states had claimed an urge to change Art. 3 bis Chicago Convention over the last years. Member states seem to be quite fine with it.

Heil: **Let's have a sneak preview into the future: From you opinion: How..ow will security in civil aviation be different in 30 years from now?**

LeFoyer: I don't have my crystal ball with me, but according to the trend the number of passengers using civil aviation will double in the next 20 years. We will have to cope with it. We won't be able to stick to the same security practices we use now when the number of passengers will increase so significantly. This will change a lot. But when it comes to the risk environment, I think we will still face the same threats: Like terrorism will still be an issue in 30 years for my opinion. Terrorist might become more sophisticated and so we have to become even more sophisticated – so the cat and mouse game Steven mentioned will keep going on. Cyber-attacks might be a more common threat we're going to face in the future too, I think. But I'm not sure if drones will also be an issue in 30 years. As many states for example are starting to regulate and better control the market of drones plus starting registrations processes, the risk we associate with drones right now might be a very small concern in 30 years.

Heil: **Thank you so much for your time and detailed answers.**

Literaturverzeichnis

Abeyratne, Ruwantissa, Aviation Security - Legal and Regulatory Aspects, 1998 (zit.: *Abeyratne*, Aviation Security, S.)

Abeyratne, Ruwantissa, Aviation Security Law, 2010 (zit.: *Abeyratne*, Aviation Security Law, S.)

Abeyratne, Ruwantissa, Unruly Passengers – Legal, Regulatory and Jurisdictional Issues, in: Air and Space Law 1999, No. 2, S. 46 ff. (zit.: *Abeyratne*, Unruly Passenger, Air and Space Law 1999, S.)

Albrecht, Heiko, Geschichte der völkerrechtlichen Strafgerichtsbarkeit im 20. Jahrhundert, 1999 (zit.: Albrecht, Geschichte der völkerrechtlichen Strafgerichtsbarkeit im 20. Jahrhundert, S.)

Allianz Global Corporate & Speciality, Global Aviation Safety Study – A Review of 60 Years of Improvement in Aviation Safety, 2014 – abrufbar unter: https://www.allianz.com/v_1417617209000/media/press/document/other/AGCS-Global-Aviation-Safety-Study-2014.pdf, zuletzt abgerufen 20.12.2020 (zit. AGCS – Global Aviation Safety Study, S.)

Arendt, Hanne, Eichmann in Jerusalem: Ein Bericht von der Banalität des Bösen, 1995 (zit.: *Arendt*, Eichmann in Jerusalem: Ein Bericht von der Banalität des Bösen, S.)

Augustinus, Aurelius, Vom Gottesstaat (De civitate Dei): Vollständige Ausgabe in einem Band, 2007 (zit.: *Augustinus,* De civitate Dei, Buch XIX, §)

Augustinus, Aurelius,„Was ist Zeit?“ (Confessiones XI / Bekenntnisse 11) Übersetzt und mit Anmerkungen versehen von Fischer, Norbert, 2000 (zit.: *Aurelius Augustinus*, „Was ist Zeit?“, Confessiones XI)

Avruch, Steven N., The 1983 Korean Air Lines Incident: Highlightening the Law of International Air Carrier Liability, in Boston College International and Comparative Law Review 8, 1985, S. 75 ff. (zit.: *Avruch*, Boston College International and Comparative Law Review 8, 1985, S.)

Behringer, Wolfgang/Ott- Koptschalijski, Constance, Der Traum vom Fliegen - Zwischen Mythos und Technik, 1991 (zit: *Behringer/Ott-Koptschalijski*, Der Traum vom Fliegen, S.)

Bentzien, Joachim, Der Überflug als Rechtsproblem, in: Zeitschrift für Luft- und Weltraumrecht 2008, S. 508 ff. (zit.: *Bentzien*, ZLW 2008, 508)

Bentzien, Joachim, Der unerlaubte Einflug von Luftfahrzeugen in fremdes Staatsgebiet in Friedenszeiten und seine Rechtsfolgen, 1982 (zit.: *Bentzien*, Der unerlaubte Einflug in fremdes Staatsgebiet, S.)

Beveridge, Fiona/Lowe, Andre V./Warbrick, Collin, The Lockerbie Affair *in:* International & Comparative Law Quarterly, 1992, Volume 41, S. 907 ff. (zit.: *Beveridge/ Loewe/ Warbrick*, The Lockerbie Affair, ICLQ, 1992, S.)

Black, Robert, The Lockerbie Desaster, in: Archiv des Völkerrechts, 1999, S. 214 ff. (zit.: *Black*, AVR 1999, S.)

Bothe, Michael, in: *Graf Vitzthum, Wolfgang/ Proelß, Alexander (Hrsg.)*, Völkerrecht, 2016 (zit.: *Bothe*, in Vitzthum/ Proelß, Völkerrecht, Abschnitt Rn.)

Breuer, Marten, Das Rechtsfolgenregime des diplomatischen Schutzes unter dem Einfluss der Menschenrechte, in: AVR 55, 2017, S. 324 ff. (zit.: *Breuer*, AVR 55, 2017, S.)

Brownlie, Ian, International Law and the Use of Force by States, 1963 (zit.: *Brownlie*, International Law and the Use of Force by States, S.)

Bruha, Thomas, Neuer Internationaler Terrorismus: Völkerrecht im Wandel?, in: Koch, Terrorismus – Rechtsfragen der äußeren und inneren Sicherheit, 2002, S. 51 ff. (*zit.: Bruha*, Neuer Internationaler Terrorismus: Völkerrecht im Wandel?, S.)

Buchheit, Eva, Der Briand-Kellogg-Pakt von 1928: Machtpolitik oder Friedensstreben?,1998 (zit.: *Buchheit*, Der Der Briand-Kellogg-Pakt von 1928, S.)

Buergenthal, Thomas, Law-Making in the International Civil Aviation Organization, 1969 (zit.: *Buergenthal*, Law-Making in the ICAO, S.)

Bureau d'Enquêtes et d'Analyses pour la sécurité de l'aviation civile, Abschlussbericht Unfall am 24. März 2015 in Prads-Haute-Bléone, abrufbar unter: https://www.bea.aero/uploads/tx_elyextendttnews/BEA2015-0125.de-LR_04.pdf., zuletzt abgerufen:20.12.2020 (zit. Abschlussbericht Unfall am 24. März 2015 S.)

Caplan, Harold, The Crime of Flying. The Way forward to 1784, in: Air & Space Law 2009, S. 351 ff. (zit:. *Caplan*, Air & Space Law 2009, S.)

Chadwick, Mark, Piracy and the Origins of Universal Jurisdiction, 2019 (zit.: *Chadwick*, Piracy and the Origins of Universal Jurisdiction, S.)

Chehtman, Alejandro, The Philosophical Foundations of Extraterritorial Punishment, 2010 (zit.: *Chehtman*, The Philosopical Foundations of Extraterritorial Punishment, Kapitel)

Cheng, Bin, Das Haager Übereinkommen über die Entführungen von Luftfahrzeugen von 1970, in Zeitschrift für Luft- und Weltraumrecht, 1973 S. 223 ff. (zit.: *Cheng*, ZLW 1973, 223)

Cheng, Bin, The Destruction of KAL Flight KE 007 and Article 3 bis of the Chicago Convention, in: J. W. E Storms van's Gravesande/ A. van der Veen Vonk (eds.), Air Worthy – Liber Amicorum, honouring Prof. Dr. Isabella H. Ph. Diederiks-Verschoor, 1985, S. 49 ff. (zit.: *Cheng*, Destruction of KAL, S.)

Cheng, Bin, The Law of International Air Transport, 1962 (zit. *Cheng*, Air Transport, S.)

Choi, Jin-Tai, Aviation Terrorism – Historical Survey, Perspectives and Responses, 1994 (zit.: *Choi*, Aviation Terrorism, S.)

Cicero, Marcus Tullius /Gunermann, Heinz (Übersetzer/ Kommentator), De officiis / Vom pflichtgemäßen Handeln: Lateinisch/Deutsch, 1986 (zit.: Cicero, De officiis)

Cicero, Marcus Tullius/von Albrecht, Michael (Hrsg./ Übersetzer), De re publica / Vom Staat: Lateinisch/Deutsch, 2013 (zit.: *Cicero*, De republica)

Committee Study of the Central Intelligence Agency's Detention and Interrogation Program, United States Senate, 2014 (zit.: Committee Study of the Central Intelligence Agency's Detention and Interrogation Program S.)

Cooper, John Cobb, Zwanzig Jahre Abkommen von Chicago, in: ZLW 1965, S. 272 ff. *(zit.: Cooper*, Zwanzig Jahre Abkommen von Chicago, ZLW 1965, S.)

Dahm, Georg / Delbrück, Jost / Wolfrum, Rüdiger, Die Formen des völkerrechtlichen Handels; Die inhaltliche Ordnung der internationalen Gemeinschaft, 2002,*(zit.: Dahm/Delbrück/Wolfrum*, Völkerrecht, S.)

Dahm, Georg / Delbrück, Jost / Wolfrum, Rüdiger, Völkerrecht, Band I/3, 2002 (zit.: *Dahm/ Delbrück/ Wolfrum*, Völkerrecht, Bd. I/3, 2. S.)

Delpech, Thérèse, International terrorism and Europe, Chaillot Papers No. 56, Institute for Security Studies/EU, 2002 (zit.: *Delpech*, Chaillot Papers No. 56 (2002), S.)

Dempsey, Paul Stephan, Aviation Security: The Role of Law in the War against Terrorism, in Columbia Journal of Transnational Law, 2003, S. 649 ff. (zit.: *Dempsey*, Columbia Journal of Transnational Law 2003, 649)

Dempsey, Paul Stephan, Law and Foreign Policy in International Aviation, 1987 (zit.: *Dempsey*, Law and Foreign Policy in International Aviation, S.)

Derpa, Rolf Martin, Das Gewaltverbot der Satzung der Vereinten Nationen und die Anwendung nicht militärischer Gewalt, 1970 (zit.: *Derpa*, Das Gewaltverbot der Satzung der Vereinten Nationen und die Anwendung nicht militärischer Gewalt, S.)

Dicke, Detlev Christian, Die Intervention mit wirtschaftlichen Mitteln im Völkerrecht, 1978 (zit.: *Dicke*, Die Intervention mit wirtschaftlichen Mitteln im Völkerrecht, S.)

Dinstein, Yoram, War, Aggression and Self-Defence, 2001 (zit. *Dinstein*, S.)

Dörr, Oliver, in: *Randelzhofer, Albrecht* (Hrsg.), Völkerrechtliche Verträge, 1999 (zit.: *Dörr/ Randelzhofer*, Rn.)

Dörr, Oliver, Use of Force, Prohibition of, in: Max Planck Encyclopedia of Public International Law, 2017 (zit.: *Dörr,* Rn.)

Dörr, Oliver, in: *Ipsen, Knut/Epping, Volker (Hrsg.)/Heintschel von Heinegg, Wolff (Hrsg.),* Völkerrecht, 2018 (zit.: *Dörr*, in: *Ipsen,* Völkerrecht, S. *)*

Dow, Sanford, Airport Security, Terrorism and the Fourth Amendment: A Look Back and a Step Forward, in: Journal of Air Law and Commerce, 1993, S. 1149 ff. (zit.: *Dow*, Airport Security, Journal of Air Law and Commerce, 1993, S.)

Erickson, Richard J., Legitimate Use of Military Force Against State Sponsored International Terrorism, 1989 (zit.: *Erickson*, Legitimate Use of Military Force Against State Sponsored International Terrorism, S.)

Epping, Volker, in: *Ipsen, Knut/Epping, Volker (Hrsg.)/Heintschel von Heinegg, Wolff (Hrsg.),* Völkerrech*t*, 2018 (zit.: *Epping*, in: *Ipsen,* Völkerrecht, S. *)*

Erler, Jochen, Rechtsfragen der ICAO - die Internationale Zivilluftfahrtorganisation und ihre Mitgliedsstaaten, 1967 (zit.: *Erler*, Rechtsfragen der ICAO, S.)

Faller, Edmund W., Aviation Security: The Role of ICAO in Safeguarding International Civil Aviation Against Acts of Unlawful Inference, in: Annals of Air and Space Law 1992, S. 369 ff. (zit.: *Faller*, Aviation Security: the Role of ICAO, Annals of Air and Space Law 1992, S.)

Faller, Edmund W., Gewaltsame Flugzeugentführungen aus völkerrechtlicher Sicht, 1972 (zit.: *Faller*, Gewaltsame Flugzeugentführungen aus völkerrechtlicher Sicht, S.)

Federal Aviation Administration – Department of Transportation, Docket No. NM364 Special Conditions No. 25-356-S, Boeing Model 787-8 Airplane, 2008, abrufbar unter: http://cryptome.info/faa010208.html, zuletzt abgerufen: 20.12.2020 (zit: Bericht FAA zur Boeing 787-8, S.)

Federal Aviation Administration, Joint Aircraft System/Component Code Table and Definitions, 2002, abrufbar unter: http://www.air.flyingway.com/books/jasc-codes.pdf , zuletzt abgerufen: 20.12.2020 (zit: Joint Aircraft System Code Table)

Fenello, Marco, Technical Prevention of Air Piracy, 1971 (zit.: *Fenello*, Technical Prevention, S.)

Finke, Jasper/Wandscher, Christiane, Terrorismusbekämpfung jenseits militärischer Gewalt, 2001 (zit.: *Finke/Wandscher,* Terrorismusbekämpfung jenseits militärischer Gewalt, S.)

Finke, Julian-André, Hüter des Luftraumes? Die Luftstreitkräfte der DDR im Diensthabenden System des Warschauer Paktes, 2010 (zit: *Finke*, Hüter des Luftraumes? S.)

Fitzgerald, Gerald F., The International Civil Aviation Organisation – A Case Study in Implementation of Decisions of the Functional International Organisation, in: Schwebel, Stephan M. (Hrsg.), The Effectiveness of International Decisions, 1971, S. 156ff. (zit: *Fitzgerald*, Civil Aviation, S.)

Flight Safety Foundation, Aviation Safety Network Accident Description: Egypt Air Flight, 1999 (zit.: Flight Safety Foundation EgyptAir, S.)

Flight Safety Foundation, Aviation Safety Network Accident Description: SilkAir Flight, 1997 (zit.: Flight Safety Foundation SilkAir, S.)

Föh, Jörg, Die Bekämpfung des internationalen Terrorismus nach dem 11. September 2001 – Auswirkung auf das Völkerrecht und die Organisation der Vereinten Nationen, 2011 (zit.: *Föh*, Die Bekämpfung des internationalen Terrorismus nach dem 11. September 2001, S.)

Foont, Brian E., Shooting Down Civilian Aircraft: Is there an International Law?, in: Journal of Airlaw and Commerce, Vol 72, Is.4, 2007 (zit.: *Foont*, Shooting Down Civilian Aircraft: Is there an International Law?, S.)

Freund, Georg/Rostalski, Frauke, Strafrecht Allgemeiner Teil, Personale Straftatlehre, 2019 (zit.: *Freund/ Rostalski*, Strafrecht AT, S.)

Fritzsche, Steffen, Das europäische Luftverkehrsrecht und die Liberalisierung des transatlantischen Luftverkehrsmarktes, 2008, (zit.: *Fritzsche*, Das europäische Luftverkehrsrecht und die Liberalisierung des transatlantischen Luftverkehrsmarktes, S.)

Froehlich, Anette, Luftsicherheitsgesetz in Europa, ZLW 2007, S. 340 ff. (zit.: *Froehlich*, ZLW 2007, S.)

Frowein, Jochen, Der Terrorismus als Herausforderung für das Völkerrecht, in: Zeitschrift für ausländisches öffentliches Recht und Völkerrecht, 2002, S. 879 ff. (zit.: *Frowein*, ZaöRV 2002, 879)

Gazzini, Tarcisio, The Changing Rules on the Use of Force in International Law, 2005, (zit.: *Gazzini*, The Changing Rules on the Use of Force in International Law, S.)

Gelinsky, Katja, Der Schutz des Eigentums gem. Art. 1 des Ersten Zusatzprotokolls zur Europäischen Menschenrechtskonvention, 1996 (zit.: *Gelinsky*, Der Schutz des Eigentums gem. Art. 1 des Ersten Zusatzprotokolls zur Europäischen Menschenrechtskonvention, S.)

Giemulla, Elmar, Drohnen - Segen oder Fluch? in: Reuss-Jahrbuch 2016, S. 356. ff. (zit.: *Giemulla*, Drohnen – Segen oder Fluch? S.)

Giemulla, Elmar / Friedl, Achim / van Schyndel, Heiko, Gewerblicher und privater Einsatz von Drohnen, 2018, S. 1 ff. (zit. *Giemulla/Friedl/van Schyndel*, Gewerblicher und privater Einsatz von Drohnen, S.)

Giemulla, Elmar, in: *Giemulla, Elmar/ van Schyndel, Heiko,* Lufsicherheitsgesetz Kommentar, 2008 (zit. *Giemulla,* LuftSiG, Abschnitt Rn.)

Goodrich, Leland M./Hambro, Edvard/Simons, Anne Patrcia, The Law of the United Nations, 1969 (zit.: *Goodrich/ Hambro/ Simons,* S.)

Gornig, Gilbert, Der völkerrechtliche Status Deutschlands zwischen 1945 und 1990, 2007 (zit.: *Gornig,* Der völkerrechtliche Status Deutschlands zwischen 1945 und 1990, S.)

Gornig, Gilbert, Kampf gegen Piraten. Völkerrechtliche, öffentlich-rechtliche und strafrechtliche Aspekte, in: *Bannenberg, Britta/Brettel, Hauke/Freund, Georg/Meier, Bernd-Dieter/Remschmidt, Helmut/Safferling, Christoph (Hrsg.),* Über allem: Menschlichkeit, Festschrift für Dieter Rössner, 2015 (zit.: *Gornig,* Kampf gegen Piraten, S.)

Gowlland Debbas, Vera, The Relationship between the International Court of Justice and the Security Council in the Light of the Lockerbie Case, in: American Journal of International Law, 1994, S. 643 ff. (zit.: *Gowlland Debbas,* The Relationship between the International Court of Justice and the Security Council in the Light of the Lockerbie Case, AJIL 1994, S.)

Gresh, Lois H. / Weinberg, Robert E., Die Wissenschaft bei James Bond, 2009 (zit.: *Gresh/Weinberg,* Die Wissenschaft bei James Bond, S.)

Grothe, Hermann, Leonardo Da Vinci als Ingenieur und Philosoph, 2009 (zit.: *Grothe,* Leonardo Da Vinci, S.)

Grotius, Hugo, De Jure Belli ac Pacis, Book II, Englische Übersetzung von Francis. W Kelsey, 1925 (zit.: *Grotius,* De Jure Belli, S.)

Grützner, Heinrich / Pötz, Paul-Günther, Internationaler Rechtshilfeverkehr in Strafsachen; die für die Rechtsbeziehungen der Bundesrepublik Deutschland mit dem Ausland in Strafsachen maßgeblichen Bestimmungen, 2000 (zit.: *Grützner/Pötz,* Internationaler Rechtshilfeverkehr in Strafsachen, S.)

Hailbronner, Kay, Der Schutz der Luftgrenzen im Frieden, 1972 *(zit.: Hailbronner,* Der Schutz der Luftgrenzen im Frieden, S.)

Hailbronner, Kay, Luftpiraterie in rechtlicher Sicht, 1972 (zit.: *Hailbronner,* Luftpiraterie, S.)

Hailbronner, Kay, Verletzungen fremder Lufthoheit durch Verkehrsluftfahrzeuge und staatliche Gegenmaßnahmen, in: ZLW 1973, S. 155 ff. *(zit.: Hailbronner,* ZLW 1973, S.)

Halle, Edward, The Role of International Law in The Fight Against Aerial Terrorism. Penal Aspects of Aviation Law (Aviation Security) Efficency and Limitations of Air Law Conventions in Fighting Terrorism, 2012 (zit.: *Halle,* The Role of International Law in The Fight Against Areial Terrorism, S.)

Hechtl, Manfred, Die offensive Defensive: Das Recht der präventiven Selbstverteidigung?, 2010 (zit.: *Hechtl,* Die offensive Defensive, S.)

Hegel, Georg Wilhelm Friedrich, Die Philosophie des Rechts. Vorlesung von 1821/22, 2005 (zit.: *Hegel,* Die Philosophie des Rechts)

Heintschel von Heinegg, Wolff, in: *Ipsen, Knut/Epping, Volker (Hrsg.)/Heintschel von Heinegg, Wolff (Hrsg.),* Völkerrecht, 2018 (zit.: *Heintschel von Heinegg,* in: *Ipsen,* Völkerrecht, S. *)*

Herzog, Thomas, Terrorismus: Versuch einer Definition und Analyse internationaler Übereinkommen zu seiner Bekämpfung, 1991 (zit.: *Herzog,* Terrorismus, S.)

Hirsch, Burkhard, in: *Giemulla, Elmar (Hrsg.)/ Rothe, Bastian (Hrsg.),* Handbuch der Luftsicherheit, 2011 (zit.: *Hirsch,* in Giemulla/Rothe, Handbuch der Luftsicherheit, S.)

Hilpold, Peter, Gewaltverbot und Selbstverteidigung – Zwei Eckpfeiler des Völkerrechts auf dem Prüfstand, in: Juristische Arbeitsblätter 2006, S. 234 f. (zit.: *Hilpold,* JA 2006, S.)

Hobe, Stephan, Einführung in das Völkerrecht, 10. Auflage 2014 (zit.: *Hobe,* Einführung in das Völkerrecht, S.)

Hobe, Stephan, in: Schöbner, Burkhard (Hrsg.), Völkerrecht – Lexikon zentraler Begriffe und Themen, 2014 (zit.: *Hobe,* in: Schöbner – Völkerrecht, S.)

Hobe, Stephan, in: *Ipsen, Knut/Epping, Volker (Hrsg.)/Heintschel von Heinegg, Wolff (Hrsg.),* Völkerrecht, 2018 (zit.: *Hobe,* in: *Ipsen,* Völkerrecht, S. *)*

Horn, Lutz, Die Anwendung militärischer Gewalt auf zivile Passagierflugzeuge im Friedensvölkerrecht und ihre Rechtsfolgen, 1992 (zit.: *Horn,* Die Anwendung militärischer Gewalt auf zivile Passagierflugzeuge, S.)

Hughes, David, Pentagon Study Calls for Terrorism Review, in: Aviation Week and Space Technology, 15. Mai 1995, S. 33 ff. (zit.: *Hughes,* Aviation Week and Space Technology, S.)

IATA, Annual Review 2019, abrufbar unter: https://www.iata.org/contentassets/c81222d96c9a4e0bb4ff6ced0126f0bb/iata-annual-review-2019.pdf, zuletzt abgerufen: 20.12.2020 (zit.: IATA Annual Review, S.)

IATA, Factsheet, abrufbar unter: http://www.iata.org/pressroom/facts_figures/fact_sheets/Documents/fact-sheet-iata.pdf , zuletzt abgerufen: 20.12.2020 (zit.: IATA – Factsheet)

ICAO, Circular 328 Unmanned Aircraft System, 2011, abrufbar unter: https://www.icao.int/Meetings/UAS/Documents/Circular%20328_en.pdf, zuletzt abgerufen: 20.12.202 (zit.: ICAO Circular 328 Unmanned Aircraft System)

International Institute for Counter-Terrorism, The Brussels Attacks –22/03/2016, What do we know? Insights from ICT Experts, 2016, abrufbar unter: https://www.ict.org.il/UserFiles/ICT-Brussels-Attacks-Mar-16.pdf, zuletzt abgerufen: 20.12.2020 (zit.: ICT – The Brussels Attacks, S.)

Ipsen, Knut, in: *Ipsen, Knut/Epping, Volker (Hrsg.)/Heintschel von Heinegg, Wolff (Hrsg.),* Völkerrecht, 2018 (zit.: *Ipsen*, in: *Ipsen,* Völkerrecht, S.)

Jacobson, Peter M., From Piracy on the High Seas to Piracy in the High Skies: A Study of Aircraft Hijacking, in: Cornell International Law Journal, Volume 5, Issue 2, 1972 (zit.: *Jacobson*, From Piracy on the High Seas to Piracy in the High Skies, in: Cornell International Law Journal, Vol. 5, S.)

Jetschke, Anja, Internationale Beziehungen – Eine Einführung, 2017 (zit:. *Jetschke*, Internationale Beziehungen, S.)

Juglart, Michel de, Les Infractions Commises à Bord des Aéronefs dans la Doctrine Internationale, in: Rev. Francaise de Droit Aérien (RFDA), 1960 (zit.: *Juglart*, Les Infractions Commises à Bord des Aéronefs dans la Doctrine Internationale, RFDA, S.)

Jung, Eckhart, Ausgewählte rechtliche Probleme bei der Bekämpfung von Flugzeugentführungen, 1972 *(zit.: Jung*, Ausgewählte rechtliche Probleme bei der Bekämpfung von Flugzeugentführungen, S.)

Jurisch, Konrad Wilhelm, Grundzüge eines Luftrechts, 1897 (zit. Jurisch, Luftrecht, S.)

Kane, Russel, Time to Put Teeth into Tokyo, in: Zeitung für Luft- und Weltraumrecht, 1994, S. 187 ff. (zit.: *Kane*, ZLW 1994, S.)

Kaplan, Fred, Cybersecurity's Debt to a Hollywood Hack - New York Times (New York Edition) vom 21. Februar 2016 S. AR 24, abrufbar unter: https://www.nytimes.com/2016/02/21/movies/wargames-and-cybersecuritys-debt-to-a-hollywood-hack.html, zuletzt abgerufen: 20.12.2020 (zit.: *Kaplan*, Cybersecurity's Debt to a Hollywood Hack)

Karber, Philipp A., Responses to the September 11 Attacks: Re-Constructing Global Aviation in the Era of Civil Aircraft as a Weapon of Destruction, in: Harvard Journal of Law and Public Policy, 2002, S. 781 ff. (zit.: *Karber*, Responses to the September 11 Attacks, Harvard Journal of Law and Public Policy, S.)

Kau, Marcel, in: *Graf Vitzthum, Wolfgang/ Proelß, Alexander (Hrsg.),* Völkerrecht, 2019 (zit.: *Kau*, in Vitzthum/ Proelß, Völkerrecht, Abschnitt Rn.)

Kelleher, Michael D., Profiling the Lethal Employee, Case Studies of Violence in the Workplace, 1997 (zit.: *Kelleher*, Profiling the Lethal Employee, S.)

Kelsen, Hans, The Law of United Nations, 1951 (zit.: *Kelsen*, UN, S.)

Kimminich, Otto, Der internationale Schutz des Einzelnen, in: AVR 15, 1971/ 1972, S. 402 ff. (zit. *Kimminich*, AVR 15, S.)

Kimminich,Otto, Einführung in das Völkerrecht, 1983 *(zit. Kimminich*, Einführung in das Völkerrecht, S.)

Kontorovich, Eugene, The Piracy Analogy: Modern Universal Jurisdiction's Hollow Foundation, in: Harvard Interational Law Journal, Volume 45, 2004, S. 183 ff. (zit.: *Kontorovich*, The Piracy Analogy, Harvard Interational Law Journal,Vol. 45, S.)

Kreß, Claus, Gewaltverbot und Selbstverteidigungsrecht nach der Satzung der Vereinten Nationen bei staatlicher Verwicklung in Gewaltakte Privater, 1995 (zit. *Kreß*, Gewaltverbot und Selbstverteidigungsrecht nach der Satzung der Vereinten Nationen bei staatlicher Verwicklung in Gewaltakte Privater, S.)

Lange Hans-Jürgen/ Wendekamm, Michaela/ Endreß, Christian, Dimension der Sicherheitskultur, 2014 (zit: *Bearbeiter*, in: Lange/ Wendekamm/Endreß, Dimension der Sicherheitskultur, S.)

LeFoyer, Sylvain/ Berti, Steven, Interview ICAO, 7. November 2017 (zit.: *LeFoyer/ Berti*, Interview ICAO vom 07.11.2017)

Lesaffer, Randall, Kellog-Briand Pact (1928), in: Max Planck Encyclopedia of Public International Law, 2011(zit. *Lesaffer*, Kellog-Briand Pact, S.)

Lienhart, Iris, Luftsicherheit im europäischen Kontext: Die Revision der Verordnung (EG) Nr. 2320/2002, in Zeitschrift für Luft- und Weltraumrecht 2009, S. 1 ff. (zit.: Lienhart, ZLW 2009, S.)

Lübben, Natalie, Das Recht auf freie Benutzung des Luftraums, 1993 (zit.: *Lübben*, Das Recht auf freie Benutzung des Luftraums, S.)

Lukasch, Bernd, Otto Lilienthal, Der Vogelflug als Grundlage der Fliegekunst, 2014 (*zit: Lukasch*, Der Vogelflug als Grundlage der Fliegekunst, S.)

Lüneberg, Hans von, Geschichte der Luftfahrt, Band 2, Luftschiffe, 2003 (zit.: *v. Lüneberg*, Geschichte der Luftfahrt, S.)

Lux, Christian/ Peske, Thorsten, Competitive Intelligence und Wirtschaftsspionage: Analyse, Praxis, Strategie, 2002 (zit.: *Lux/Peske*, Competitive Intelligence und Wirtschaftsspionage, S.)

Mackenzie, David, ICAO – A History of the Civil Aviation Organization, 2010 (*zit.*: Mackenzie, ICAO, S.*)*

Mantovani, Mauro, Bellum Iustum. Die Idee des gerechten Krieges in der römischen Kaiserzeit, 1990 (zit. *Mantovani*, Bellum Iustum, S.)

McWinney, Edward, Aerial Piracy and International Terrorism.The Illegal Diversion of Aircraft and International Law, 1987 (zit.: *McWinney*, Aerial Piracy and International Terrorism, S.)

Menk, Michael Thomas, Gewalt für den Frieden. Die Idee der kollektiven Sicherheit und die Pathognomie des Krieges im 20. Jahrhundert, 1993 (zit: *Menk*, Gewalt für den Frieden, S.)

Mensen, Heinrich, Handbuch der Luftfahrt, 2003 (zit.: *Mensen*, Handbuch der Luftfahrt, S.)

Meyer, Alex, Luftpiraterie als Rechtsproblem, in: Zeitschrift für Luft- und Weltraumrecht, 1969, S. 133 ff. (zit.: *Meyer*, ZLW 1969, S.)

Meyer, Alex, Luftpiraterie als Rechtsproblem, in: ZLW 1969, S. 77 ff. (*zit.: Meyer*, Luftpiraterie als Rechtsproblem, ZLW 1969, S. 79)

Meyer, Alex, Luftrecht in fünf Jahrzehnten, 1961 (*zit.: Meyer,* Luftrecht in fünf Jahrzehnten, S.)

Meyer, Alex, Staatshoheit im Luftraum und die Entwicklung im Weltraum, in: ZLW 1965, S. 297 ff. (zit.: *Meyer*, Staatshoheit im Luftraum und die Entwicklung im Weltraum, ZLW 1965, S.)

Meyer, Alexander, Freiheit der Luft als Rechtsproblem, 1944 (*zit.: Meyer,* Freiheit der Luft als Rechtsproblem, S.)

Meyer, Klaus/Gommert, Thorsten, Disruptive Passengers – eine rechtliche Würdigung, in: ZLW 2000, S. 158 ff. *(zit.: Meyer/ Gommert*, ZLW 2000, S.)

Milde, Michael, International Air Law and ICAO, in: Essential Air and Space Law, Volume 4, 2008 (zit.: *Milde*, International Air Law and ICAO, S.)

Mosler, Hermann, Die Erweiterung des Kreises der Völkerrechtssubjekte, in: ZaöRV 22, 1969, S. 1 ff. (zit.: *Mosler*, Die Erweiterung des Kreises der Völkerrechtssubjekte, ZaöRV 22, S. 1)

Mössner, Jörg Manfred, Rechtsquellen, in: *Seidel-Hohenveldern, Ignaz* (Hrsg.), Lexikon des Rechts- Völkerrecht 1985, S. 221 ff. (zit. *Mössner*, Rechtsquellen, S.)

Münkler, Herfried, Politikwissenschaften – Ein Grundkurs, 2003 (zit.: *Münkler*, Politikwissenschaften, S.)

Nash Leich, Merian, Destruction of Korean Airliner: Action by International Organisations, in: American Journal of International Law 1984, S. 244 ff. (zit.: *Nash Leich*, AJIL 78 (1984), S.)

National Commission on Terrorist Attacks Upon the United States - The 9/11 Commission Report, 2004 (zit.: National Commission on Terrorist Attacks Upon the United States - The 9/11 Commission Report, S.)

Novotny, Jamie, The Standard Babylonian Etana Epic State Archives of Assyria Cuneiform Texts, Band 2, 2001 (zit.: *Novotny*, Etana Epic, S.)

Oeter, Stefan, in: *Ipsen, Knut/Epping, Volker (Hrsg.)/Heintschel von Heinegg, Wolff (Hrsg.),* Völkerrecht, 2018 (zit.: *Oeter*, in: *Ipsen*, Völkerrecht, S. *)*

O'Keefe, Roger, Universal Jurisdiction: Clarifying the Basis Concept", in: Journal of International Criminal Justice, 2004, S. 735 ff. (zit.: *O'Keefe*, Universal Jurisdiction, S.)

Philipp, Ottmar M., Internationale Maßnahmen zur Bekämpfung von Handlungen gegen die Sicherheit der Zivilluftfahrt, 1977 (zit.: *Philipp*, Internationale Maßnahmen zur Bekämpfung von Handlungen gegen die Sicherheit der Zivilluftfahrt, S.)

Pintore, Eduardo José, Das präventive Selbstverteidigungsrecht im Lichte allgemeiner Rechtsgrundsätze, 2011 (zit.: *Pintore,* Das präventive Selbstverteidigungsrecht im Lichte allgemeiner Rechtsgrundsätze, S.)

Plate, Tobias, Völkerrechtliche Fragen bei Gefahrenabwehrmaßnahmen gegen Cyber-Angriffe, in: ZRP 44, 2011, S. 200 ff. (zit.: *Plate*, Völkerrechtliche Fragen bei Gefahrenabwehrmaßnahmen gegen Cyber-Angriffe, ZRP 44, S.)

Ploch, Lauren, Congressional Research Service, Nigeria, 2010 (zit.: *Ploch*, Nigeria, S.)

Ploeger, Friedrich Wilhelm, in: *Giemulla, Elmar (Hrsg.)/ Rothe, Bastian (Hrsg.),* Handbuch der Luftsicherheit, 2011 (zit.: *Ploeger*, in Giemulla/Rothe, Handbuch der Luftsicherheit, S.)

Poulantzas, Nicholas M., The Hague Convention for the Suppression of Unlawful Seizure of Aircraft 1970, in: NTIR Bd. 18, 1971, S. 25 ff. (zit.: *Poulantzas*, The Hague Convention, S.)

*Pressemitteilung DFS vom 05.07.2017,*abrufbar unter: https://www.dfs.de/dfs_homepage/de/Presse/Pressemitteilungen/2017/05.07.2017.-%20Deutsche%20Flugsicherung%20und%20Deutsche%20Telekom%20machen%20sich%20f%C3%BCr%20Drohnen-Sicherheit%20stark/, zuletzt abgerufen: 20.12.2020 (zit.: Pressemitteilung DFS vom 05.07.2017)

Price, Jeffrey C. /Forrest, Jeffrey S., Practical Aviation Security – Predicting and Preventing Future Threats, 2016 (zit: *Price/Forrest*, Practical Aviation Security, S.)

Prill, Florian, Präventivhaft zur Terrorismusbekämpfung, 2010 (zit.: *Prill*, Präventivhaft zur Terrorismusbekämpfung, S.)

Proelß, Alexander, in: *Graf Vitzthum, Wolfgang/ Proelß, Alexander (Hrsg.),* Völkerrecht, 2019 (zit.: *Proelß*, in Vitzthum/ Proelß, Völkerrecht, Abschnitt Rn.)

PROTOCOL, relating to an amendment to the Convention on International Civil Aviation Signed at Montreal on 10 May 1984 [Article 3 bis]" (zit.: PROTOCOL, relating to an amendment to the Convention on International Civil Aviation)

Rau, Maylin-Sophie, Grundsatzurteile des EuGH zu den Rechten von Fluggästen. Ein Überblick über die jüngere Rechtsprechung, 2014 (zit.: *Rau*, Grundsatzurteile des EuGH zu den Rechten von Fluggästen, S.)

Rengier, Rolf, Strafrecht Allgemeiner Teil, 2010 (zit.: *Rengier*, Stafrecht AT, § Rn.)

Rhee, Jamie, Rational and Constitutional Approaches to Airline Safety in the Face of Terrorist Threats, in De Paul Law Review 2000, S. 847 ff. (zit.: *Rhee*, Rational and Constituional Approaches to Airline Safety, DePaul Law Review 2000, S.)

Richter, Steffen, Luftsicherheit - Schutz vor Angriffen auf den zivilen Luftverkehr, 2012 (zit.: *Richter*, Luftsicherheit, S.)

Richter, Steffen, Studie zur Umsetzung internationaler Konventionen und anderer Regelungen zur Abwehr terroristischer Handlungen gegen die Zivilluftfahrt hinsichtlich des sich daraus ergebenden Handlungsbedarf in den neuen Bundesländern, 1993 (zit.: *Richter*, S.)

Robbers, Gerhard, Stellungnahme an den Präsidenten des Bundesverfassungsgerichtes im Namen der Bundesregierung auf die Frage des Senates vom 21. Juli 2005 zur Vorbereitung der mündlichen Verhandlung am 09. November 2005 vom 03. Oktober 2005 (zit.: *Robbers*, Stellungnahme, S.)

Rothe, Bastian, in: *Giemulla, Elmar (Hrsg.)/ Rothe, Bastian (Hrsg.)*, Handbuch der Luftsicherheit, 2011 (zit.: *Rothe*, in Giemulla/Rothe, Handbuch der Luftsicherheit, S.)

Rubin, Alfred P., The Law of Piracy, 1998 (zit.: *Rubin*, The Law of Piracy, S.)

Rudolf, Alfred, Die Bordgewalt des Flugzeugkommandanten in ihrer Ausgestaltung durch das Tokioter Abkommen von 1963, in: Zeitschrift für Luftrecht und Weltraumrechtsfragen, 1972, S. 151 ff. (zit.: Rudolf, ZLW 1972, S.)

Ruffert, Matthias/ Walter, Christian, Institutionalisiertes Völkerrecht, 2009 (zit.: *Ruffert/Walter*, Institutionalisiertes Völkerrecht, Rn.)

Rynagaer, Cedric, Jurisdiction in International Law, 2015 (zit.: *Rynagaer, Cedric*, Jurisdiction in International Law, S.)

Safferling, Christoph, Internationales Strafrecht. Strafanwendungsrecht. Völkerstrafrecht. Europäisches Strafrecht, 2011 (zit.: *Safferling*, Internationales Strafrecht, § Rn.)

Schaer, Alexander, Über den Abschuss von Passagierflugzeugen zur Terrorabwehr, Das Urteil des deutschen Bundesverfassungsgerichts vom 15. Februar 2006 (Az. 1 BvR 357/05) und die aktuellen Regelungen in Österreich und der Schweiz, in: ZLW 2007, 551 (*zit.: Schae*r, ZLW 2007, S.)

Schäffer, Heiko, Der Schutz des zivilen Luftverkehrs vor Terrorismus – Der Beitrag der Internationalen Civil Aviation Organization (ICAO), 2006 (zit.: *Schäffer*, Der Schutz des zivilen Luftverkehrs vor Terrorismus, S.)

Schindler, Dietrich, in: *Schindler, Dietrich (Hrsg.)/ Hailbronner, Kay (Hrsg.),* Die Grenzen des völkerrechtlichen Gewaltverbots, 1986 (zit.: *Schindler*, in: Schindler/Hailbronner, Die Grenzen des

völkerrechtlichen Gewaltverbots, S.)

Schladebach, Markus, Europäisches Luftverkehrsrecht: Entwicklungsstand und Perspektiven, Europarecht 2006/Heft 6, S. 773 ff. (zit.: *Schladebach*, EuR 2006/ Heft 6, S.)

Schladebach, Markus, Lufthoheit, 2014 (zit. *Schladebach,* Lufthoheit, S.)

Schladebach, Markus, Luftrecht, 2007 (zit.: *Schladebach*, Luftrecht, S.)

Schladebach, Markus, Luftverkehrsabkommen als Grundlage internationalen Fluglinienverkehrs, in: NZV 2006, S. 294 ff. (zit.: *Schladebach*, NZV 2006, S.)

Schladebach, Markus/Bärmann, Daniel, Luftverkehrsabkommen als Grundlage internationalen Fluglinienverkehrs, in: NZV 2006, S. 294 ff. (zit.: *Schladebach/ Bärmann*, NZV 2006, 294)

*Schladebach, Markus/Platek, Julia,*Schwerpunktbereich – Einführung in das Luftrecht, in Juristische Schulung 2010, S. 499 ff. (zit.: *Schladebach/Platek*, JuS 2010, 499)

Schmidt, Peter, Bellum Iustum. Gerechter Krieg und Völkerrecht in Geschichte und Gegenwart, 2009 (zit.: *Schmidt*, Bellum Iustum, S.)

Schmitt, Dieter/Gollnick, Volker, Air Transport System, 2016 (zit.: Schmitt/ Gollnick, Air Transport System, S.)

Schmitz-Elvenich, Heiko, Targeted Killing. Die völkerrechtliche Zulässigkeit der gezielten Tötung von Terroristen im Ausland, 2007 (zit.: *Schmitz-Elvenich*, Targeted Killing, S.)

Schneider, Peter, Die Abwehr äußerer Gefahren im Luftverkehr: die Sicherheitsmaßnahmen von Luftfahrtbehörden, Flughafenbetreibern sowie Luftverkehrsunternehmen und ihre rechtliche Problematik, 1993 (zit.: *Schneider*, Die Abwehr äußerer Gefahren im Luftverkehr, S.)

Scholz, Dieter, Skript Flugzeugsysteme HAW Hamburg, Skript 1, Einleitung, abrufbar unter:

http://www.fzt.haw-hamburg.de/pers/Scholz/materialFS/FS_Skript_1-Einleitung.pdf, zuletzt abgerufen: 20.12.2020. (zit.: *Scholz*, Flugzeugsysteme, S.)

Schönwald, Lars, Der Abschuss von Zivilflugzeugen als ultima ratio zur Abwehr von sogenannten Renegades aus völkerrechtlicher Sicht, in: Archiv des Völkerrechts (AVR) 50, 2012, S. 75 ff. (zit.: *Schönwald*, AVR 50 (2012), S.)

Schröder, Meinhard, in: *Graf Vitzthum, Wolfgang/ Proelß, Alexander (Hrsg.),* Völkerrecht, 2019 (zit.: *Schröder*, in Vitzthum/ Proelß, Völkerrecht, Abschnitt Rn.)

Schütz, Hans-Joachim, Der völkerrechtliche Rahmen zur Bekämpfung von Flugzeugentführungen und anderen Terrorakten gegen die internationale Zivilluftfahrt, in: Österreichische Juristen-Zeitung, 1975 S. 225-239 (zit.: *Schütz,* ÖJZ 1975, S.)

Schwarzenberger, Georg, The Problem of an International Criminal Law. Current Legal Problems 3, 1950 *(zit.: Schwarzenberger,* The Problem of an International Criminal Law, S.)

Schweisfurth, Theodor, Völkerrecht, 2006 (zit.: *Schweisfurth,* Völkerrecht, Kap. § Rn.)

Schwenk, Walter (Hrsg.)/Giemulla, Elmar (Hrsg.), Handbuch des Luftverkehrsrechts, 2005 (zit. *Schwenk/ Giemulla,* Handbuch des Luftverkehrsrechts, S.)

Schwenk, Walter, Die internationale Zivilluftfahrt-Organisation, in: VN 1972, S. 22 ff. (zit.: *Schwenk,* ICAO, S.)

Schwenk, Walter, Handbuch des Luftverkehrsrechts, 1996 (zit. *Schwenk*, Handbuch Luftverkehrsrecht, S.)

Shaw, Malcolm N., International Law, 2014 (zit: *Shaw,* International Law, S.)

Sheppard, Paul/Sochor, Eugene, Setting International Aviation Security Standards, in: Alexander, Yonah/ Sochor, Eugene (Hrsg.), Aerial Piracy and Aviation Security, International Studies on Terrorism, Vol. 5, 1990, S. 3 ff. (zit.: *Sheppard/ Sochor*, Setting international Aviation Security Standards, S.)

*Sochor, Eugen,*The Politics of International Aviation, 1991 (zit.: *Sochor*, The Politics of International Aviation, S.)

Sondermann, Fred N., The Linkage between Foreign Policy and International Politics, in: Rosenau, James N., International Politics and Foreign Policy. A Reader in Research and Theory, 1961 (zit.: Sondermann, The Linkage between Foreign Policy and International Politics, S.)

Stahn, Carsten, International Law at Crossroads? The Impact of September 11, in: ZaöRV 62, 2002, S. 219 ff. (zit.: *Stahn*, International Law at Crossroads? The Impact of September 11, ZaöRV 62, S.)

Starck, Christian, in: *Starck, Christian (Hrsg.)/Meßelken, Daniel/Hidalgo, Oliver/ Henke, Christoph*, Kann es heute noch „gerechte Kriege" geben?, 2008 (zit. *Starck,* Kann es heute noch „gerechte Kriege" geben?, S.)

Stein, Torsten, Das Attentat von Lockerbie vor dem Sicherheitsrat der Vereinten Nationen und dem Internationalen Gerichtshof, in: Archiv des Völkerrechts, 1993, S. 206 ff. (zit.: *Stein,* AVR 1993, S.)

Stein, Torsten/Marauhn, Thilo, Völkerrechtliche Aspekte von Informationsoperationen, in: ZaöRV 60, 2000, S. 1 ff (zit. *Stein/Marauhn*, Völkerrechtliche Aspekte von Informationsoperationen, ZaöRV 60, S.)

Stein, Torsten/von Buttlar, Christian/Kotzur, Markus, Völkerrecht, 2017 (zit. *Stein/Von Buttlar/Kotzur*, Völkerrecht, Rn.)

Stoll, Heinrich W./ Hackemann, Matthias (Hrsg.), Die Sagen der Antike, 2008 (zit.: *Stoll*, Die Sagen der Antike, S.)

Strüwer, Elisabeth, Zum Zusammenspiel von humanitärem Völkerrecht und den Menschenrechten am Beispiel des Targeted Killing, 2010 (zit.: *Strüwer*, Zum Zusammenspiel von humanitärem Völkerrecht und Menschenrechten, S.)

Taylor, John/Munson, Kenneth, Geschichte der Luftfahrt, 1976 (zit.: *Tayler/Munson*, Geschichte der Luftfahrt, S.)

Thomas, Andrew R., Aviation Insecurity: The New Challenges of Air Travel, 2003 (zit.:. *Thomas*, Aviation Insecurity, S.)

Tomuschat, Christian, Der 11. September und seine rechtlichen Konsequenzen,in: EuRZ 2002, S. 542 ff. (zit.: *Tomuschat,* Der 11. September und seine rechtlichen Konsequenzen, in: EuRZ 2002, S.)

Tsagourias, Nicholas, Cyber Attacks, Self-defence and the Problem of Attribution, in: Journal of Conflict & Security Law ,17, 2012, S. 229 ff. (zit. *Tsagourias,* Cyber Attacks, Self-defence and the Problem of Attribution, JCSL, S.)

United States Government Accountability Office, Report to Congressional Requesters on Aviation Cybersecurity, FAA Should Fully Implement Key Practices to Strengthen Its Oversight of Avionics Risks, 2020, Report GAO-21-86, abrufbar unter https://www.gao.gov/assets/720/710095.pdf, zuletzt abgerufen: 20.12.2020 (zit. GAO-Report, Aviation Cybersecurity 2020, S.)

Van Schyndel, Heiko, Ein Jahrzehnt neues russisches Luftfahrtgesetz, in: ZLW 2007, 342 ff. (zit.: *Schyndel, ZLW 2007, S.)*

Verdross, Alfred, Völkerrecht, 1964 (*zit: Verdross*, Völkerrecht, S.)

Verdross, Alfred/Simma, Bruno, Universelles Völkerrecht, 2010 (zit.: *Verdross/ Simma*, Universelles Völkerrecht, S.)

Graf Vitzthum, Wolfgang, in: *Graf Vitzthum, Wolfgang/ Proelß, Alexander (Hrsg.),* Völkerrecht, 2016 (zit.: *Proelß*, in Vitzthum/ Proelß, Völkerrecht, Abschnitt Rn.)

Vogel, Joachim, Juristische Methodik, 1998 (zit. *Vogel*, Juristische Methodik, S.)

Volkmann, Kurt, Internationales Luftrecht, 1930 (zit.: *Volkmann*, Internationales Luftrecht, S.)

Weber, Ludwig, in: *Giemulla, Elmar (Hrsg.) / Rothe, Bastian (Hrsg.),* Recht der Luftsicherheit, 2008 (zit.: *Weber*, in Giemulla/Rothe, Recht der Luftsicherheit, S.)

Weed, Scott A., US Policy Response to Cyber Attack on SCADA Systems Supporting Critical National Infrastructure, in: Air University Press, Air Force Research Institute, Maxwell Air Force Base, 2017 (zit.: *Weed*, US Policy

Response to Cyber Attack on SCADA Systems Supporting Critical National Infrastructure)

Wehberg, Hans, Krieg und Eroberung im Wandel des Völkerrechts, 1953 (zit.: *Wehberg*, Krieg und Eroberung im Wandel des Völkerrechts, S.)

Wengler, Wilhelm, Das völkerrechtliche Gewaltverbot. Probleme und Tendenzen, 1967 (zit.: *Wengler*, Das völkerrechtliche Gewaltverbot, S.)

Werle, Gerhard, Völkerstrafrecht, 2009 (zit.: *Werle,* Völkerstrafrecht, S.)

Wilkesmann, Peter, Terroristische Angriffe auf die Sicherheit des Luftverkehrs, in: Neue Zeitschrift für Verwaltungsrecht 2002, S. 1316 ff. (zit.: *Wilkesmann*, NVwZ 2002, S.)

Williams, Andrew S, The Interception of Civil Aircraft over the High Seas in the Global War on Terror, in: The Airforce Law Review, 2007, S. 73 ff. *(zit.: Williams*, Air Force L. Rev. 59 (2007), S.)

Wissmann, Gerhard, Geschichte der Luftfahrt, 1960 (zit.: *Wissman*, Geschichte der Luftfahrt, S.)

Wolf, Klaus/Horst, Peter, in: *Rossow, Cord-Christian* (Hrsg.), Handbuch der Luftfahrzeugtechnik, 2014 (zit.: *Rossow/ Wolf/ Horst*, Handbuch der Luftfahrzeugtechnik, S.)

Wolfgang, Lochner, Weltgeschichte der Luftfahrt, 1986 (zit: *Lochner*, Weltgeschichte der Luftfahrt, S.)

Wolfrum, Rüdiger, in: *Rüdiger, Wolfrum (Hrsg.) / Prill, Norbert J. / Brückner, Jens A.*, Handbuch Vereinte Nationen, 1977(zit.: *Wolfrum*, Handbuch Vereinte Nationen, S.)

Wrangel, Nikolas, Von Globalisierungstendenzen im internationalen Luftverkehr, 1999 (*zit.: Wrangel,* Globalisierungstendenzen im internationalen Luftverkehr, S.)

Wurfel, Seymour W. Aircraft Piracy – Crime or Fun?, in: William & Mary Law Review, Bd. 10, 1968/69, S. 820 ff. (zit.: *Wurfel*, Aircraft Piracy – Crime or fun?, S.)

Yonah, Alexander/Sochor, Eugen, Aerial Pircay and Aviation Security, 1990 (zit. *Yonah/ Sochor*, Aerial Pircay and Aviation Security, S.)

Zöller, Mark Alexander, Terrorismusstrafrecht: Ein Handbuch, 2009 (zit.: *Zöller*, Terrorismusstrafrecht, S.)

Zuzak, Catherine, Audits Promote Consistent Implementation of Aviation Security Measures worldwide, in: ICAO Journal No. 7, 2003, S. 4 ff. (*zit.: Zuzak*, ICAO Journal, S.)

Schriften zum internationalen und zum öffentlichen Recht

Herausgegeben von Gilbert Gornig

Band 1 Michael Waldstein: Das Asylgrundrecht im europäischen Kontext. Wege einer europäischen Harmonisierung des Asyl- und Flüchtlingsrechts. 1993.

Band 2 Axel Linneweber: Einführung in das US-amerikanische Verwaltungsrecht. Kompetenzen, Funktionen und Strukturen der „Agencies" im US-amerikanischen Verwaltungsrecht. 1994.

Band 3 Tai-Nam Chi: Das Herrschaftssystem Nordkoreas unter besonderer Berücksichtigung der Wiedervereinigungsproblematik. 1994.

Band 4 Jörg Rösing: Beamtenstatut und Europäische Gemeinschaften. Eine Untersuchung zu den gemeinschaftsrechtlichen Anforderungen an die Freizügigkeit der Arbeitnehmer im Bereich des öffentlichen Dienstes. 1994.

Band 5 Wolfgang Wegel: Presse und Rundfunk im Datenschutzrecht. Zur Regelung des journalistischen Umgangs mit personenbezogenen Daten. 1994.

Band 6 Sven Brandt: Eigentumsschutz in europäischen Völkerrechtsvereinbarungen. EMRK, Europäisches Gemeinschaftsrecht, KSZE – unter Berücksichtigung der historischen Entwicklung. 1995.

Band 7 Alejandro Alvarez: Die verfassunggebende Gewalt des Volkes unter besonderer Berücksichtigung des deutschen und chilenischen Grundgesetzes. 1995.

Band 8 Martin Thies: Zur Situation der gemeindlichen Selbstverwaltung im europäischen Einigungsprozeß. Unter besonderer Berücksichtigung der Vorschriften des EG-Vertrages über staatliche Beihilfen und der EG-Umweltpolitik. 1995.

Band 9 Rolf-Oliver Schwemer: Die Bindung des Gemeinschaftsgesetzgebers an die Grundfreiheiten. 1995.

Band 10 Holger Kremser: „Soft Law" der UNESCO und Grundgesetz. Dargestellt am Beispiel der Mediendeklaration. 1996.

Band 11 Michael Silagi: Staatsuntergang und Staatennachfolge: mit besonderer Berücksichtigung des Endes der DDR. 1996.

Band 12 Reinhard Franke: Der gerichtliche Vergleich im Verwaltungsprozeß. Auch ein Beitrag zum verwaltungsrechtlichen Vertrag. 1996.

Band 13 Christoph Eichhorn: Altlasten im Konkurs. 1996.

Band 14 Dietrich Ostertun: Gewohnheitsrecht in der Europäischen Union. Eine Untersuchung der normativen Geltung und der Funktion von Gewohnheitsrecht im Recht der Europäischen Union. 1996.

Band 15 Ulrike Pieper: Neutralität von Staaten. 1997.

Band 16 Harald Endemann: Kollektive Zwangsmaßnahmen zur Durchsetzung humanitärer Normen. Ein Beitrag zum Recht der humanitären Intervention. 1997.

Band 17 Jochen Anweiler: Die Auslegungsmethoden des Gerichtshofs der Europäischen Gemeinschaften. 1997.

Band 18 Henrik Ahlers: Grenzbereich zwischen Gefahrenabwehr und Strafverfolgung. 1998.

Band 19 Heinrich Hahn: Der italienische Verwaltungsakt im Lichte des Verwaltungsverfahrensgesetzes vom 7. August 1990 (Nr. 241/90). Eine rechtsvergleichende Darstellung. 1998.

Band 20 Christoph Deutsch: Elektromagnetische Strahlung und Öffentliches Recht. 1998.

Band 21 Cordula Fitzpatrick: Künstliche Inseln und Anlagen auf See. Der völkerrechtliche Rahmen für die Errichtung und den Betrieb künstlicher Inseln und Anlagen. 1998.

Band 22 Hans-Tjabert Conring: Korporative Religionsfreiheit in Europa. Eine rechtsvergleichende Betrachtung. Zugleich ein Beitrag zu Art. 9 EMRK. 1998.

Band 23 Jörg Karenfort: Die Hilfsorganisation im bewaffneten Konflikt. Rolle und Status unparteiischer humanitärer Organisationen im humanitären Völkerrecht. 1999.

Band 24 Matthias Schote: Die Rundfunkkompetenz des Bundes als Beispiel bundesstaatlicher Kulturkompetenz in der Bundesrepublik Deutschland. Eine Untersuchung unter besonderer Berücksichtigung natürlicher Kompetenzen und der neueren Entwicklung im Recht der Europäischen Union. 1999.

Band 25 Hermann Rothfuchs: Die traditionellen Personenverkehrsfreiheiten des EG-Vertrages und das Aufenthaltsrecht der Unionsbürger. Eine Gegenüberstellung der vertraglichen Gewährleistungen. 1999.

Band 26 Frank Alpert: Zur Beteiligung am Verwaltungsverfahren nach dem Verwaltungsverfahrensgesetz des Bundes. Die Beteiligtenstellung des § 13 Abs. 1 VwVfG. 1999.

Band 27 Matthias Reichart: Umweltschutz durch völkerrechtliches Strafrecht. 1999.

Band 28 Nikolas von Wrangell: Globalisierungstendenzen im internationalen Luftverkehr. Entwicklung der Regulierung und Liberalisierung unter Berücksichtigung strategischer Allianzen und des Code-Sharing. 1999.

Band 29 Marietta Hovehne: Ein demokratisches Verfahren für die Wahlen zum Europäischen Parlament. Legitimation gemeinschaftlicher Entscheidungsstrukturen im europäischen Integrationsprozeß. 1999.

Band 30 Nina Kaden: Der amerikanische Clean Air Act und das deutsche Luftreinhalterecht. Eine rechtsvergleichende Untersuchung. 1999.

Band 31 Brigitte Daum: Grenzverletzungen und Völkerrecht. Eine Untersuchung der Rechtsfolgen von Grenzverletzungen in der Staatenpraxis und Folgerungen für das Projekt der International Law Commission zur Kodifizierung des Rechts der Staatenverantwortlichkeit. 1999.

Band 32 Andreas Fürst: Die bildungspolitischen Kompetenzen der Europäischen Gemeinschaft. Umfang und Entwicklungsmöglichkeiten. 1999.

Band 33 Gilles Despeux: Die Anwendung des völkerrechtlichen Minderheitenrechts in Frankreich. 1999.

Band 34 Michael Reckhard: Die rechtlichen Rahmenbedingungen der Sanktionierung von Beitragsverweigerung im System der Vereinten Nationen. 1999.

Band 35 Carsten Pagels: Schutz- und förderpflichtrechtliche Aspekte der Religionsfreiheit. Zugleich ein Beitrag zur Auslegung eines speziellen Freiheitsrechts. 1999.

Band 36 Bernhard Mehner: Die grenzüberschreitende Wirkung direktempfangbaren Satellitenfernsehens aus völkerrechtlicher Sicht. 2000.

Band 37 Karl-Josef Ulmen: Pharmakologische Manipulationen (Doping) im Leistungssport der DDR. Eine juristische Untersuchung. 2000.

Band 38 Jochen Starke: Die verfassungsgerichtliche Normenkontrolle durch den Conseil constitutionnel. Zum Kompetenztitel des Art. 61 der französischen Verfassung. 2000.

Band 39 Marco Herzog: Rechtliche Probleme einer Inhaltsbeschränkung im Internet. 2000.

Band 40 Gilles Despeux: Droit de la délimitation maritime. Commentaire de quelques décisions plutoniennes. 2000.

Band 41 Christina Hackel: Der Untergang des Landes Braunschweig und der Anspruch auf Restitution nach der Wiedervereinigung Deutschlands. 2000.

Band 42 Peter Aertker: Europäisches Zulassungsrecht für Industrieanlagen. Die Richtlinie über die integrierte Vermeidung und Verminderung der Umweltverschmutzung und ihre Auswirkungen auf das Anlagenzulassungsrecht der Bundesrepublik Deutschland. 2000.

Band 43 Karsten Bertram: Die Gesetzgebung zur Neuregelung des Grundeigentums in der ersten Phase der Französischen Revolution (bis 1793) und deren Bedeutung für die deutsche Eigentumsdogmatik der Gegenwart. 2000.

Band 44 Ulrike Hartmann: Die Entwicklung im internationalen Umwelthaftungsrecht unter besonderer Berücksichtigung von *erga omnes*-Normen. 2000.

Band 45 Thomas Jesch: Die Wirtschaftsverfassung der Sonderverwaltungsregion Hongkong. Eine Darstellung vor dem Hintergrund der Wiedereingliederung in die Souveränität der Volksrepublik China. 2001.

Band 46 Sven Gottschalkson: Der Ausschluß des Zivilrechtsweges bei Eigentumsverlusten an Immobilien in der ehemaligen DDR. 2002.

Band 47 Gilbert Hanno Gornig / Gilles Despeux: Seeabgrenzungsrecht in der Ostsee. Eine Darstellung des völkerrechtlichen Seeabgrenzungsrechts unter besonderer Berücksichtigung der Praxis der Ostseestaaten. 2002.

Band 48 Andreas Zühlsdorff: Rechtsverordnungsersetzende Verträge unter besonderer Berücksichtigung des Umweltrechts. 2003.

Band 49 Katja Schmitz: Durchgriffswirkung von Maßnahmen der UN und ihrer Sonderorganisationen unter besonderer Berücksichtigung von Resolutionen des UN-Sicherheitsrates – Die Entwicklung supranationaler Strukturen. 2003.

Band 50 Stefanie Rothenberger: Die angemessene Nutzung gemeinschaftlicher Ressourcen am Beispiel von Flüssen und speziellen Ökosystemen. Eine vergleichende Betrachtung zum modernen Verständnis eines klassischen völkerrechtlichen Nutzungsprinzips. 2003.

Band 51 Christoph von Burgsdorff: Die Umsetzung der EG-Datenschutzrichtlinie im nicht-öffentlichen Bereich. Möglichkeit einer zukunftsorientierten Konzeption des Datenschutzes in der Privatwirtschaft unter besonderer Berücksichtigung des BDSG. 2003.

Band 52 Frank Reinhardt: Powerline. Verfassungs-, verwaltungs- und telekommunikationsrechtliche Probleme. 2003.

Band 53 Chie Sato: Immunität Internationaler Organisationen. 2004.

Band 54 Johannes Thoma: EU-Recht und Schranken hoheitlicher Staatstätigkeit. 2004.

Band 55 Wolf Peterhoff: Rechtsansprüche enteigneter Volksgruppen und ihre Durchsetzbarkeit. 2004.

Band 56 Do-Hyub Kim: Das deutsche parlamentarische Regierungssystem als mögliches Modell für Korea. 2004.

Band 57 Alexander Koberg: Die Exilregierung im Völkerrecht. Eine Untersuchung ihrer rechtlichen Klassifikation. 2005.

Band 58 Nils Christian Carstensen: Das Verhältnis des Seerechtsübereinkommens der Vereinten Nationen von 1982 zu fischereirechtlichen Übereinkommen und deren Streitbeilegungsvorschriften. 2005.

Band 59 Oliver Franz: Osttimor und das Recht auf Selbstbestimmung. Eine Untersuchung zur Anwendung des Selbstbestimmungsrechts der Völker am Beispiel Osttimors. 2005.

Band 60 Michael Kadgien: Das Habsburgergesetz. 2005.

Band 61 Felix Wolf: Terrorversicherungen und europäisches Wettbewerbsrecht. Verschiedene Modelle staatlicher Beteiligung an einer Terrorversicherung für Wirtschaftsbetriebe und ihre Vereinbarkeit mit dem europäischen Wettbewerbsrecht. 2005.

Band 62 Heiko Bertelmann: Die Europäisierung des Staatshaftungsrechts. Eine Untersuchung zum Einfluss des Europäischen Gemeinschaftsrechts auf das deutsche Staatshaftungsrecht unter besonderer Berücksichtigung der Haftung für judikatives Unrecht. 2005.

Band 63 Cedric Christian Meyer: Konkretisierung unbestimmter Rechtsbegriffe im deutschen und französischen Anlagenzulassungsrecht. 2005.

Band 64 Philippe Gréciano: Die Gerichtsbarkeit der Europäischen Gemeinschaften. Rechtsprechung und Rechtssprache Europas aus französischer Perspektive. Mit einem Vorwort von Theodor Öhlinger. 2007.

Band 65 Anne-Louise Schümer: Die Stellung des Ministerpräsidenten in den Bundesländern im Vergleich. 2006.

Band 66 Helen Ghebrewebet: Identifying Units of Statehood and Determining International Boundaries. A Revised Look at the Doctrine of *Uti Possidetis* and the Principle of Self-Determination. 2006.

Band 67 Arne Hertel: Beihilfen an kleine und mittlere Unternehmen. 2006.

Band 68 Markus Günther: Europol. Rechtsschutzmöglichkeiten und deren Vereinbarkeit mit nationalen und internationalen Anforderungen. 2006.

Band 69 Christian Wicker: The Concepts of Proportionality and State Crimes in International Law. An Analysis of the Scope of Proportionality in the Right of Self-Defence and in the Regime of International Countermeasures and an Evaluation of the Concept of State Crimes. 2006.

Band 70 Hauke Stöwsand: Zyperns Beitritt zur Europäischen Union. Vom Antrag auf Mitgliedschaft bis zum Protokoll der Beitrittsakte. 2007.

Band 71 Natalie Rowohl: Weltbank und Internationaler Währungsfonds: Ihre Mandate und deren Abgrenzung. Stand und Reformvorschläge. 2007.

Band 72 Ru-Huei Liu: Europäisierung des deutschen Umweltrechts. 2008.

Band 73 Katja Lange: Der Status der Aufständischen im modernen humanitären Völkerrecht. 2007.

Band 74 Tarik El-Shabassy: Die Durchsetzung finanzieller Sanktionen der Europäischen Gemeinschaften gegen ihre Mitgliedstaaten. 2008.

Band 75 Karsten Seifert: Das interamerikanische System zum Schutz der Menschenrechte und seine Reformierung. 2008.

Band 76 Nora Graaff: Staatenverantwortlichkeit. Vom „völkerrechtlichen Verbrechen" zur „schwerwiegenden Verletzung einer zwingenden Völkerrechtsnorm" anhand der ILC-Kodifikationsarbeit. 2008.

Band 77 Aldona Szczeponek: Die Umsetzung des Völkerrechts und des europäischen Gemeinschaftsrechts in Polen. Unter Berücksichtigung verfassungsrechtlicher Lösungen anderer europäischer Staaten. 2008.

Band 78 Christian Friedrich Fonk: Europäische Luftqualitätsziele und nationale Erfüllungsverantwortung. 2009.

Band 79 Christina Prinzhorn: Der Grundsatz des öffentlichen Zugangs zu amtlichen Dokumenten aus der Perspektive des internationalen Rechts. Materiell-rechtliche Vorgaben durch das internationale Recht für Informationszugangsrechte in den nationalen Rechtsordnungen Europas. 2009.

Band 80 Steffen Eicker: Der Deutsch-Herero-Krieg und das Völkerrecht. Die völkerrechtliche Haftung der Bundesrepublik Deutschland für das Vorgehen des Deutschen Reiches gegen die Herero in Deutsch-Südwestafrika im Jahre 1904 und ihre Durchsetzung vor einem nationalen Gericht. 2009.

Band 81 Niels Beisinghoff: Corporations and Human Rights. An Analysis of ATCA Litigation against Corporations. 2009.

Band 82 Gesine Wolf-Zimper: Zielgerichtete Sanktionen des Sicherheitsrates der Vereinten Nationen und effektiver Rechtsschutz. 2009.

Band 83 David Bergius: Die offene Frage des Privateigentums der Vertriebenen im deutsch-polnischen Verhältnis. 2009.

Band 84 Axel Rolf Schneider: Petitionen zum Europäischen Parlament mit Berücksichtigung des Bürgerbeauftragten. 2009.

Band 85 Tobias Nord: Rechtsnachfolge bei zwischenstaatlichen Organisationen. 2010.

Band 86 Marcel Bongard: Emissionshandel und effektiver Rechtsschutz: Ein unvereinbarer Gegensatz? Eine Untersuchung zu den Auswirkungen marktwirtschaftlicher Umweltschutzinstrumente auf den Individualrechtsschutz am Beispiel des Emissionshandelssystems. 2010.

Band 87 Armin Huhn: Amtshaftung im bewaffneten Auslandseinsatz. Anwendbarkeit und Leistungsfähigkeit des Amtshaftungsrechts bei Verletzung des *ius in bello*. 2010.

Band 88 Johannes Mosters: Ethische Beschaffung. Sekundärzwecke im Zeitalter der Globalisierung. 2010.

Band 89 Thomas Herntrich: Thüringen. Von den thüringischen Kleinstaaten nach Zerfall des Alten Reiches bis zum Freistaat Thüringen. Eine völkerrechtliche und verfassungsrechtliche Betrachtung. 2010.

Band 90 Marcelo Antonio Villagrán Abarzúa: Verfassungsrechtliche Grundlagen der Gemeindeverwaltung in Chile. Auch ein Beitrag zur Dezentralisierung und Dekonzentration. 2010.

Band 91 Manfred Hechtl: Die offensive Defensive: Das Recht der präventiven Selbstverteidigung? Lösungsansätze für (scheinbare) Bedrohungen durch einzelne Staaten und internationale Terrornetzwerke. 2011.

Band 92 Christian Grüner: Quantität und Qualität der europäischen Rechtsetzung. 2011.

Band 93 Anna Keller: Der neue Rechtsrahmen für den öffentlichen Rundfunk in Frankreich. 2011.

Band 94 Jörn Eschment: Musterprozesse vor dem Europäischen Gerichtshof für Menschenrechte. Probleme und Perspektiven des Piloturteilsverfahrens. 2011.

Band 95 Marija Dietrich: Staatliches Souveränitätsverständnis im Wandel der gesellschaftspolitischen Strukturen. Eine Perspektive der Europäischen Union nach Inkrafttreten des Vertrags von Lissabon. 2011.

Band 96 Philipp Austermann: Die Anrechnungsbestimmungen im Abgeordnetenrecht des Bundes und der Länder. Eine verfassungsrechtliche und verfassungspolitische Untersuchung unter besonderer Berücksichtigung des Abgeordnetenstatus. 2011.

Band 97 Gilbert Gornig (Hrsg.): Krisengebiete der Welt. Völkerrechtliche und politische Aspekte. 2011.

Band 98 Jörg Brackmann: Genehmigung, Anmeldung und Anzeige gentechnischer Arbeiten und Anlagen. Nach den Änderungen des Gentechnikrechts 2002, 2005 und 2008. 2011.

Band 99 Giuseppe de Vergottini / Valeria Piergigli (eds.): Topographical Names and Protection of Linguistic Minorities. 2011.

Band 100 Nevzat Kirkagac: Verdachtsausweisungen im deutschen Rechtsstaat. 2011.

Band 101 Karlheinz Rode: Verfassungsidentität und Ewigkeitsgarantie. Anmerkungen zu einem Mythos der Deutschen Staatsrechtslehre. 2012.

Band 102 Markus Kühnl: Enteignung und Mediation. Ansätze mediativer Konfliktlösung hinsichtlich einer Enteignung zur Realisierung planfeststellungsbedürftiger Großvorhaben. 2012.

Band 103 Max Fischer: Das System konsistenter Entgeltregulierung im deutschen Telekommunikationsrecht. 2012.

Band 104 Jennifer Satish: Nationale Handlungsspielräume beim Anbau von gentechnisch veränderten Organismen (GVO). Europa- und welthandelsrechtliche Implikationen. 2012.

Band 105 Eva Marie Lischka: Völkerrechtliches und nationales Schifffahrtsrecht. 2013.

Band 106 Friederike Maria Posor: Der Darfur-Konflikt und seine Auswirkungen auf die internationale Staatengemeinschaft. Vor dem Hintergrund neuer völkerrechtlicher Rechtsfortbildung. Möglichkeiten und Grenzen der internationalen Friedenskonsolidierung. 2013.

Band 107 Kai Georg Krenz: Rechtliche Probleme des internationalen Kulturgüterschutzes. Durchsetzung, Harmonisierungsbestrebungen und Restitutionen von Kulturgütern. 2013.

Band 108 Jörg Sommer: Das Recht der Kriegsgefangenen in modernen bewaffneten Konflikten. 2013.

Band 109 Henning Hildebrandt: Die Rechtsproblematik multipler Regulierungsstrukturen in der Doping-Bekämpfung. Zur Notwendigkeit und Möglichkeit einer globalen öffentlich-rechtlichen Kontrolle sozialmächtiger Sportverbände. 2013.

Band 110 Isabelle Reutzel: Das Weltraumrecht in Europa. Eine Analyse der nationalen Regelungen zur Raumfahrt. 2014.

Band 111 Lì Lǐ: Potenzial und Grenzen der Missbrauchskontrollregelung in der Europäischen Union und in der Volksrepublik China. Eine rechtsvergleichende Analyse am Beispiel der Kampfpreisstrategien. 2014.

Band 112 Adrianna Agata Michel: Polens Staatlichkeit in sieben Jahrhunderten. Eine völkerrechtliche Analyse zur Staatensukzession. 2015.

Band 113 René Ghouse: Langzeitverantwortlichkeit im parlamentarischen Gesetzgebungsverfahren. Ausgewählte Reformbemühungen zum Schutz nachrückender Generationen auf dem Prüfstand. 2016.

Band 114 Jan Ulrich Heinemann: Die Entwicklung der Außenkompetenzen der Europäischen Union im Vergleich der Rechtslagen vor und nach dem Reformvertrag von Lissabon. Unter besonderer Berücksichtigung der impliziten Außenkompetenzen. 2016.

Band 115 Christian Ehlenz: Zum Verhältnis von Recht und Ökonomik beim Behinderungsmissbrauch gemäß Art. 102 AEUV. Die Zwangslizenzierung von Immaterialgüterrechten als Paradigma des More Economic Approach. 2016.

Band 116 Franziska Schuierer: Nation-Building als Aspekt des Völkerrechts. Friedenssicherung in Nachkonfliktsituationen. 2016.

Band 117 Wen-Chin Chen: Gerechte Steuerentlastungen der Verbrauchsteuer. Am Beispiel der Energiesteuer und der Stromsteuer. 2017.

Band 118 Yonghong Yang: Sovereignty in China‘s Perspective. 2017.

Band 119 Diego Schalper: Der Schutz der sozialen Grundrechte unter besonderer Berücksichtigung der Rechtslage in der Bundesrepublik Deutschland und in der Republik Chile. 2019.

Band 120 Christian Martin: Die Nutzenbewertung von Arzneimitteln nach § 35a SGB V. unter besonderer Berücksichtigung des Nutzenbegriffs. 2019.

Band 121 Falk Hartmann: Die völkerrechtliche Situation in den Republiken der Föderationskreise „Nordkaukasus“ und „Südrussland“ im russischen Teil der Nordkaukasus-Region. 2021.

Band 122 Heil Caroline Elisabeth: Gewalt- und Sabotageakte gegen die internationale Zivilluftfahrt. Eine völkerrechtliche Betrachtung des Umgangs der Staatengemeinschaft (ICAO) mit Bedrohungen des Zivilluftverkehrs. 2022.

www.peterlang.com

www.ingramcontent.com/pod-product-compliance
Ingram Content Group UK Ltd.
Pitfield, Milton Keynes, MK11 3LW, UK
UKHW021850290926
8980IPUK00005B/746

9 783631 862452